KB163463

기업과
학교를
위한

구글 크롬북

최흥식 · 박종필 저

Google Chrome		

Google Chrome OS
Google Chrome for Work
Google Chrome for Education

DIGITAL BOOKS
since 1999
www.digitalbooks.co.kr

기업과 학교를 위한
구글 크롬북

| 만든 사람들 |

기획 IT·CG기획부 | **진행** 양종엽 | **집필** 최흥식·박종필 | **편집·표지디자인** 김진

| 책 내용 문의 |

도서 내용에 대해 궁금한 사항이 있으시면
저자의 홈페이지나 디지털북스 홈페이지의 게시판을 통해서 해결하실 수 있습니다.

디지털북스 홈페이지 www.digitalbooks.co.kr

디지털북스 페이스북 www.facebook.com/ithinkbook

디지털북스 카페 cafe.naver.com/digitalbooks1999

디지털북스 이메일 digital@digitalbooks.co.kr

저자 이메일 hsikchoi@gmail.com / jppark@smart89.com

저자 블로그 charlychoi.blogspot.kr / smart89.tistory.com

| 각종 문의 |

영업관련 hi@digitalbooks.co.kr

기획관련 digital@digitalbooks.co.kr

전화번호 (02) 447-3157~8

기업과 학교를 위한
구글 크롬북

Google Chrome OS
Google Chrome for Work
Google Chrome for Education

프롤로그

Google에서 크롬 OS를 처음 발표한 시기는 2009년 11월 19일로 기억합니다. 당시 얼리어답터의 호기심에, Google이 이 새로운 OS를 발표하자마자 바로 크롬 OS 이 미지를 다운로드 받아 맥북 프로에 가상머신을 띄우고, 가상화 이미지를 테스트한 후 트위터에 그 후기를 올린 적이 있습니다.[1] 이 일이 필자에게는 크롬 OS와 인연을 맺게 된 사건이 되었습니다.

그 때의 블로그를 찾아서 후기를 보니, 첫 인상은 부팅 속도가 빠르다는 것이었습 니다. 당시에 들었던 의문은 크롬 브라우저를 PC에 설치해서 사용하면 되는데 굳이 크롬 OS를 왜 만들었을까? 이 새로운 OS로 과연 무슨 작업을 할 수 있을 지 큰 의 문이 있었습니다. 이 의문에 대한 해답은 7년이 흐른 후에나 찾게 되었습니다.

2016년 3월에 국내에서는 처음으로 크롬북과 크롬 기기 관리 콘솔 관련 세미나가 열렸습니다. SBC Technology에서 주관하고 장소는 Google 코리아 세미나 룸에 서 제가 직접 발표를 진행하였습니다. 주제는 '기업을 위한 Google의 크롬북 전략 소개 및 크롬 기기 관리 콘솔 데모와 크롬 VDI 솔루션 소개'였습니다. 당시 세미나 에 참석한 한 기업에서는 이 세미나에 참석한 계기로 40대의 국산 포인투 크롬북과 40개의 크롬 기기 관리 라이선스를 SBC Technology를 통해 구입하여 업무용으로 적용하였습니다.

크롬 OS는 크롬 브라우저를 단순히 OS화 시킨 것이 아니고, 기업이나 학교에서도 많은 사람들이 쉽게 사용할 수 있게, 매우 세부적으로 모든 기능들을 관리 통제할 수 있도록 설계되었음을 알게 되었습니다. 미국이나 일본의 학교와 기업에서 윈도 우 PC를 대신하여 크롬북으로 전환하는 사례가 많이 늘어나고 있습니다. 국내에서 도 위 세미나 사례를 보았듯이, 크롬북의 잠재력이 높다는 사실을 알게 되었습니다.

이를 계기로 앞으로 많은 기업 및 학교에서 크롬북을 제대로 활용할 수 있도록 하 기 위해서 책을 쓰게 되었습니다.

---

1 크롬 OS 사용 후기 기록 − http://charlychoi.blogspot.kr/2016/08/2009-os-os-2009-11-19-os.html

제 3부 학교를 위한 크롬북 활용 가이드 부분은, 실제로 학교 현장에서 교육용 Google Apps와 Google 클래스룸과 연계하여 크롬 OS 기기들을 직접 수업에 활용하여 많은 경험을 갖고 있고, 현직 초등학교 교사이기도 한 박종필 선생님께 특별히 부탁하여 저술하게 되었습니다. 바쁜 일정이 있는데도 불구하고 흔쾌히 저술을 수락해주신 박종필 선생님께 다시 한번 감사를 드립니다.

회사에서 본 저술에 필요한 다양한 크롬 기기들을 테스트할 수 있도록 지원을 아끼지 않았던 SBC Technology의 정규섭 대표님에게 감사를 드립니다.

마지막으로 이 책이 나오기까지 물심양면으로 힘을 보태준 가족들에게 이 책을 바칩니다.

최흥식
· email : hsikchoi@gmail.com
· Blog : charlychoi.blogspot.kr
· SBC Technology(www.sbctech.net), 이사
· Google Certified Apps Specialist

박종필
· email : jppark@smart89.com
· Blog : smart89.tistory.com
· 평택 성동초등학교, 교사

목 차

PART 00

시작하면서

크롬북이 무엇인가요?

크롬북은 따로 설명서가 필요 없을 정도로 사용하기 매우 쉬운 컴퓨터입니다. 전원을 켜면 기다림 없이 바로 부팅이 되고, 본인의 계정으로 로그인만 하면 바로 준비가 된 컴퓨터가 됩니다. 바이러스도 걸리지 않습니다. 윈도우 PC처럼 사용중에 갑자기 블루스크린 뜨고 죽는 일도 없고, 전원을 켜고 끌 때 갑자기 업데이트를 시도하며 기다리는 일도 없습니다. 윈도우 PC에서 할 수 있는 대부분의 작업을 할 수 있습니다. 문서 작업을 위해서 별도의 오피스 라이선스가 필요 없습니다. 크롬북을 잃어버리거나 도난을 당해도 걱정 없습니다. 모든 내 데이터와 앱들은 구글 클라우드에 안전하게 보관되어 있습니다. 원격에서 강제로 사용을 중지할 수도 있습니다. 한번 충전으로 하루 종일 들고 다니며 일을 해도 잘 버팁니다. 그런데 OS는 윈도우가 아닌 크롬 OS가 탑재되어 있습니다. 가격도 매우 합리적입니다. 20만 원대면 성능 좋은 크롬북을 구입할 수 있습니다. 이것이 크롬북입니다.

미국 시장에서는 2016년 1분기에 크롬북 보급률이 애플 맥을 처음으로 넘어섰습니다.[1] IDC 보고서[2]에 의하면 2018년에는 포춘 500대 기업의 25%가 크롬북을 사용할 것이라는 전망을 내놓고 있습니다. 이제는 학교뿐만 아니라 기업에서도 크롬북에 대한 관심을 갖기 시작하였습니다.

기업에서 관심을 갖기 시작한 이유에는 몇 가지 중요한 요소가 있습니다.

- 부팅 속도 : 크롬북 대부분은 10초 미만에 부팅이 되도록 설계되어 있습니다. 전원을 켜면 거의 대기 시간 없이 바로 업무를 볼 수 있습니다.
- 배터리 시간 : 최근에 출시되는 크롬북들은 한번 충전에 8시간 이상 지속됩니다. 12시간까지 지속되는 기기도 최근 출시되는 것도 있습니다. 이는 학교에서 한번 충전으로 학생들이 수업 시간 내내 사용할 수 있어야 하기 때문이기도 합니다.
- 협업 도구 : 크롬북이 클라우드 환경에 적합하게 설계되어 있습니다. 다수의 사용자들이 협업하는 작업에서는 매우 우수한 생산성을 보이고 있습니다.

---

1 크롬북 애플 맥을 넘어선 기사 – http://goo.gl/jb3tqB
2 IDC 보고서 – https://goo.gl/GlxeB1

- 공용 PC : 다수 사용자들이 하나의 크롬북을 공용으로 사용할 수 있도록 하는 공용 세션 기능을 갖고 있습니다. 누구나 본인의 계정으로 로그인만 하면 여러 명이 한 대의 컴퓨터를 공용으로 사용이 가능합니다. 모든 계정 정보와 내 데이터 및 애플리케이션을 클라우드에 저장되어 있기 때문에 가능합니다. 공용 PC에서 사용한 기록은 계정 로그아웃 순간 모두 자동 삭제됩니다. 따라서, 크롬북은 학교나 기업에서 공용 PC나 키오스크 용도로 사용을 할 수 있습니다.

- 지원 애플리케이션 : 크롬북은 크롬 웹 스토어를 통해서 필요한 앱들을 쉽게 검색하여 설치 가능합니다. 웹 스토어의 앱들은 모두 클라우드 기반의 앱들로 웹상에서 동작하도록 되어 있습니다. 크롬 OS 버전 53 이후부터는 Google Play 스토어의 수백만 개의 안드로이드 앱을 다운로드하여 설치할 수 있게 되었습니다. 이로 인하여 윈도우 PC나 애플 맥북과 비교하여 부족함이 없는 앱들을 자유롭게 선택하여 사용이 가능해졌습니다.

- 기기 가격 : 윈도우 PC가 30만 원대에 팔리는 기기도 있지만 대부분의 윈도우 PC들은 적어도 50만 원대 이상을 주고 사야 쓸 만합니다. 반면에 크롬북은 20만 원대면 성능 좋은 기기를 구매할 수 있습니다.

- 추가로 구매할 소프트웨어 비용 : 크롬북에서는 대부분의 소프트웨어들이 무료입니다. 클라우드 웹 기반이다 보니 특별히 로컬 스토리지에 설치되는 것이 없습니다. 대부분 웹에서 자동으로 설치 및 업데이트 됩니다. 개인이 OS 라이선스와 오피스 비용을 지불해하는 것과 비교되는 부분이기도 합니다. 크롬북에서 문서 작업은 무료 구글 문서 도구로 작업이 가능합니다. 일반적으로 기업에서 직원들 80% 정도는 구글 문서로 작업해도 무방하다는 통계도 있습니다.

- 바이러스 및 맬웨어의 위험성 거의 제로 : 윈도우 PC 사용자들의 가장 큰 불편한 점 중에 하나는 바이러스나 스파이웨어에 노출되지 않으려고 늘 신경을 써야 한다는 점입니다. 이로 인하여 불필요하고 시스템 성능 저하를 유발 시키는 백신 소프트웨어가 필수적으로 설치되어야 합니다. 크롬 OS는 바이러스나 맬웨어가 침투하지 못하도록 설계되어 있기도 때문에 바이러스 감염은 발생하지 않습니다.

- 보안 및 관리 : 일단 크롬북에서 작업하는 모든 데이터는 클라우드에 저장됩니다. 크롬북을 잃어버리거나 도난당한다고 하여도 데이터는 안전한 클라우드에 유지되기 때문에 데이터 유출에 대한 걱정은 할 필요가 없습니다. 기업이나 학교에서는 크롬북을 위한 크롬 기기 관리 서비스를 이용하면, 원격에서 관리자 크롬북을 자유롭게 통제할 수 있습니다.(이에 대한 자세한 사항은 Part 02. 기업을 위한 크롬북 활용의 크롬 기기 관리에서 설명)

크롬북은
어떻게 탄생했을까요?[1]

크롬북의 탄생 배경을 보면, 일반적으로 컴퓨터 사용의 90% 이상의 시간은 브라우저로 인터넷 검색하는데 주로 이용한다고 합니다. 이로 인하여 Google은 크롬 브라우저 기반의 새로운 OS인 크롬 OS를 만들게 된 계기가 되었다고 합니다. 그리고, 2009년 11월에 크롬 OS의 소스 코드를 Chromium OS 프로젝트 이름으로 공개하였습니다.

크롬 OS가 소개된 초기에는 윈도우와 같은 다른 OS에서 실행하는 브라우저와 어떤 차이가 있나 의문을 가졌었습니다.

크롬 OS는 사용자의 데이터와 애플리케이션 모두를 클라우드에 저장하여 운영할 수 있도록 설계되었습니다. 이 OS를 탑재한 최초의 크롬북 1세대 모델이 2011년 7월에 삼성과 에이서에 의해서 출시되었습니다. 당시 크롬북을 구매한 일부 사용자들은 크롬북으로 할 수 있는 작업이 별로 없어서 반품한 사례도 있었다고 합니다.

크롬 OS를 탑재한 기기로는, 노트북 형태의 크롬북 외에도 삼성이 2012년에는 데스크탑용으로 출시한 크롬박스가 있었고, 2014년에는 LG전자에서 올인원 형태의 일체형(모니터와 키보드 그리고 본체를 하나로 일체화) 크롬베이스를 출시하였습니다. 그리고, 2015년에는 스틱형 PC 형태의 크롬비트가 출시되었습니다.

---

1 크롬 OS Wikipedia 참조 – https://goo.gl/Pehtxb

Chromebook

Chromebase

Chromebox

Chromebit

크롬북, 크롬박스, 크롬베이스, 크롬비트 모두 미국, 일본 등지에서는 판매되고 있
는 기기이지만, 국내에서는 Poin2 Lab에서 Google과 협업하여 자체 개발한 크롬북
만이 2016년 초에 출시하여 판매되고 있는 실정입니다.

미국 교육용 시장의 크롬북 현황

크롬북은 미국 교육용 시장에서 괄목할만한 성장을 거듭하고 있습니다. 2014년 미국 뉴욕시에서는 공립학교 1800개교에 약 100만대 이상의 크롬북을[1] 공급하였습니다.

애플이 iPad 태블릿을 처음 출시하였을 때, 교육 시장에서 굉장한 반응을 얻었습니다. 미국 학교에서는 iPad가 사용이 쉽고 교사가 학생들에게 쉽게 가르칠 수 있는 기기라고 극찬하였었습니다.

그러나 iPad를 도입한 학교에서는 학생들이 사용하기에는 제약점이 많다는 사실을 인식하는데 시간이 얼마 걸리지 않았습니다. 첫째는 키보드가 없어서 텍스트 입력 숙제를 할 때는 쉬운 작업이 아니었습니다. 둘째는 애플 제품의 폐쇄적인 구조로 학생들에게 배급된 많은 iPad를 관리하는데 어려움이 많았습니다. 셋째는 비용입니다. 적어도 $400 이상을 지불해야 했기 때문입니다.(크롬북 가격의 거의 2배 비용 발생)

현재는 미국에서 10,000개 이상의 학교에서 iPad 대신에 크롬북을 사용하고 있습니다. K-12 학교 시장의 50% 이상에서 크롬북이 공급되고 있는 실정입니다.

미국 워싱턴포스트 기사[2]에 따르면 애플 CEO인 팀쿡의 고등학교인 Robertsdale에서는 모든 학생들에게 맥북이 제공되었습니다. 학년이 낮은 학생들에게는 iPad가 제공되었다고 합니다. 3년간 20,000대의 애플 기기가 2천4백만 달러 예산이 집행될 계획이었습니다. 그러나, 결국에는 이 학교에서는 애플 기기 공급을 포기하고 레노버社의 크롬북으로 대치하는 것으로 결정을 내렸습니다. 이유는 간단합니다. 비용 때문이었습니다. 각 크롬북은 약 200달러면 구매가 가능합니다. 이는 맥북보다 75% 저렴한 가격입니다. 현재 이 학교는 23,500대의 크롬북을 구매하기 위해서 약 6백만 달러를 집행할 계획이라고 합니다. 그리고 이 비용은 기존에 공급된 맥북들을 중고 시장에 판매하여 충당한다고 합니다.

---

1 Google의 공식 블로그 참고 – http://goo.gl/kYyefY
2 WSJ 기사 참조 – https://goo.gl/sP87TQ

이 학교 관계자에 따르면, '단지 비용 때문에 크롬북을 선택한 것은 아니다'라고 합니다. 크롬북은 가격도 저렴할 뿐 아니라 관리하기가 매우 쉽고 훨씬 안전하기 때문이라고 합니다.

2016년 5월 Google I/O 개발자 컨퍼런스에서는 크롬북 안드로이드 앱 스토어인 Google Play 스토어를 탑재하여 수백만 개의 안드로이드 앱을 그대로 설치하여 실행할 수 있는 크롬 OS 데모를 보였습니다. 이 버전은 크롬 OS 53 정식 버전부터 공급할 것으로 발표하였습니다.

크롬북으로
무엇을 할 수 있을까요?

이 책의 원고 작성은 크롬북에서 구글 문서 도구인 구글 문서로 작성되었습니다. 공동 저자와의 협업 작업을 위해서는 구글 문서가 필수적인 도구입니다.

지메일로 수신된 한글 문서(HWP)는 넷피스24 앱으로 열어서 보고 있습니다. 엑셀 작업은 구글 스프레드시트로 작성합니다. 가끔 복잡한 매크로가 삽입된 엑셀 파일이 수신이 될 때가 있습니다. 이런 경우는 어쩔 수 없이 크롬북 파일 탐색기에 연결된 MS 원드라이브에 엑셀을 저장한 후, 개인 계정의 원드라이브에서 엑셀 문서를 열어 확인하거나 수정합니다.

필자가 일하는 회사에서는 매 분기마다 Google 코리아에서 세미나를 개최합니다. 이 세미나를 위한 모든 발표 자료는 구글 프레젠테이션 도구로 작성됩니다. 세미나 후, 참석자들에게 발표 자료를 배포할 때는 구글 설문지로 참석 후기 설문을 받고 설문에 응한 참석자들에게는 자동으로 발표 슬라이드를 공유시킵니다. 회사에서는 HDMI 듀얼 모니터에 연결하여 모든 작업을 합니다.

고객사를 방문하여 데모나 프레젠테이션해야 할 경우에는 크롬북의 USB 단자에 스마트폰과 연결한 후 USB 테더링 모드로 설정하여 온라인 데모를 합니다. 크롬북은 이 USB를 통한 테더링은 유선 이더넷으로 인식합니다.

KTX로 서울서 부산까지 출장중에 문서 작업을 해야 할 때가 있습니다. 이때는 누구도 방해하는 이가 없기 때문에 집중도가 높기도 하지요 그러나 KTX에서 무료로 제공하는 Wi-Fi는 터널을 지날 때 종종 연결이 끊깁니다. 그리고 속도가 느려서 불편할 때도 있지요. 이럴 경우는 크롬북 오프라인 상태에서 구글 문서 작업을 합니다. 오히려 온라인 상태보다 오프라인 상태에서 문서 작업이 더 빠를 수 있습니다. 이렇게 오프라인으로 작업한 문서는 인터넷 연결이 되는 순간 자동 동기화 되어 저장됩니다.

데모용 동영상을 제작해야 할 경우가 있습니다. 스마트폰으로 찍은 사진들과 동영상들은 구글 포토로 자동 업로드 시키고, 사무실이나 집에서 구글 포토로 접속하여 자동 업로드된 몇몇 사진들과 동영상들을 골라 유튜브에 업로드 합니다. 유튜브의 동영상 편집기로 업로드된 영상을 편집하고, 자막을 넣고, 슬라이드 효과와 배경 음악을 입히고 유튜브에 게시합니다. 유튜브에서 제공하는 동영상 편집 기능 보다 더 많은 기능을 제공하기도 하는 WeVideo 앱을 이용하여 가끔 고급적인 동영상 작업 하기도 합니다.

회사에서 업무상 지출한 비용들을 결재받기 위해서 영수증을 증빙으로 첨부하여 Google 앱스 기반의 GDriveFlow 전자 결재 시스템으로 결재를 요청합니다. 영수증은 안드로이드용 구글 드라이브 앱에서 제공하는 스캔 기능을 이용하여 현장에서 받은 영수증을 여러 장 찍으면 하나의 PDF로 만들어 주고 내 구글 드라이브에 자동으로 업로드 됩니다. 사무실에서 크롬북을 열고 GDriveFlow 전자결재 시스템에 접속하여 지출 결의서 템플릿에 내용을 작성하고 휴대폰으로 업로드한 영수증 PDF 파일을 첨부하여 결재 승인을 요청합니다.

사진을 포토샵 처리해야 할 때가 있습니다. 크롬북에서는 Pixlr 앱을 이용하여 사진 편집을 할 수 있습니다. 고급적인 사진 편집 기술이 없는 필자는 가끔 이미지를 절단 하거나, 픽셀 크기를 조절하여 저장하고자 할 때는 이 Pixlr 앱을 사용하기도 합니다.

구글은 애플 iTunes를 통해서 음악을 듣는 분들에게는 Google Play 뮤직으로 이 전하면 크롬북에서도 음악들을 올리고 듣고 할 수 있다고 합니다.(필자는 개인적으 로 iTunes를 사용하지 않기 때문에 Google Play 뮤직으로 옮겨도 같은 효과가 있 는 지는 확인하지 못하였습니다. 어쨌든 크롬북에서도 iTunes에 준하는 서비스를 Google Play 뮤직으로 이용할 있다고 합니다).

필자는 작곡은 못하지만, 작곡하시는 분들은 마치 구글 문서로 공동 문서 협업 작 업하듯이 음악 작곡도 온라인 협업하여 작업할 수 있습니다. 오디오를 만들어 팟케 스트로 배포하거나, 학교에서 학생들이 자유롭게 오디오 및 음악을 편집하여 수업 에 활용하고자 할 때는 구글에서는[1] 음악 작곡하는데 환상적인 도구로 soundtrap[2] 온라인 음악 작곡을 위한 앱을 권고합니다. 모든 음악 작업은 클라우드 상에서 이 루어집니다.

---

1 g.co/educhromebookapps
2 https://www.soundtrap.com/

영화를 볼 수 있는 넷플릭스, Google Play 스토어에서 구매한 영화들 모두를 크롬 북에서 볼 수 있습니다. 가끔 크롬 캐스트가 연결된 거실 TV로 넷플릭스, Google Play 스토어 영화들을 스트리밍으로 보기도 합니다.

잠재 고객사를 방문하여 구글 앱스와 크롬북 데모를 할 때 가끔 이런 질문을 받습 니다. 오토캐드 도면 파일들(DWG)은 어떻게 크롬북에서 볼 수 있습니까? 오토캐드 社에서 제공하는 클라우드 기반 앱인 A360 온라인 도구를 사용하면 됩니다. A360 뷰어를 이용하여 오토캐드 도면 파일을 구글 드라이브에서 바로 열고 뷰잉하는 데 모를 시연하기도 합니다.

게임은 크롬 웹 스토어에 크롬용 게임도 많이 있지만, 안드로이드용 앱이 크롬북에 서 실행되면서, 안드로이드 용 "앵그리버드", "Galaxy on Filre 2 HD" 게임을 설치 하여 가끔은 HD급 게임을 즐기기도 합니다. 안드로이드용 마인크래프트를 설치하 여 게임을 즐기는 크롬북 사용자들도 있다고 합니다.

미국 학교의 경우 학생들에게 1:1 크롬북을 공급한 학교가 많이 있습니다. 대부분의 수업은 Google 클래스룸을 사용하여 이루어집니다. 선생이 과제를 내주면, 학생들 은 과제 제작 및 제출은 모두 Google 클래스룸을 통해서 모두 이루어지고 기록을 관리합니다. 크롬북의 시험 보기 모드를 활용하여 시험을 치룰 때도 있습니다. 크롬 북의 시험 보기 모드에서는 시험중에는 다른 앱이나 인터넷 검색을 할 수 없고 시 험 보기 앱만 풀 스트린 모드로 동작하도록 합니다.

크롬북은 크롬 기기 관리 콘솔 기능 통해서 여러 명이 공용으로 사용할 수 있는 공 용 PC 모드로 전환할 수 있습니다. 이렇게 전환된 크롬북은 사용자가 로그인 및 사 용한 기록이 남지 않습니다. 내 PC인 양 마음껏 사용할 수 있고, 로그아웃시 모든 기록은 자동 삭제됩니다. 도서관 및 서점의 도서 검색, 호텔의 비즈니스 센터, 인터 넷 카페, 생산 공장에서 생산직 사원들을 위한 공용 PC 등에 사용이 가능합니다.

저희 고객사 중에는 40대의 국산 크롬북과 크롬 기기 관리 라이선스를 구입한 기 업이 있습니다. 40대 크롬북은 직원들에게 업무용으로 지급하였습니다. 크롬 기기 관리 콘솔을 통해서 원격으로 쉽게 관리합니다. 외부에서 크롬북을 도난이나 분실 하면 바로 원격에서 사용 중지시켜 버리면 됩니다. 모든 데이터는 클라우드와 회사 서버에 저장되어 있어서 자료 유출의 염려도 없습니다.
크롬북용 VMWare Horizon 클라이언트 앱을 크롬북에 설치하였습니다. 이 모듈을 이용하여 보안이 요구되는 내부 윈도우 애플리케이션을 원격에서 접속하여 업무를 볼 수 있게 되었습니다. 도입 전에 크롬북의 한글/영문 토글키가 VMWare 모듈을 통해서 윈도우 서버로 전송이 되지 않아서 한글 사용에 문제가 있었으나, VMWare 社에 기능 개선을 요청하여 문제가 해결된 버전을 받아서 적용하였습니다.

크롬 웹 스토어에는 크롬북 사용자를 위한 무료 웹들이 수 만 가지 있습니다. Google Play 스토어에는 수백만 가지의 안드로이드 앱들이 있습니다. 모두 크롬북 에서 이용할 수 있는 앱들입니다.

크롬 OS 버전 53의 의미

2016 Google I/O 개발자 발표에서 발표된 내용 중에 가장 눈에 뜨인 부분은 당연히 크롬북에서 네이티브 안드로이드 앱들을 수행할 수 있도록 Google에서 공식 발표 한 것이 아닐까 생각합니다.

'Bring Your Android Apps to Chrome OS – Google I/O 2016'[1] 세션에서 소개한 내용입니다.

이 발표에 의하면 크롬 OS 버전 53이 정식 발표되는 2016년 하반기에는 대부분의 크롬북에서 Google Play 스토어가 지원되며, 이 Play 스토어에서 안드로이드 앱들 을 찾아서 설치할 수 있게 하는 것입니다.

스마트폰의 Google Play 스토어를 통해서 무료 앱들 또는 유료 앱들 구매하여 설 치하는 것과 똑같이, 크롬북에서도 기존 유료 앱들을 구매하거나 무료 앱들은 그대 로 설치 사용할 있게 된 것입니다.

크롬 OS는 안정된 버전(공개 버전 채널)이 발표하기 전에, 베타 버전(베타 채널)과, 개발자 버전(개발자 채널)을 동시에 발표합니다. 크롬북을 사용하는 누구나 설정 변 경을 통해서 공개, 베타, 개발자 채널을 선택하여 사용해 볼 수 있습니다. 예를 들 면, 안정된 크롬 OS 버전이 51이라면, 52 베타, 53 개발자 버전으로 제공됩니다.

- 공개 버전 채널 : 크롬 OS팀이 전체 테스트를 진행하는 채널로서 다운 등의 문제 를 예방하기 위한 최선의 방법입니다. 경미한 변경 사항은 약 2~3주마다, 중대한 변경 사항은 6주마다 업데이트 됩니다.
- 베타 채널 : 최소한의 위험을 감수하는 대신 공개 예정인 기능이나 개선사항을 먼 저 사용해보고 싶다면 베타 채널을 사용하세요. 공개 버전 채널이 업데이트 되는 것보다 1달 이상 빠르게 업데이트되며 거의 매주 업데이트가 이루어집니다. 중대 업데이트는 6주마다 있습니다.

---

1 유튜브 동영상 참조 – https://goo.gl/BXELVY

● 개발자 채널 : 최신 크롬 OS 기능을 확인하고 싶으면 개발자 채널로 전환하세요. 개발자 채널은 매주 1~2회 업데이트 됩니다. 새로운 기능을 가능한 한 빨리 사용해 보고 싶은 사용자에게 제공되는 것이기 때문에 테스트를 거치긴 하나 아직 버그가 남아 있을 수 있습니다.

크롬 OS 53 개발자 버전은 2016년 6월 초에 발표되었습니다. 발표 당시에는 3종류의 크롬북(아수스 크롬북 플립, 에이서 크롬북 R11, Google 크롬북 픽셀(2015))만이 순차적으로 Google Play 스토어를 설치할 수 있었습니다. 이 크롬북들은 터치스크린을 지원하는 기기들입니다. Google에서는 안드로이드 앱을 지원하는 크롬 OS 기기들의 목록을[2] 발표하였습니다.

2016년 Google I/O 개발자 발표에서는 안드로이드 앱들을 크롬북에서 어떻게 지원하는지, 네이티브 안드로이드 앱을 크롬북에서 실행 시 고려해야 할 사항이 무엇이 었는지, 향후 발표 계획, 지원되는 크롬북 종류, 실제 크롬북에서 안드로이드 앱용 Google Play 스토어를 설치하여 기존 안드로이드 앱들을(안드로이드용 지메일, MS Word, Photoshop Mix, Galaxy on Fire 2 HD 게임) 크롬북에 다운로드 및 실행시키는 데모를 보였습니다.

크롬북에서 안드로이드 앱 지원의 궁극적인 목표는 기존 안드로이드 앱들의 내부 코드 변경 없이 자연스럽게 크롬북에서도 수행되도록 하는 것임을 강조하였습니다.

▼크롬북에서 안드로이드 앱을 '코드 변경 없이' 실행

---

2 안드로이드 앱을 지원하는 크롬 OS 시스템 목록 – https://goo.gl/Azxf85

▼크롬북에 설치된 Google Play 스토어

크롬북에서 안드로이드 앱을 위한 멀티윈도우 지원을 강조한 데모로, 안드로이드 지메일 앱을 여러 개 동시에 수행하여 데모를 보였습니다.

멀티 윈도우 지원시 안드로이드 앱의 화면 'Landscape', 'Portrait', 'Maximized' 모드를 지원한다는 내용입니다.

안드로이드 앱 중에서 Play 스토어에서 유료로 결제하는 앱들도 그대로 지원된다는 내용과 게임 앱에서 아이템을 구매하여 유료로 결제할 수 있습니다.

Google에서 발표한 내용에 의하면 크롬 OS 버전 53 발표 일정 계획은 2016년 6월에 개발자 버전을 발표하고, 8월에 베타 버전 출시, 9월 이후에 정식 버전을 발표한다는 계획입니다.

Timeframe: Chrome OS 53

본 책자가 집필되는 시기에는 크롬 OS 53 안정화 버전이 발표되기 이전이었기 때문에, 안드로이드 앱이 실행되는 크롬 OS 개발자 53 버전이 설치된 아수스 크롬북 플립 10.1을 구입하여 안드로이드 앱들을 설치 테스트 하였습니다.

PART 01

개인을 위한 크롬북 활용 가이드

크롬북은 클라우드 기반의 크롬 OS가 탑재된 컴퓨터입니다. 애플리케이션 S/W들을 컴퓨터에 설치하여 사용하는 마이크로소프트 윈도우 PC나 애플 맥 OS 컴퓨터와는 다르게 대부분의 애플리케이션은 클라우드 서버에 설치되고 크롬북에서는 크롬 브라우저만을 이용하여 사용할 수 있게 설계된, 클라우드 환경에 최적화된 컴퓨터입니다.

클라우드 환경에 최적화된 크롬북만이 갖고 있는 특성들이 있습니다. 이러한 특성을 이해한다면 크롬북의 활용도는 100%를 넘어서 200% 이상의 생산성을 높일 수 있을 것입니다.

아래에서 소개하는 서비스들은 크롬북을 처음 접하는 사용자들에게 필요한 것들을 요약한 것입니다.

- 기본 파일 탐색기에서 외부의 다양한 클라우드 스토리지 서비스들(구글 드라이브, 드롭박스, 박스, 원노트)과 네트워크 파일 서버들을 모두 연결하여 스토리지 허브로 활용하는 방법이 있습니다.
- 크롬 웹 스토어에서 제공하는 각종 앱, 웹, 확장 프로그램들이 있습니다. 크롬 앱과 웹, 그리고 확장 프로그램의 차이가 무엇인지를 이해해야 합니다.
- 크롬북용 OS는 클라우드 기반의 온라인 클라이언트 컴퓨터로 설계된 크롬 OS입니다. 온라인뿐만 아니라 오프라인 모드에서 어떤 작업을 할 수 있는지, 오프라인 모드를 지원하는 앱들은 무엇이 있는지 알 필요가 있습니다.
- 일반 윈도우 PC나 애플 맥 컴퓨터와는 다르게 크롬 OS에서는 로컬 프린터 연결시 프린트 드라이브 프로그램이 설치되지 않습니다. 크롬북에서는 USB 포트에 일반 프린터를 연결하여 프린트할 수 없게 되어 있습니다. 크롬북에서의 프린팅하는 방법은 기존의 방법과는 다르게 클라우드 프린터 기술을 이용하고 있습니다. 이 클라우드 프린터 기술을 어떻게 설정하고 기존 프린트에 출력하는 방법을 알고 있어야 합니다.

- 크롬북에서는 바이러스나 스파이웨어, 맬웨워 등에 걸리지 않는 구조로 OS가 설계되어 있습니다. 크롬북에서는 보안 관리를 어떻게 하는지도 중요한 요소입니다.
- 크롬북 활용에 도움이 되는 유용한 앱들이 매우 많습니다. 이러한 앱들을 찾아서 어떻게 활용하느냐에 따라서 활용도가 200% 높아질 수 있습니다.
- 크롬 OS 53 버전 이상부터는 Google Play 스토어가 지원되고 안드로이드 앱들을 설치할 수 있습니다. 이 앱들을 설치하고 이용하는 방법도 알아 볼 필요가 있습니다.

Part 01. 개인을 위한 크롬북 활용 가이드에서의 크롬북 일반 설정 및 고급 설정들은 Google의 크롬북 도움말[1]을 검색하면 대부분 쉽게 해결할 수 있습니다.

설정에 관련한 사항은 대부분 크롬북 도움말에서 발췌한 내용으로 몇 가지 보완적인 사항을 추가하였습니다.

Part 01에서는 위에서 언급한 내용들을 쉽게 이해할 수 있도록 안내하는 것을 주요 목표로 하고 있습니다.

---

1 Google 크롬북 도움말 – https://goo.gl/1yRYkc

크롬북을 처음 사용할 때 설정해야 할 것들

크롬북을 구입한 다음, 처음으로 전원을 켠 후, 기본적으로 해야 할 설정들이 있습니다. 다음 3단계에 따라서 진행하면 기본 설정은 충분합니다.

1단계 : 처음 사용 시 설정
● Google 계정만들기
● 내 북마크, 크롬 앱, 크롬 확장 프로그램들 동기화를 위한 작업
● 기본 설정하기
● 파일 관리 및 백업하기
● 일반 프린터를 Google 클라우드 프린트에 연결하기

2단계 : 내 크롬북 맞춤 설정하기

3단계 : Google 드라이브 100GB 늘리기(2년간 무료 서비스)

사전 준비 사항

첫째, 크롬북 사용 전에 반드시 Google 계정을 갖고 있어야 합니다.

둘째, 인터넷(Wi-Fi 또는 유선 이더넷)이 준비되어 있어야 합니다.

Google 계정 만들기

일반적으로 Google 계정이라고 하면 개인 Google 지메일 계정이거나 기업용 Google 앱스 계정이라고만 알고 있습니다. 그러나, Google 계정은 지메일 계정 없이도 본인의 개인 이메일 계정(예 : 네이버 메일, 다음 메일, 등등)이나 회사 메일 계정을 가지고 만들 수 있습니다.

Google 드라이브를 사용하는 분들이 종종 질문하는 것 중에 하나는 "내가 작성한 Google 드라이브 문서를 Google 지메일 계정이 없는 분들에게(예 : 다음 메일 또는 네이버 이메일 사용자들에게) 공유하여 공동 편집 작업하려고 하는데, 지메일 계정 없이도 이 작업이 가능한가요?"입니다.

답은 Yes입니다.

만일, 지메일 계정이 없는데, Google+, Google 드라이브(drive.google.com), 검색, 유튜브, Google 지도, Google Play 스토어, 뉴스, 캘린더 서비스를 이용할 수 있을까요?

답은, Yes입니다.

Google의 서비스에 따라서 계정 생성 방법과 생성된 계정의 용도가 다를 수 있기 때문에 일반 사용자들이 많이 헷갈려 하는 부분이 있습니다.

공식적으로 Google를 통해서 계정을 만드는 방법은 4가지가 있습니다.

01. 지메일 계정을 만드는 방법

Google의 이메일 서비스로, 15GB의 무료 용량을 제공합니다. 지메일 계정이 있으면, Google 드라이브, 캘린더, 유튜브, Google+ 모두 하나의 계정으로 사용이 가능합니다. 그래서 지메일 계정은 모든 Google 서비스의 기본 계정입니다.

Google 계정 만들기 공식 사이트입니다 – https://accounts.google.com/signup

02. 지메일 계정 없이, Google 드라이브 계정 만드는 방법

지메일 계정 없이, Google 계정을 별도로 만들 수도 있습니다. 지메일을 사용하지 않고, Google 드라이브, 지도, 검색 등만 사용하고 싶을 때는 Google 계정 만들기 사이트에 접속하여 사용자 이름에서, '기존 이메일 주소를 사용하고 싶습니다'를 선택하면 됩니다. 이때, Google 지메일 계정이 아닌, 다른 메일 계정(예 : 회사 메일, 또는 네이버나 다음 메일 등등)을 입력하면, 해당 메일로 인증 메일이 전송됩니다. 해당 메일에서 인증 메일을 확인하고 인증 URL을 클릭하면 가입이 됩니다. 이렇게 생성된 계정에서는 Google 드라이브 15GB 용량을 무료로 사용할 수 있습니다.

03. Google 앱스(Google Apps for Work) 계정 만들기

기업용 계정은 유료(1사용자 당 연간 50달러)로 자기만의 도메인을 가지고 계정을 만들어야 합니다. 가입이 되면, 내 도메인의 이메일 주소를 갖게 되고, 기업용 지메일은(개인용 지메일과 많은 차이가 있습니다. 기업용 지메일과의 차이점에 대한 자세한 정보는 각주[1] 참조) 30GB 용량(지메일 + Google 드라이브)을 제공받습니다. 또한 다양한 기업용 앱들(Google 드라이브, Google 그룹스, 사이트, 행아웃, 문서도구, 볼트(선택사항))을 사용할 수 있습니다.

04. Google 드라이브 무제한 용량(Google Apps Unlimited) 계정 만들기

무제한 용량의 Google Apps 제품명은 Google Apps Unlimited(GAU)입니다. 5명 이상의 기업에서 사용할 경우 각 계정 당 무제한의 용량을 사용할 수 있는 것이 특징입니다.

GAU는 Google 앱스의 모든 서비스, 무제한 용량의 Google 드라이브와 지메일, 문서 및 이메일 내용을 감사할 수 있는 Google 볼트 서비스를 제공합니다.

---

1 개인 지메일과 기업용 지메일 차이점 – http://goo.gl/1XXb6a

⚙ 내 북마크, 크롬 앱, 크롬 확장 프로그램들 동기화를 위한 작업

크롬북의 주요 장점 중 하나는, 다른 컴퓨터에서 사용하던 크롬 브라우저의 내 환경과 기록들(북마크, 방문 기록, 비밀번호, 설치된 크롬 확장 프로그램들, 앱들, 기타 설정)들을 그대로 가져올 수 있다는 것입니다. 즉, 윈도우 PC나 애플 맥에서 작업한 내 크롬 브라우저의 모든 환경과 기록들은 크롬북에 로그인하면 자동으로 동기화 됩니다.

이 작업을 위해서는 크롬 브라우저에 로그인하는 방법을 사용해야 합니다. 크롬 브라우저 로그인을 사용하려면 Google 계정이 있어야 합니다. 크롬 로그인을 사용하면 서로 다른 기기에서 크롬 브라우저 또는 크롬북에 로그인을 통해서 모든 크롬 브라우저에 기록된 정보들이 자동 동기화 됩니다.

기기를 분실하거나 새로운 컴퓨터 또는 새로운 휴대폰을 바꾼다고 하여도, 크롬 브라우저에 로그인만 하면 모든 이전 기록들과 환경을 그대로 가져올 수 있습니다.

크롬 로그인을 사용할 때 주의할 점이 있습니다. 공용 PC나 의심스러운 컴퓨터에서는 절대로 크롬 브라우저 로그인하면 안 됩니다. 신뢰할 수 있는 본인의 크롬북이나 컴퓨터에서 로그인해야 합니다.(크롬 브라우저의 새 씨크릿 모드 사용하기 참조)[2]

크롬북으로 로그인하는 것은 다른 컴퓨터에서 크롬 브라우저로 로그인하는 것과 같습니다. 크롬북의 로그인은 다른 컴퓨터의 크롬 브라우저에서 로그인된 모든 환경을 가지고 오게 됩니다.

다른 컴퓨터나 스마트폰(안드로이드, iOS)에서의 크롬 로그인 설정 방법은 '크롬에 로그인'[3] 설명서를 참고하거나 Google 검색에서 '크롬 로그인'으로 검색해 보시기 바랍니다.

---

2 시크릿 모드를 사용하여 비공개로 탐색 – https://goo.gl/5JgdHA
3 크롬에 로그인 설명서 – https://goo.gl/4CaCpq

⚙ 기본적인 설정

① 크롬북 전원 켜기
- 전원 버튼을 누릅니다.

② 화면에 표시되는 안내대로 실행
- 언어, 키보드 입력 방법(선택 사항), 네트워크 등을 선택합니다.
- 서비스 약관에 동의합니다.
- 크롬북을 기업용 기기로 등록합니다.(개인 사용자는 이 설정은 필요 없습니다)
  - 직장이나 학교에서 크롬북 기기들을 관리자가 관리해야 할 경우 등록해야 합니다.
  - 기기 등록의 자세한 방법은 'Part 02. 기업을 위한 크롬북 활용 가이드의 크롬 기기 등록'을 참고하시기 바랍니다.
- Google 계정으로 로그인합니다. 처음 로그인하는 이 계정이 크롬북의 소유자로 설정[4]됩니다.
  - 크롬북 소유자는 중요한 역할을 합니다. 소유자만이 내 크롬북 사용자들을 추가하여 관리할 수 있기 때문입니다.
    - 예) 부모가 자녀들을 크롬북 사용자로 추가하고 관리할 수 있습니다.(관리 대상자 관리 기능) 이때, 부모가 소유자 권한을 가져야 합니다.
  - 자세한 사항은 '내 크롬북 사용자 관리'에서 자세히 설명합니다.

---

4 소유자의 권한에 대한 자세한 정보 - https://goo.gl/QiWzdU

추가할 Google 계정이 없을 경우는 Google 계정 생성 사이트[5]에서 계정을 생성하거나, 크롬북 로그인 화면에서 사용자 추가 〉 옵션 더보기 〉 새 계정 만들기를 클릭하여 계정을 생성할 수 있습니다. 계정에 로그인하지 않고 크롬북을 사용하려면 손님으로 로그인하면 됩니다.

③ **완료** : 다시 웹으로 돌아와 사용중인 Google 서비스에 로그인 합니다. 북마크, 확장 프로그램, 앱, 다른 크롬 브라우저 설정이 자동으로 표시됩니다.

---

5 Google 계정 생성 – https://accounts.google.com/signup

파일 관리 및 백업[6]

크롬북에서는 다양한 형식의 파일(예 : 오피스 문서, PDF, 이미지, 미디어 등, 자세한 파일 형식 종류는 별첨 참조)을 사용할 수 있으며 파일을 크롬북의 내장 스토리지, Google 드라이브, 외장 스토리지에 저장하도록 선택할 수 있습니다.

파일 열기

크롬북에서 파일을 여는 방법은 다음과 같습니다.
① 런처 [Q]를 클릭합니다.
② 파일 ⬤ 을(파일 탐색기) 선택합니다.(또는 단축키 [Alt] + [Shift] + [M])
③ 왼쪽에서 보려는 파일들을 선택합니다.

외부 스토리지에 있는 파일을 여는 경우 작업이 끝난 후 꺼내기 ⏏ 를 클릭하여 기기를 안전하게 제거해야 합니다.

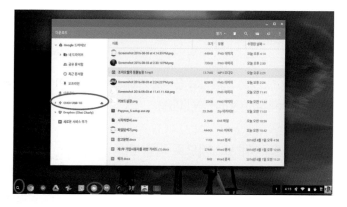

파일 저장

보고 있는 페이지, 이미지, 문서를 저장하려면 [Ctrl] + [S]를 누른 다음 파일을 저장할 위치를 지정합니다.

저장할 파일의 기본 위치 변경

① 계정 사진이 표시되는 상태 영역을 클릭합니다.
② 설정 〉 고급 설정 표시를 선택합니다.
③ '다운로드' 섹션에서 변경을 클릭합니다.
④ Google 드라이브 또는 다운로드 폴더(크롬북의 로컬 스토리지) 등 기본 다운로드 위치를 선택합니다.

---

6 Google 파일 및 다운로드 항목 열기, 저장, 삭제 도움말 발췌 – https://goo.gl/dLK3RT

파일 삭제

🗑 삭제를 클릭합니다.(단축키 Alt + Back Space)

참고 : 크롬북의 '다운로드' 폴더에 있는 파일을 삭제하면 영구적으로 삭제됩니다. 따라서 삭제 시 신중해야 합니다.

파일 찾기

런처 🔍 의 메인 페이지에서 파일을 검색할 수도 있습니다.

파일 정리

크롬북의 파일 관리자인 파일 탐색기를(Shift + Alt + M) 사용하여 파일을 정리 하고 관리할 수 있습니다.

파일을 '다운로드'에서 Google 드라이브로 이동

파일을 다운로드 폴더에서 Google 드라이브로 복사하는 방법은 다음과 같습니다.

① 파일◉을 선택합니다.

② 다운로드 폴더를 클릭합니다.

③ 파일을 클릭한 후 Google 드라이브 폴더로 드래그 합니다.

④ 또는 Ctrl + C (복사), Ctrl + V (이동)

다른 클라우드 스토리지 시스템으로 파일 이동

크롬북은 Google 드라이브 외에도 드롭박스, 원드라이브, 박스(box.net) 등 다른 클 라우드 스토리 시스템과 윈도우 파일 서버와 연결을 지원합니다.

크롬북의 활용도를 높이기 위해서는 다양한 외부 저장 시스템과 연결하여 사용하는 방법을 이해할 필요가 있습니다. 크롬북에서는 다른 클라우드 스토리지 서비스들 (원드라이브, 드롭박스, 박스)과 내 윈도우 PC 또는 회사 내의 윈도우 파일 서버 시 스템과 연결하여 사용할 수 있습니다.

크롬북에서는 4 종류의 스토리지 서비스를 제공합니다.

● Google 드라이브 : 크롬북에서 온라인으로 작업하는 모든 데이터는 기본적으로 내 계정의 클라우드 Google 드라이브에 저장 또는 백업됩니다.

● 내장 스토리지(16GB ~ 32GB) : 주로 웹에서 다운로드 되는 파일들을 임시로 저 장하기 위한 용도입니다

● 외장형 MicroSD 또는 USB 메모리

40

- 타 클라우드 저장 서비스(드롭박스, 원드라이브, 박스) 또는 윈도우 파일 서버에 접속합니다.

대부분의 크롬북이 갖고 있는 내장 스토리지 용량은 16GB(국산 포인투 크롬북 기준. 외산 중에는 32GB 용량을 제공하는 기기도 있습니다)가 제공됩니다.

개인 Google 계정을 새롭게 생성한 경우는 클라우드 기반의 Google 드라이브를 무료로 15GB 용량을 이용할 수 있습니다.

크롬북에서는 클라우드 상에 있는 Google 드라이브 파일들을 마치 내 로컬 스토리지 안에 있는 것과 같이 사용할 수 있습니다.

크롬북의 파일 탐색기(단축키 [Alt] + [Shift] + [M])를 통해서 파일들을 열 수 있습니다.

파일 탐색기에서는
- 첫 번째 영역에는, 내 Google 드라이브가 표시되고,
- 두 번째 영역에는, 다운로드 폴더가 표시되며 웹에서 다운로드 되는 모든 파일들은 여기에 저장됩니다. 이 폴더는 내 로컬 스토리지에 존재합니다.
- 세 번째 영역에는, 외장형 Micro SD나 USB 메모리가 삽입되어 있을 경우 표시됩니다.
- 네 번째 영역에는 외부 다른 저장 장치들 즉, 네트워크 파일 서버, 윈도우 네트워크 파일 서버 시스템, 드롭박스, 원드라이브, 박스(Box.net) 등을 연결하여 표시됩니다.

⊚ 내 프린터를 Google 클라우드 프린트로 연결하기

크롬북이 다른 컴퓨터들과 다른 점 중에 하나는, 윈도우 컴퓨터들과 같이 각종 프린터의 드라이버 모듈을 설치하여 유지하지 않는 것입니다. 크롬 OS가 상대적으로 다른 OS들 보다는 가벼운 구조를 유지하는 이유 중에 하나이기도 합니다.

그렇다면 크롬북에서는 프린터를 어떻게 연결하여 프린트를 할 수 있을까요?

Google에서는 클라우드 프린터 플랫폼을 제공합니다. 클라우드 상에 연결되어 있는 프린터들은 장소와 프린터 종류에 상관없이 어디에서나 프린트를 할 수 있도록 하는 서비스입니다. 프린터의 소유자가 Google 문서 공유하는 것과 같은 방법으로 쉽게 다른 사람을 공유하여 사용할 수 있게 할 수 있습니다.

Google 클라우드 프린트의 가장 큰 특징

- 어디에서나 인쇄 가능
  - Google 클라우드 프린트는 모든 프린터에서 사용할 수 있지만 클라우드 지원 프린터[7]를 사용하면 최상의 환경에서 인쇄할 수 있습니다. 몇 초 만에 Google 클라우드 프린트 계정에 프린터를 연결하여 즉시 인쇄를 시작할 수 있습니다.
- 무엇이든 인쇄
  - 인터넷 연결 기기의 어떤 애플리케이션에서든 Google 클라우드 프린트를 사용할 수 있습니다. 가정이나 회사에서, 또는 이동중에 Google 클라우드 프린트로 인쇄할 수 있는 앱 목록에 대해 더 자세히 알아보려면 'Google 클라우드 프린트를 지원하는 앱 목록'[7]을 참조하시기 바랍니다.
- 프린터 공유
  - Google 드라이브에서 문서를 공유하는 방법과 같이, 프린터 소유자가 승인한 다른 사람들과 프린터를 공유할 수 있습니다. Google 계정에서 클릭 한번으로 Google 클라우드 프린트로 안전하게 프린터를 공유할 수 있으며 프린터 관리와 인쇄 작업을 할 수 있습니다.

크롬북에서는 이 Google 클라우드 프린트를 이용하여 프린트를 할 수 있습니다.

예를 들면, 집에 윈도우 PC에 연결된 HP 잉크젯 프린터가 있습니다. 내 크롬북에서 이 프린터로 프린트하길 원합니다.

01. HP 잉크젯 프린터가 연결된 윈도우 PC를 켜고 크롬 브라우저를 실행 및 로그인

02. 클라우드 프린터로 등록 : 크롬 브라우저 설정 〉 Google 클라우드 프린트 〉 관리 버튼 클릭

---

7 클라우드 지원 프린터 – https://goo.gl/jo2nk

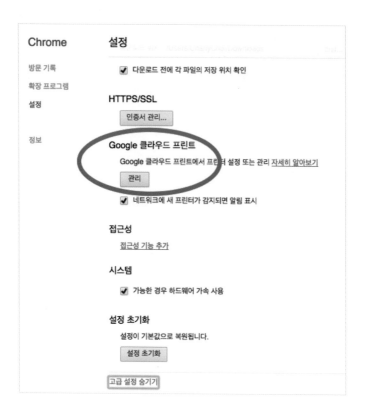

기기 추가를 위해서 일반 프린터 '프린터 추가' HP Deskjet 프린터를 추가

03. 등록된 프린터를 공유 : 목록에서 선택된 프린터를 Google 드라이브 문서 공유하는 방법과 같이 공유자를 지정하면 됩니다. 여기서는 크롬북 사용자 이메일 주소로 프린터를 공유합니다.

04. 클라우드 프린터 알림 메시지 수신 : 크롬북 사용자에게는 이메일로 프린트 공유를 위한 Google 클라우드 프린트 알림 메시지가 수신됩니다. 이에일 메시지 본문에서 '프린터 추가'를 클릭

Google 클라우드 프린트 사이트로 이동한 후 프린트 공유 요청을 '동의'하면 됩니다.

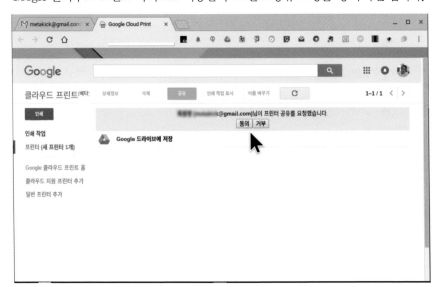

05. 클라우드 프린터 공유 완료 : 크롬북에서의 프린터로 출력은 이 등록된 클라우드 프린터로 출력하면 됩니다.

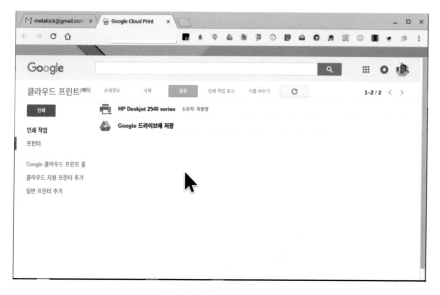

06. 크롬북에서 클라우드 프린터로 출력 준비 완료 : 크롬북에서 출력시 프린터로 Google 클라우드 프린트(나에게 공유된 클라우드 프린터)를 선택하여 출력합니다.

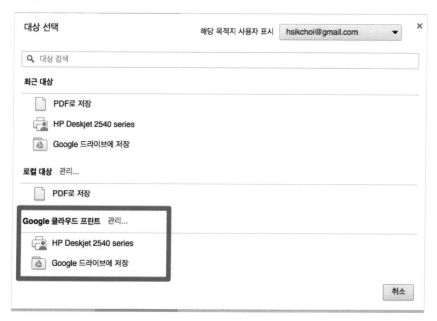

⊚ 실행기 및 앱 런처

실행기 : (런처)화면의 작업 표시줄로, 여기에서 열려 있는 창을 확인하고 주요 앱을
고정하고 크롬북 설정을 변경할 수 있습니다.

실행기에 앱 추가

실행기에 앱을 고정하면 나중에 이동하거나 삭제하지 않는 한 실행기에 계속 표시
됩니다.

● 앱 고정 : 런처 🔍를 클릭하고 추가하려는 앱을 마우스 오른쪽 버튼으로 클릭한
다음, 실행기에 고정을 선택합니다.

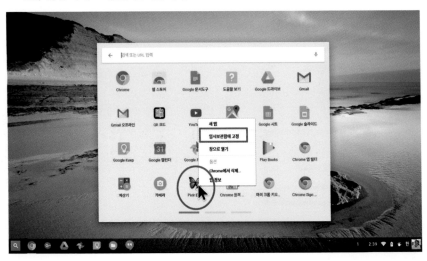

48

- 웹페이지 추가하는 방법 : 웹페이지를 열고 더보기 ⋮ 〉 도구 더보기 〉 실행기에 추가 〉 추가를 클릭합니다.
- 앱 고정 해제 : 앱을 마우스 오른쪽으로 클릭한 다음, 고정 해제를 선택합니다.
- 앱 이동 : 아이콘을 클릭한 상태에서 이동하여 실행기에서 위치를 조정합니다.

실행기 이동 또는 숨기기

실행기 이동
실행기 위치를 변경 및 이동합니다.
① 마우스 오른쪽 버튼으로 실행기를 클릭합니다.
② '실행기 위치'에서 실행기를 화면의 하단(기본)이나 오른쪽 또는 왼쪽 끝 중 어디에 표시할지 선택합니다.

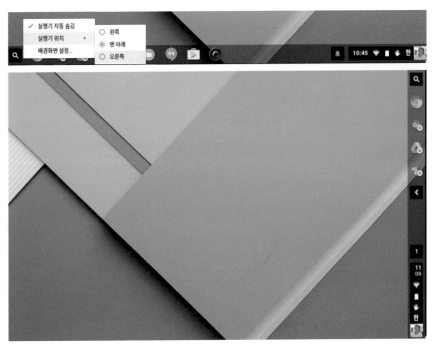

실행기 표시 또는 숨기기

- 실행기 또는 상태 영역을 자동으로 숨기려면 실행기를 마우스 오른쪽 버튼으로 클릭하고 실행기 자동 숨김을 선택합니다.
- 숨겨져 있는 실행기와 상태 영역을 보려면 화면 옆쪽으로 포인터를 이동합니다.
- 실행기 자동 숨김을 사용 중지하려면 실행기에서 마우스 오른쪽 버튼을 클릭하고 실행기 자동 숨김을 선택 취소합니다.

앱 런처 사용 및 맞춤 설정

크롬북의 앱 런처를 사용하여 검색하고 앱을 실행합니다.

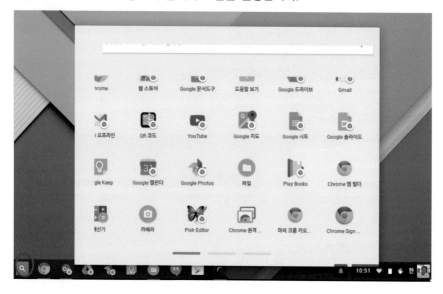

아래와 같은 두 가지 방법으로 시작할 수 있습니다.

- 런처 를 엽니다.
- 키보드의 검색 키를 사용합니다.

Google 검색

런처를 사용하면 새 탭을 열지 않고도 Google에서 빠르게 검색할 수 있습니다.

앱 정리

- 앱 추가 : 크롬 웹 스토어로 이동합니다.
- 웹페이지 추가 : 웹페이지를 열고 더보기 ⋮ 〉 도구 더보기 〉 실행기에 추가 〉 추가를 클릭합니다.

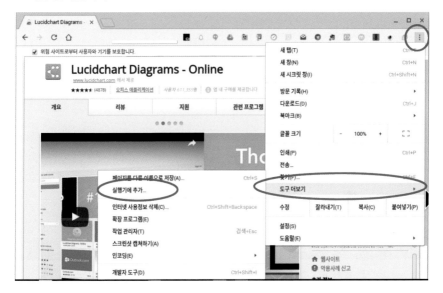

- 앱 삭제 : 아이콘을 마우스 오른쪽 버튼으로 클릭하고 크롬에서 삭제를 선택합니다.
- 빠른 앱 탐색 : 앱 목록의 하단에 있는 파란색 표시줄을 클릭합니다.
- 앱 이동 : 앱을 클릭한 상태로 이동합니다.
- 앱 검색 : 검색 창에 앱 이름을 입력합니다.
- 폴더 만들기 : 앱을 클릭하고 다른 앱 상단으로 드래그하여 하나의 폴더로 묶습니다. 폴더 이름을 지정하려면 폴더를 클릭합니다. 폴더에서 앱을 삭제하려면 폴더를 클릭한 다음, 삭제하려는 앱을 클릭하여 바깥으로 드래그 합니다.

배경화면 및 테마 설정

배경화면 변경은 바탕화면에서 마우스 오른쪽 버튼 클릭 후, 변경 또는 설정 〉 모양 〉 배경화면 설정에서 변경 가능합니다.

배경화면 변경 시 '추천 받기'를 선택하면 무작위로 테마를 자동 선택할 수 있습니다.

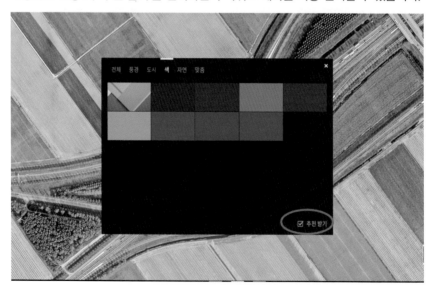

크롬북 키보드 사용하기

크롬북 키보드는 일반 키보드와 동일하게 작동하나 몇 가지 다른 점이 있습니다.

크롬북 키보드 고유 키

크롬북의 키는 대부분 다른 키보드의 키와 동일하게 작동하지만, 크롬북에만 있는 고유한 키가 있습니다. 크롬북 고유키에 대해 자세히 알아보려면 아래 도움말 참조[8]

참고 : 크롬북에서 윈도우 키보드를 사용하는 경우

● 키보드 상단의 $\boxed{\text{F}}$ 키는 아래의 키와 같이 작동합니다.

● $\boxed{\text{Ctrl}}$ 키와 $\boxed{\text{Alt}}$ 키 사이에 있는 윈도우 키가 검색 키 역할을 합니다.

키보드 설정 변경하기[9]

8 크롬북을 위한 키보드 고유 키 목록 – https://goo.gl/QqsU7k
9 키보드 설정 변경하기 도움말 참조 – https://goo.gl/QqsU7k

단축키 보기

키보드의 단축키를 확인하기 위해서는 단축키 보기를 클릭 후, 'Ctrl', 'Ctrl + Shift', 'Ctrl + Alt'와 같은 조합키를 클릭하면 자동으로 키보드 상에서 해당 단축키 기능이 표시됨.

예) 'Ctrl' 키를 클릭한 경우

예) 'Ctrl + Alt' 키를 클릭한 경우

도움말 : Ctrl + Alt + ?를 동시에 누르면 화면에 전체 단축키 목록이 표시됩니다.
단축키 상세 목록 — https://goo.gl/ot49KM

3단계 : 무료로 Google 드라이브 100GB 늘리기

- 내 크롬북에서 소유자 권한으로 로그인한 후, www.chromebook.com/goodies 페이지를 접속합니다.
- 안내에 따라 쿠폰을 사용합니다.(한국에서는 Google 드라이브 2년간 100 GB 서비스가 제공됨. 구입한 크롬북에서 1회만 사용할 수 있습니다.)
- 추가된 용량은 Google 드라이브로 로그인 후 왼쪽 아래에서 확인 가능합니다.(쿠폰 적용시 바로 추가되지는 않고 어느 정도 시간이 지나야 적용됨)

CHAPTER 02 고급 설정하기

사용자 관리 및 동기화

사용자 관리

내 크롬북에 사용자 추가하기

크롬북 소유자가 여러 개의 Google 계정을 갖고 있거나, 직장 동료, 친구, 가족들이 각각의 Google 계정을 사용하여 내 크롬북에 로그인할 수 있습니다. 이 방법을 사용하면 각자의 계정으로 로그인 후 각자가 로그인 후 사용할 수 있습니다.

내 크롬북에 사용자를 추가하는 방법은 다음과 같습니다.

01. 로그인 화면에서 사용자 추가를 클릭합니다.

02. Google 계정 이메일 주소와 비밀번호를 입력한 뒤 다음을 클릭합니다.

추가할 Google 계정이 없는 경우 계정을 생성하세요. 크롬북에 따라서는 추가 옵션 〉새 계정만들기를 클릭하면 됩니다.

03. 사진을 선택합니다. 로그인한 뒤 사진을 업데이트할 수 있습니다.

소유자를 제외하고 크롬북에 최대 17명까지 추가할 수 있습니다.

사용자 관리는 소유자 계정으로 로그인 후 설정 〉다른 사용자 관리 메뉴를 통해서 아래와 같이 통제를 할 수 있습니다.

- 손님으로 로그인 허용
- 관리 대상 사용자를 사용하도록 설정
- 로그인 화면에 사용자 이름과 사진 표시
- 로그인할 수 있는 사용자 설정
- 사용자 추가

컴퓨터, 스마트폰, 크롬북 모두 크롬 데이터 동기화하기

컴퓨터, 스마트폰, 크롬북에서 크롬을 사용할 경우 한 기기에서 저장한 북마크, 방문 기록, 비밀번호, 기타 설정 등을 동기화할 수 있습니다. 크롬을 사용하는 기기들은 서로 동기화를 위해서는 크롬에서 로그인하는 방법을 이용해야 합니다.

소유자 권한

크롬북의 소유자는 크롬북에서 사용된 첫 번째 Google 계정이 소유자로 지정됩니다. 내 크롬북을 나 혼자만 사용할 경우는 특별히 소유자나, 관리 대상자나, 다른 사람의 계정 관리가 필요 없습니다.

크롬북은 다른 사용자들과 기기를 공용으로 사용할 수 있는 유용한 기능이 있습니다. 직장에서는 동료들 간에, 학교에서는 다른 학생들과, 가정에서는 자녀들과 공동으로 사용할 수 있습니다.

따라서 소유자의 권한이 필요하고, 소유자만이 아래와 같은 설정을 조절할 수 있습니다.
- 로그인 권한
- 네트워크 관리
- 표준 시간대
- 시스템 채널 설정
- 사용 통계 및 오류 보고서

직장이나 학교에서는 등록된 크롬북 기기 관리는 IT 관리자 또는 학교 선생이 별도로 할 수 있습니다.(자세한 내용은 Part 02. 기업을 위한 크롬북 가이드의 크롬 기기 관리 콘솔을 참조) 이 경우는 크롬북의 소유자는 본인이 아니고 IT 관리자가 됩니다.

관리 대상 사용자 만들기 및 관리

관리 대상 사용자는 주로 가정에서 자녀들이 한대의 크롬북을 공유해서 사용할 경우, 자녀들이 방문하는 웹사이트를 부모가 확인하고 관리하도록 하는 것입니다.

부모가 소유자 권한을 갖고, 자녀들은 각각에게 크롬북 사용을 위한 로그인 계정을 만들고, 소유자가 아래와 같은 작업에 대해서 관리를 할 수 있습니다.

- 사용자가 방문한 웹사이트를 확인합니다.
- 특정 웹사이트를 허용 또는 차단합니다.
- 사용자가 앱 및 확장 프로그램을 설치하지 못하도록 합니다.
- 사용자가 세이프서치[1]를 사용중인지 확인합니다(기본적으로 사용하도록 설정).
- 사용자 설정을 조정합니다.

관리 대상 사용자란?

관리 대상 사용자는 관리자가 정한 범위 내에서 웹을 검색할 수 있습니다. 관리 대상 사용자의 관리자는(소유자) 크롬에서 특정 웹사이트 허용 또는 금지 관리 대상 사용자가 방문한 웹사이트 검토, 기타 설정 관리합니다.

관리 대상 사용자를 생성해도 Google 계정이 생성되지 않으며, 해당 사용자의 설정 및 데이터는 크롬 동기화를 통해 다른 기기에 동기화 되지 않습니다. 관리 대상 사용자는 이 기기에만 적용됩니다.

새로운 관리 대상 사용자를 만든 후에는 어떤 기기를 사용하든 www.chrome.com/manage 페이지에서 설정을 관리할 수 있습니다.

관리 대상 사용자 추가

01. 계정 사진이 표시되는 상태 영역을 클릭한 다음, 로그아웃을 클릭합니다.

02. 로그인 화면에서 더보기 > 관리 대상 사용자 추가를 클릭합니다.

1 세이프서치 사용 또는 중지 도움말 – https://goo.gl/1BvUAN

03. 관리 대상 사용자 만들기를 클릭합니다.

04. 관리 대상 사용자를 관리할 계정을 클릭합니다.(내 크롬북 소유자가 관리할
계정입니다)

05. 계정 비밀번호를 입력한 후, 다음을 클릭합니다.(소유자 계정의 비밀번호 입력)

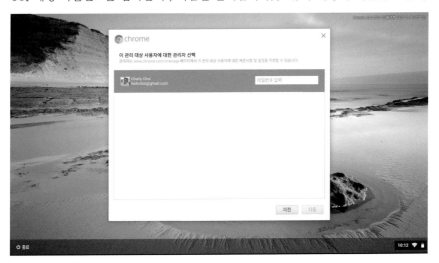

06. 관리 대상 사용자의 이름, 비밀번호, 사진을 선택합니다.(여기서 이름과 비밀번호는 Google 계정이 아닌, 관리 대상자가 내 크롬북에 로그인 시 필요한 이름과 비밀번호임)

07. [선택사항] 기존 관리 대상 사용자를 다른 컴퓨터에서 가져오려면 기존 관리 대상 사용자 가져오기를 클릭합니다.

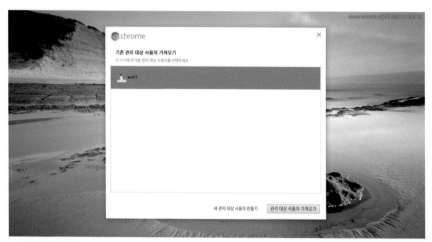

08. 다음을 클릭합니다.

09. 관리 대상 사용자가 생성되었음을 확인하는 메시지가 표시되면 확인을 클릭합니다.

관리 대상자를 관리 – www.chrome.com/manage 접속

- 관리 대상자 이름 선택
- 활동 기록 확인
- 관리 설정
  - 모든 웹사이트 허용(차단된 웹사이트 제외)
  - 차단된 사이트 관리
  - 세이프서치 잠금 설정

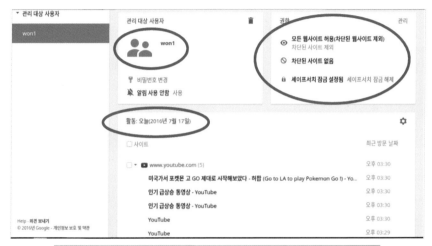

▼관리 대상자가 차단된 사이트(예 : 유튜브 사이트 금지) 접속 시도 화면

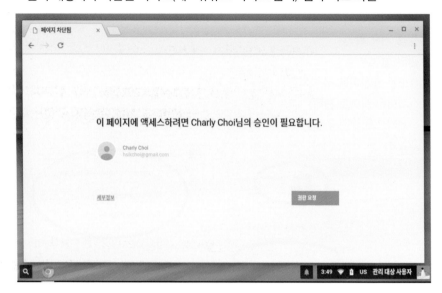

멀티 로그인 방법

한 크롬북에 여러 개의 계정이 생성되어 있는 경우, 또는 개인이 여러 개의 Google 계정을 사용하는 경우, 사용중에 각각 계정으로 이동하고자 할 때마다, 로그아웃 없이 바로 멀티 계정으로 이동할 수 있게 하는 방법입니다.

크롬북에서 윈도우 파일 서버 연결하기

크롬북이 주는 편리한 기능 중에 하나는 파일 탐색기(단축키 Alt + Shift + M)에서 외부 스토리지 시스템과 연결하여 자유롭게 파일을 복사, 이전, 생성 등이 가능하다는 것입니다.

크롬북과 네트워크로 연결된 윈도우 서버의 공유된 폴더에 접속하기

01. 크롬 웹 스토어에서 'File System for Windows' 검색하여 설치합니다.

02. 윈도우 서버에서 공유 폴더 만들기

윈도우 컴퓨터에서 공유하고자 하는 폴더를 만들고 해당 폴더를 마우스로 선택 후 '속성'에서 공유를 설정합니다. 그리고, 윈도우 커맨드 창을 띄운 후, 명령어로 'ipconfig'를 실행하면 윈도우 IP 주소가 표시됩니다. 이 IP 주소를 이용하여 원격의 크롬북을 접속하는 데 사용됩니다.

윈도우에서 '크롬공유폴더'를 생성하고 이를 공유함. IP 주소는 192.xxx.xxx.xxx, User Name:hsikchoi@gmail.com입니다.

▼윈도우 PC에서 '크롬북 공유' 폴더를 공유로 설정

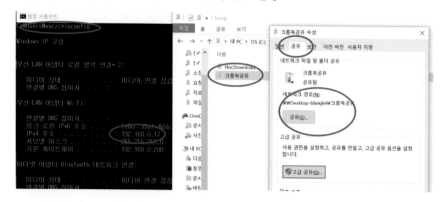

03. 크롬 웹 스토어에서 설치된 'File System for Windows' 실행

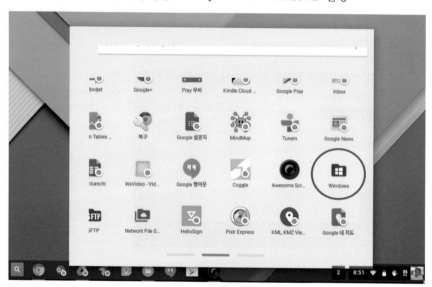

04 윈도우 서버 접속 정보 입력

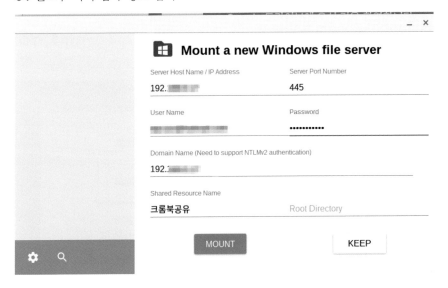

05. 크롬북 파일 탐색기에서 윈도우 파일 서버 접속 완료

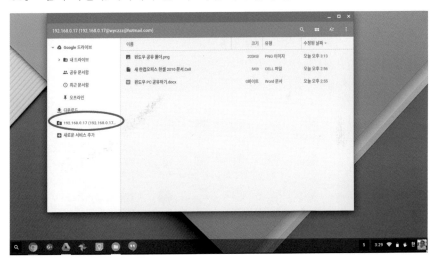

🌀 크롬북에서 드롭박스/원드라이브 연결하기

01. 크롬북 파일 앱(⌥Alt + ⇧Shift + M)에서 '새로운 서비스 추가' 클릭 후, 'File System for OneDrive' 또는 'File System for Dropbox' 추가

02. 크롬북에 설치된 원드라이브 앱 실행

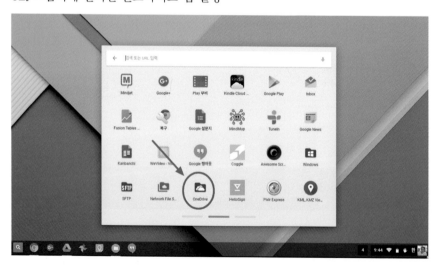

03. 원드라이브 설정

04. 원드라이브 접속 완료(드롭박스 도 같은 절차로 접속 완료)

크롬 OS는 다른 OS들과는 다르게 사용자가 안정된 버전, 베타 버전, 개발자 버전을 선택하여 OS 버전을 변경할 수 있습니다. 크롬 OS에서는 이를 채널 변경이라고 합니다.

- 공개 버전 채널(안정된 버전) : 크롬 OS팀이 전체 테스트를 진행하는 채널로서 다운 등의 문제를 예방하기 위한 최선의 방법입니다. 경미한 변경사항은 약 2~3주마다, 중대한 변경사항은 6주마다 업데이트됩니다.
- 베타 채널 : 최소한의 위험을 감수하는 대신 공개 예정인 기능이나 개선사항을 먼저 사용해보고 싶다면 베타 채널을 사용하세요. 공개 버전 채널이 업데이트되는 것보다 1달 이상 빠르게 업데이트되며 거의 매주 업데이트가 이루어집니다. 중대 업데이트는 6주마다 있습니다.
- 개발자 채널 : 최신 크롬 OS 기능을 확인하고 싶으면 개발자 채널로 전환하세요. 개발자 채널은 매주 1~2회 업데이트됩니다. 새로운 기능을 가능한 한 빨리 사용해 보고 싶은 사용자에게 제공되는 것이기 때문에 테스트를 거치긴 하나 아직 버그가 남아 있을 수 있습니다.

예를 들면, 안정된 버전인 공개 버전 채널이 버전 52이라면, 베타 채널은 베타 버전 53이 될 수 있습니다. 베타, 개발 채널이 공개 채널보다 앞선 버전으로 정식 발표되기 전에 사용자들이 미리 사용해보고 문제점도 사전에 파악하여 수정하기 위한 용도입니다.

주의 사항 : 개발자 또는 베타 채널에서 공개 버전 채널로 돌아 갈 경우는(예 : 개발자 채널 〉 공개 버전 채널) 소유자에게 저장된 모든 정보 및 로컬 스토리지에 다운로드된 모든 파일들은 삭제가 됩니다. 미리 백업을 받고 채널 변경을 해야 합니다.

크롬 OS 개발자 버전 53이 유명해진 이유는 사용자가 이런 채널 변경하여 미리 개발자 버전을 테스트 해 볼 수 있기 때문입니다. 이 책의 '시작하면서'의 '크롬 OS 버전 53의 의미'를 참고하시기 바랍니다.

채널 변경 방법

01. 설정 > Chrome OS 정보 클릭

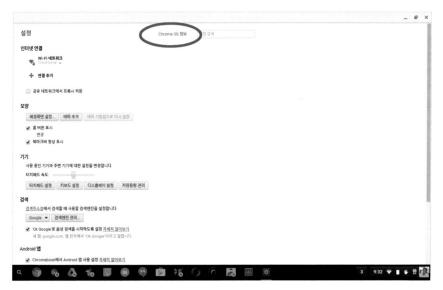

02. 추가 정보 클릭

03. 채널 변경

04. 채널 선택

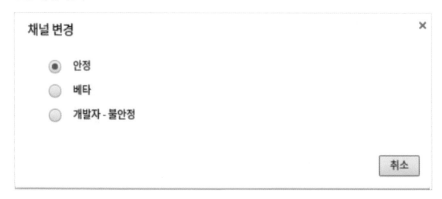

초기화

공장 초기화가 필요한 경우가 있습니다.

- "크롬 기기를 초기화하세요"라는 메시지가 표시되는 경우(이 메시지는 거의 발생하지는 않지만 경우에 따라서는 크롬북이 비정상적인 상태가 되는 경우가 있을 수 있습니다)
- 사용자 프로필이나 설정에 문제가 있는 경우
- 크롬북을 다시 시작한 후에도 계속 정상적으로 작동하지 않는 경우
- 크롬북의 소유자를 변경하고자 하는 경우

공장 초기화는 로컬 스토리지의 모든 파일들을 삭제합니다.

따라서, 공장 초기화 전에는 로컬 스토리지에 저장된 파일들은 백업하여야 합니다. 백업은 Google 드라이브에 하거나, 필요하면 외장 USB 메모리 등에 백업하시기 바랍니다. 공장 초기화시 Google 드라이브나 외장 메모리는 삭제되지 않습니다.

단축키 사용 초기화 : Ctrl + Alt + Shift + R 키를 길게 누릅니다. 아래 화면에서 '다시 시작'을 클릭한 후 안내에 따르면 됩니다.

설정 메뉴를 사용하여 초기화 : 설정 〉고급 설정 클릭 〉Powerwash 버튼 클릭

직장 또는 학교에서 크롬북이 크롬 기기 관리 대상이 되는 경우는 관리자가 크롬북 데이터 초기화 후 크롬북 기기를 다시 등록해야 합니다.

🌀 복구 미디어 만들기

복구 미디어는 크롬북이 심각한 오류가 발생하여 재복구를 해야 하는 경우에 필요합니다. 즉, 크롬북 자체로는 부팅이 불가능한 경우에 USB 메모리로 부팅하여 복구하는 방법입니다.

USB 메모리에 부팅 이미지 만들기는 해당 크롬북에서 작업할 필요는 없습니다.(해당 크롬북이 부팅되지 않는 상태이므로 해당 부팅 이미지는 만들 수 없습니다.) 크롬 브라우저가 실행되는 다른 컴퓨터에서 USB 메모리에 부팅 이미지를 만듭니다.

USB 메모리는 포맷이 가능한 4GB 이상의 용량이 필요합니다. 아래 순서에 따라서

진행하면 됩니다.

01. 크롬북 복구 유틸리티 앱 설치

● 복구 이미지 생성은 반드시 해당 복구 크롬북에서 생성할 필요는 없습니다. 복구 대상 크롬북이 동작하지 않고 있을 수 있기 때문에, 다른 컴퓨터에서 내 크롬북의 복구 이미지를 생성하여 USB에 저장하는 방법을 제공합니다.

● 컴퓨터는 애플 맥/MS 윈도우/다른 크롬북에서 크롬 웹 스토어를 방문하여 '크롬북 복구 유틸리티'를 설치

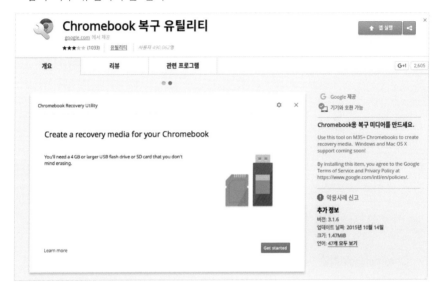

크롬 웹 스토어에서 정상 설치가 되면, 크롬북 런처에 '복구'라는 앱이 설치됩니다.

02. 크롬북 복구 미디어 만들기

'복구' 앱을 수행시킨 후, 안내에 따르면 됩니다.

복구하고자 하는 크롬북을 목록에서 찾아서 선택하시기 바랍니다.(예 : 포인투 제조사, 포인투 크롬북 11 모델)

03. 복구 미디어로(USB 메모리로) 복구하기

- 키보드가 있는 크롬북을 사용중이라면 Esc + 새로고침 을 길게 누른 다음, 전원을 누릅니다. 전원 버튼에서 손을 뗀 후 다른 키에서 손을 뗍니다.
- 크롬박스(Chromebox) 또는 크롬비트(Chromebit)를 사용중이라면 전원을 끄고 복구 버튼을 누른 다음, 전원 버튼을 눌러서 다시 켭니다.
- 다음 메시지 중 하나가 표시됩니다.
    - '크롬 OS가 없거나 손상되었습니다. 복구 USB 메모리 또는 SD 카드를 삽입하세요.'
    - '복구 USB 메모리 또는 SD 카드를 삽입하세요.'
- 만든 복구 미디어(SD 카드 또는 USB 드라이브)를 삽입합니다.
- 화면에 표시되는 안내를 따릅니다.

크롬북의 보안 관련 내용은 Google의 크롬북 도움말[2]을 발췌한 내용입니다.

크롬북은 '심층 방어' 원칙을 사용하여 여러 개의 보호층을 제공하므로, 보호층 중 하나가 무력화 되더라도 다른 보호층은 계속 효력을 발휘합니다. 그렇다 하더라도 데이터를 보호하기 위한 예방 조치를 취해야 하기는 하지만, 크롬북을 사용하면 조금 더 안심하고 인터넷을 사용할 수 있습니다. 크롬북에는 다음과 같은 보안 기능이 내장되어 있습니다.

자동 업데이트

멀웨어를 차단하는 가장 효과적인 보호 방법은 모든 소프트웨어를 최신 상태로 유지하고 보안 관련 최신 수정사항을 적용하는 것입니다. 기존 운영체제에서는 각기 다른 공급업체에서 다양한 소프트웨어 구성요소를 제공하고, 업데이트 메커니즘과 사용자 인터페이스가 모두 다르므로 관리가 어려울 수 있습니다. 크롬북은 업데이트를 자동으로 관리하므로 항상 가장 안전한 최신 버전을 실행합니다.

샌드박스

크롬북에서는 모든 웹페이지와 애플리케이션이 '샌드박스'라는 제한된 환경에서 실행됩니다. 따라서 크롬북에서 감염된 웹페이지를 방문하더라도 컴퓨터의 다른 탭이나 앱을 포함한 그 어디에도 영향을 미치지 않습니다. 위협이 차단되는 것입니다.

자체 검사 부팅

멀웨어가 샌드박스 환경을 벗어나 침투한다 하더라도 크롬북은 계속 보호됩니다. 크롬북을 시작할 때마다 '자체 검사 부팅'이라는 자체 검사를 수행하기 때문입니다. 시스템이 잘못 변경되었거나 어떤 식으로든 손상되었다는 것이 감지되면 일반적으로 별도의 노력 없이 자체 복구되어 크롬북을 새 것과 다름없는 운영체제로 되돌립니다.

데이터 암호화

크롬북에서 웹 앱을 사용할 때 모든 중요한 데이터는 클라우드에 안전하게 저장됩니다. 다운로드, 쿠키, 브라우저 캐시 파일과 같은 파일이 일부 컴퓨터에 남아 있을 수 있습니다. 부정 변경 방지 하드웨어를 사용하여 데이터를 암호화하는 크롬북에

---

2 Google의 크롬북 보안 도움말 – https://goo.gl/2iv9R0

서는 이러한 파일에 액세스하기가 매우 어렵습니다.

복구 모드
크롬북에 문제가 발생하더라도 간단히 버튼을 누르거나 키보드 단축키를 사용하여 복구 모드를 시작하고 운영체제를 이상 없는 안전한 버전으로 복원할 수 있습니다.

멀웨어의 공격에서 복구[3]
때론 링크나 이메일이 브라우저를 잠금 상태로 만드는 허위 사이트로 연결되는 경우가 있습니다. 이러한 사이트들은 '강탈 사이트' 또는 '악성 사이트'라고 불리며, 사용자로 하여금 컴퓨터를 계속 사용하려면 돈을 지불해야 한다고 생각하게 합니다. 이는 사실이 아닙니다. 몇 가지 간단한 단계를 거치면 크롬 브라우저의 잠금을 해제하고 크롬북을 다시 평소처럼 사용할 수 있습니다.

크롬 브라우저 잠금 해제

01. 이 목록에서 크롬북을 선택하고 안내에 따라 크롬북을 초기화합니다. 내 크롬북이 목록에 없는 경우, 키보드에서 새로고침(상단에 3번째 키) + 전원을 누릅니다.

02. 크롬북에 로그인하고 크롬 브라우저를 열면 복원 창이 열립니다.

03. 오른쪽 상단에 있는 X를 클릭하여 창을 닫습니다.

04. 참고 : 복원을 클릭하지 마세요. 복원을 클릭하면 악성 웹페이지가 다시 열리고 브라우저가 잠기게 됩니다.

05. 웹사이트를 몇 군데 열어보며 브라우저가 정상적으로 작동하는지 확인합니다.

브라우저가 여전히 잠긴 상태인 경우 크롬북을 복원하는 방법에 대해 자세히 알아보세요.

---

3 멀웨어 공격에서의 복구 – https://goo.gl/Qu38tv

지메일 및 Google 앱스에서는 로그인 시 가장 많이 사용하는 이메일 주소 및 패스워드로 로그인하는 1단계 인증 방식과, 한번 더 인증 코드(SMS 메시지/Google OTP/보안키)를 입력하는 2단계 인증 방식을 제공하고 있습니다.

2단계 인증은 구글 계정을 사용 시에 가장 안전한 보안 방법입니다. 사용자 계정과 비밀 번호가 유출이 되어도, 로그인 시 한번 더 인증(문자 전송/구글OTP/보안키)을 요구하기 때문에 가장 안전한 방법입니다.

2단계 인증이 필요한 이유

- 인터넷 카페와 같은 공개된 장소에서 공용 PC를 빌려서 내 계정에 로그인 할 경우 사용자 계정이 노출이 되거나 또는 PC에 자동 저장되어 타인에게 유출되는 경우 방지
- 외부에서 프리젠테이션시 본인의 PC가 아닌 타인의 PC를 사용하여 로그인해야 할 경우 계정 정보 유출 방지
- 간혹 Google 계정이 유출되어 본인도 모르게 Google Play 스토어에서 게임 아이템을 유료로 결재가 되는 경우 방지
- 스마트폰을 통해서 본인의 Google 계정 정보가 유출되어 불법적으로 도용되는 것을 방지

이 외에도 여러 가지 이유로 인하여 본인의 계정 정보가 유출되는 것을 방지할 필요가 있습니다. Google은 이러한 계정 정보 유출로 인한 피해를 막기 위해서 2단계 인증 방식을 제공하고 있습니다.

Google에서 제공하는 2단계 인증 방식에는 4가지가 있습니다.
① 음성 또는 SMS 메시지로 인증 코드 전송 방식
② Google OTP 앱을 이용한 일회용 암호 사용
③ 백업 코드 : 일회용 코드 10개 사용
④ USB 보안키를 사용하는 방법

2단계 인증 설정 방법

01. 지메일로 로그인 후 '내 계정' 클릭

02. 내 계정 〉 로그인 및 보안

82

03. 로그인 및 보안 > 2단계 인증

04. 2단계 인증 > 보안키 또는 음성/문자 메시지 전화번호 추가

2단계 인증으로 '보안키'를 사용한 예

2단계 인증은 휴대폰 SMS 방식으로 인증코드를 받는 것을 가장 많이 사용합니다. 보안키는 별도로 구매해야 합니다.

- 필자는 2단계 인증으로 보안키를 사용하고 있습니다.
- Google에서 인증한 보안키 제품입니다. Yubico 사의 FIDO U2F[4] 키를 구입하여 사용하고 있습니다.
- 지메일 로그인 시 2단계로 이 보안키 인증을 요구하며, USB 포트에 해당키를 넣고 파란 불 빛의 열쇠를 눌러주면 로그인이 자동으로 됩니다. 한번 인증된 컴퓨터는 30일 동안 보안키를 요구하지 않습니다.
- 다른 사람의 컴퓨터에서 작업하거나, 새 시크릿 창을 열어서 지메일 로그인 시에는 보안키 요구를 합니다.

---

4 Yubico社 − https://www.yubico.com/products/yubikey−hardware/fido−u2f−security−key/

CHAPTER 03
크롬 웹 스토어와 앱/웹/ 확장 프로그램/테마 이해하기

안드로이드 스마트폰 또는 태블릿 사용자들은 Google Play 스토어를 통해서 필요로 하는 앱을 구매하거나, 무료로 설치할 수 있습니다.

① 크롬 웹 스토어에서는 4가지 유형으로 앱, 게임, 확장 프로그램, 테마로 제공됩니다. 크게는 앱 유형과 확장 프로그램으로 나뉩니다. 게임은 대부분 앱으로 설치됩니다. 테마는 크롬 브라우저의 배경 테마를 바꿔주는 기능을 제공합니다.

② 앱은 크롬 앱 또는 웹사이트로 검색이 가능합니다.

③ 크롬 앱/확장 프로그램들은 아래 5가지 특성이 있습니다. 크롬 웹 스토어에서 아래 5가지 특성을 선택하여 검색이 가능합니다.
- 오프라인 실행 가능
- Google 제공
- 무료
- Android에서 사용 가능
- Google 드라이브에서 작동

크롬북 사용자들은 크롬 웹 스토어를 통해서 필요로 하는 앱/웹/확장 프로그램들을 검색하여 설치할 수 있습니다.

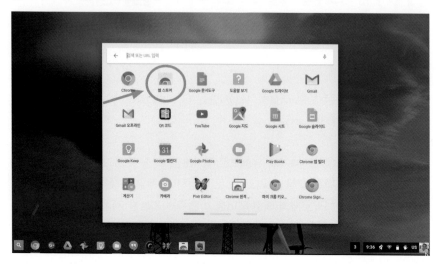

크롬북을 사용하려면 크롬 앱과 크롬 확장 프로그램의 차이점을 이해해야 합니다.

01. 크롬 앱

● 크롬 웹 스토어에서 앱으로 표시되어 설치됩니다. 크롬 앱이 설치되면 런처 안에 설치됩니다.(실제로 실행되는 프로그램이 설치되는 것은 아니고 웹상의 앱을 접속하기 위한 최소한의 앱 정보만 설치됩니다)

● 크롬 앱은 실행시 독자적인 U/I를 갖고 실행되거나, 아니면 서비스하는 웹사이트로 직접 이동합니다.

● 앱은 단독 U/I로 실행되는 앱과, 웹사이트로 이동하여 실행되는 웹 유형이 있습니다.

●예1) 크롬용 에버노트 앱이 대표적입니다. 에버노트는 앱으로 설치되는 버전이 두 종류가 있습니다. 아래 화면과 같이 (1)은 에버노트 앱이고, (2)는 에버노트 웹입니다.

○에버노트 앱을 실행한 메인 화면입니다. 단독 U/I를 갖고 실행됩니다.

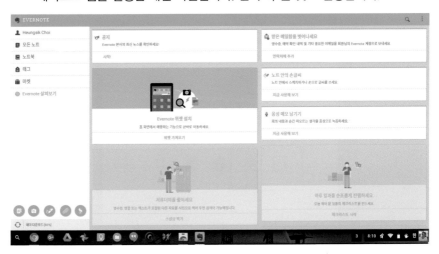

○ 에버노트 웹을 실행한 화면입니다. 에버노트 웹사이트로 접속하여 U/I는 크롬 브라우저 안에서 표시됩니다.

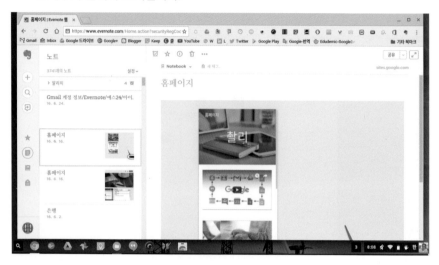

● 예2) 게임 앱, 게임 웹 차이. 아래 화면에서 게임 앱으로 설치된 팩맨과 Tetris 게임을 보면 앱인지 웹인지 알 수 없습니다.

○ 게임 팩맨을 실행한 화면입니다. 팩맨 웹사이트로 접속되어 크롬 브라우저 안에서 실행됩니다. 따라서, 팩맨 게임은 크롬 웹으로 동작합니다.

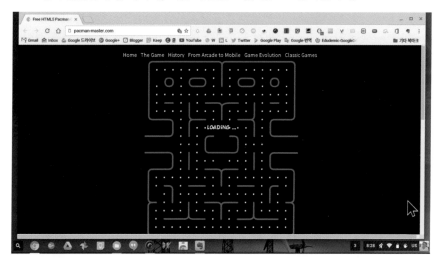

○ Tetris 게임은 단독 U/I로 실행됩니다. 이 게임은 크롬 앱으로 동작합니다.

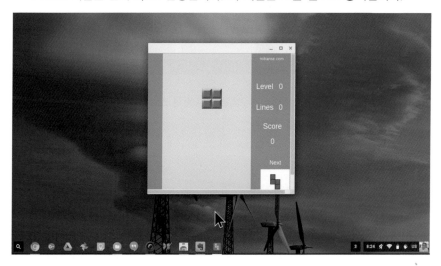

02. 크롬 확장 프로그램

- 크롬 브라우저의 확장 기능으로 동작합니다.
- 단독 U/I는 제공하지는 않고, 현재의 크롬 브라우저 탭의 보조 기능을 제공합니다.
- 예1) Evernote Web Clipper 확장 프로그램 : 현재의 페이지를 에버노트로 클립핑하여 저장하는 기능
- 예2) 'Google 드라이브' 확장 프로그램 : 현재의 웹 페이지를 웹 페이지 또는 이미지로 캡처하여 Google 드라이브로 저장하는 기능

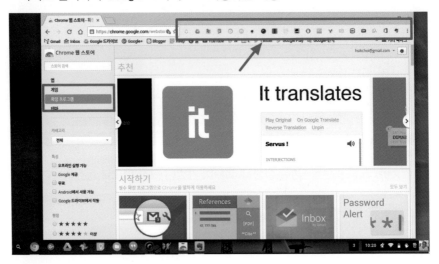

▼크롬 웹 스토어 검색 시 예) Google 드라이브에서 작동하는 확장 프로그램들 검색

90

크롬북에서 오피스 문서 다루기

한글 문서(HWP) 다루기

크롬북 사용 시 가장 불편하였던 것 중에 하나는 이메일로 HWP 문서를 수신하였을 때와 그리고 관공서 및 일부 기업에 HWP 파일로 문서를 제출할 때입니다.

이제는 크롬북에서도 다양한 방법을 통해서 이메일로 수신된 한글 문서를 쉽게 볼 수 있고, 한글 문서 작성까지 가능해졌습니다.

한컴[1]에서는 온라인 넷피스24 서비스(무료/유료)를 통해서 Google 드라이브 연동 서비스를 제공합니다. Google 드라이브에 저장된 HWP 파일은 온라인 넷피스24에서 뷰잉이 가능합니다.(단, 이렇게 Google 드라이브를 통해서 열기를 한 한글 문서는 뷰잉은 가능하나, 직접 편집은 오류가 발생하여 편집되지 않을 수 있음) HWP 문서 작성은 넷피스24 내의 웹 오피스로 생성하여 편집 가능합니다.

시나리오 1 : 외부에서 이메일 첨부 문서로 HWP 파일을 수신한 경우

---

1 http://www.hancom.com/

첫 번째 방법(온라인 클라우드 상에서 처리) : **지메일에서 HWP 문서를 Google 드라이브(예 : 폴더 – '이메일 첨부문서 관리')에 저장 후 한컴의 넷피스24 온라인 서비스에서 직접 Google 드라이브(폴더 – '이메일 첨부문서 관리') 접속 후 오픈하면 됩니다.**

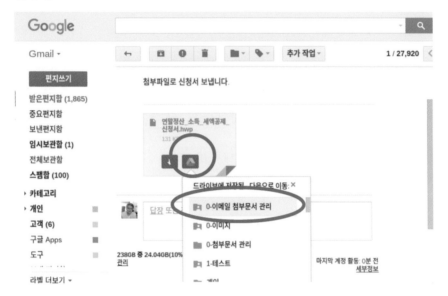

온라인 넷피스24 사이트(사전 무료 서비스 가입) 내에서 직접 Google 드라이브 연결 HWP 문서 열기

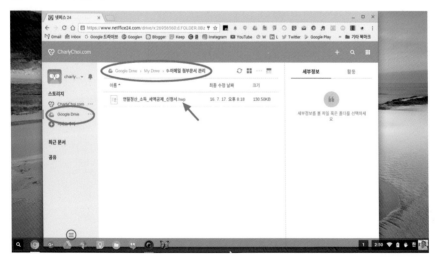

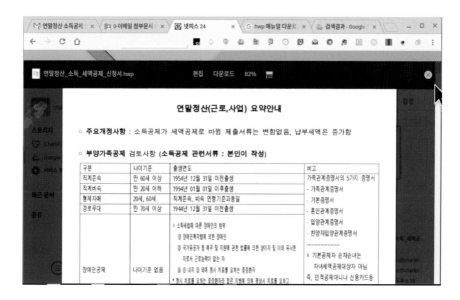

두 번째 방법(다운로드 후 안드로이드 앱 사용) : 지메일에서 HWP 문서를 다운로드 후, Google Play 스토어에서 설치한 안드로이드 앱(크롬 OS 버전 53 이상부터 가능) '넷피스 24' 앱으로 열기.

안드로이드 앱 '넷피스 24'에서는 HWP 문서를 열고(읽는 기능 무료) 수정 편집(편집 기능은 유료)이 가능.

다운로드된 HWP 파일을 마우스 오른쪽 버튼으로 클릭 후 한글(넷피스 24) 앱으로 열기

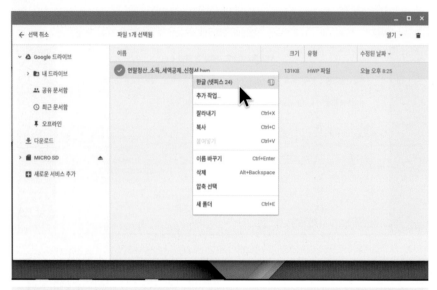

연말정산_소득_세액공제_신청서.hwp

연말정산(근로.사업) 요약안내

○ **주요개정사항** : 소득공제가 세액공제로 바뀜 제출서류는 변함없음. 납부세액은 증가함

○ **부양가족공제** 검토사항 (소득공제 관련서류 : 본인이 작성)

구분	나이기준	출생연도	비고
직계존속	만 60세 이상	1954년 12월 31일 이전출생	가족관계증명서의 5가지 증명서
직계비속	만 20세 이하	1994년 01월 01일 이후출생	- 가족관계증명서
형제자매	20세, 60세	직계존속. 비속 연령기준과동일	- 기본증명서
경로우대	만 70세 이상	1944년 12월 31일 이전출생	- 혼인관계증명서
장애인공제	나이기준 없음	※ 소득세법에 따른 장애인의 범위 ① 장애인복지법에 의한 장애인 ② 국가유공자 등 예우 및 지원에 관한 법률에 의한 상이자 및 이와 유사한 자로서 근로능력이 없는 자 ③ ① 내지 ② 외에 항시 치료를 요하는 중증환자 • 항시 치료를 요하는 중증환자라 함은 지병에 의해 평상시 치료를 요하고 취학·취업이 곤란한 상태에 있는 자	- 입양관계증명서 - 친양자입양관계증명서 -------------------- ※ 기본공제자 손자손녀는 자녀세액공제대상자 아님 즉, 인적공제이나나 신용카드등 공제대상(요건충족)은

MS 오피스 문서 다루기

크롬북에서는 다른 문서들과는 다르게 MS 오피스 문서에 대해서는 여러 가지 방법으로 다룰(수정/편집/보기/생성) 수 있는 기능을 제공하고 있습니다.

첫 번째 방법(MS사의 오피스 온라인 웹 사용) : MS 오피스 파일을 변환 없이 직접 열고/수정/편집/생성하기

크롬 웹 스토어에서 'Word online', 'Excel online', 'PowerPoint online' 검색하여 설치합니다. 이 크롬북용 MS 오피스 온라인 앱을 통해서 문서를 읽고/수정/편집/생성 모두 가능합니다.

▼MS 오피스 온라인 앱 〉 Word, Excel, PowerPoint 〉 설치

▼크롬북에서 워드 온라인으로 워드 문서 작성 예

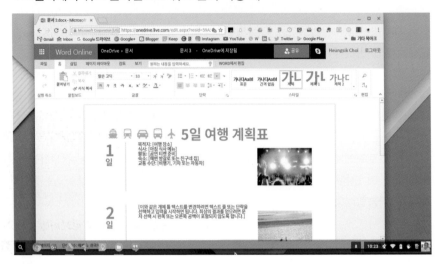

▼크롬북에서 엑셀 온라인으로 엑셀 문서 작성 예

▼크롬북에서 파워포인트 온라인으로 파워포인트 문서 작성 예

두 번째 방법(Google 드라이브의 오피스 호환 모드 사용하기) : Google 드라이브에서는 MS 오피스 문서를 크롬 브라우저에서 직접 읽고/수정/저장할 수 있는 오피스호환 모드를 제공합니다. 이를 위해서는 크롬 웹 스토어에서 문서, 스프레드시트,프레젠테이션으로 Office 수정하기 크롬 확장 프로그램[2](또는 'quickoffice'로 검색)을 설치합니다.

---

2 크롬 웹 스토어 다운로드 – https://goo.gl/UX69Y9

다운로드된 오피스 파일을 선택하고 마우스 오른쪽 버튼 클릭하여 '연결하기'로 '문서, 스프레드시트, 프레젠테이션으로 Office 수정하기'를 선택합니다.

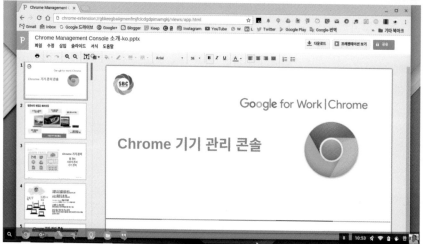

이 방법으로 MS 오피스 문서(Word, Excel, PPT)는 크롬 브라우저나 크롬북에서 파일을 읽고/수정/저장할 수 있습니다. 또한, 크롬북 인터넷 연결이 안 된 오프라인 상태에서 MS 오피스 문서 편집/저장 기능을 사용할 수 있습니다.

Google 드라이브에 저장된 MS 오피스 문서들도 Google 문서로 변환 없이 수정하려면 마우스로 해당 문서를 선택하여 더블 클릭하면 수정 모드로 동작합니다.

세 번째 방법(안드로이드 앱 : Word/Exel/PowerPoint 설치) : 이 방법은 크롬 OS 버전 53 이상에서만 가능합니다. Google Play 스토어에서 MS 오피스 안드로이드 앱을 설치하여 사용하는 방법.

이 앱은 모바일 안드로이드 앱을 이용하기 때문에 문서 편집에 기능적인 제약이 있을 수 있습니다.

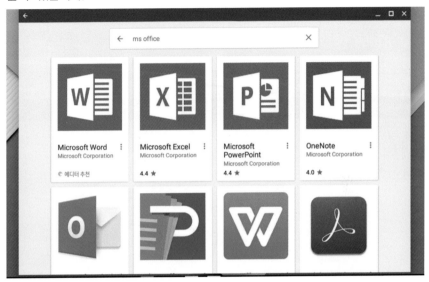

Google Play 스토어 'MS Office' 안드로이드 앱들

CHAPTER 05
크롬북에서 오토캐드(DWG/DXF) 파일 다루기

AutoDesk™社의 A360 뷰어 소개

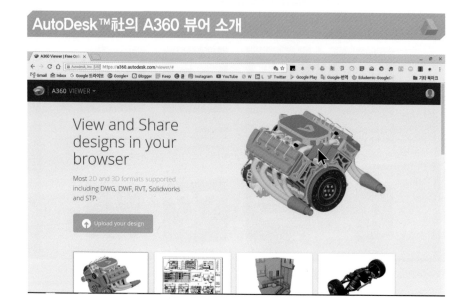

오토캐드(AutoCAD)는 2차원/3차원 디자인, 제도를 위한 CAD 전용 소프트웨어로 AutoDesk™社에서 개발하여 제공하고 있습니다.

산업계 표준 포맷으로 상호 운용성을 위해서 DXF 포맷을 사용하기도 합니다.

오토캐드용 소프트웨어는 대부분 고사양의 컴퓨터(MS 또는 Mac 기반)에서 운영되었습니다. 때문에 크롬북에서는 그동안 이러한 고사양을 요구하는 DWG/DXF 캐드 포맷을 뷰잉할 수 있는 방법이 없었습니다.

AutoDesk™社에서는 오토캐드를 위한 클라우드 기반의 A360 Viewer 서비스를 운영하고 있습니다. 개인용은 무료(파일에 대해 1개 프로젝트 사용, 5GB 저장소 제공)와 비즈니스용 유료(파일에 대해 무제한 프로젝트 사용, 10GB 저장소, 사용자 관리 컨트롤 기능)로 제공하고 있습니다.

이 A360 Viewer 앱이 크롬 웹 스토어에 등록되어 크롬북에 설치할 수 있습니다.[1]

a360.autodesk.com 사이트에서 간단히 사용자 계정 만들고 크롬북에서 A360 뷰어를 수행하면 됩니다.

A360에서는 Google 드라이브를 지원하고 있기 때문에 DWG/DXF 파일을 로컬 스토리지에 다운로드 할 필요 없이 A360 사이트에서 직접 내 Google 드라이브에 접속하여 오토캐드 파일들을 오픈할 수 있게 되어 있습니다.

▼Google 드라이브에 저장된 DWG 파일을 열기한 화면

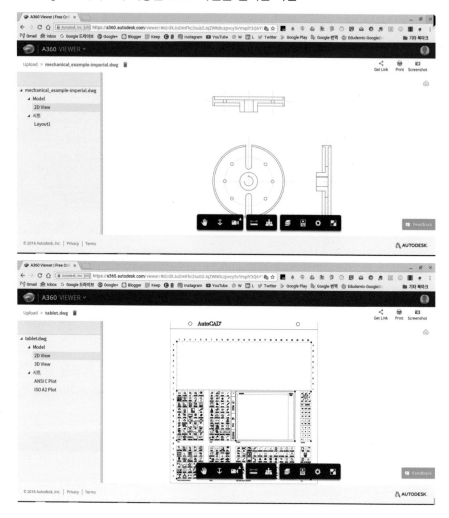

로컬 DWG 파일들을 오픈하여 빠르게 뷰잉하는 무료 안드로이드 앱입니다.(크롬
OS 버전 53 이상) PDF나 이미지로 저장하는 기능도 제공합니다.

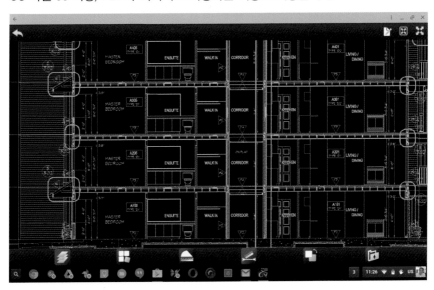

크롬북에서 동영상 다루기

동영상 보기

크롬북에서 동영상 보는 방법은 여러 가지 알려져 있습니다. 일반적으로 웹에서 제공하는 동영상들은(예 : 유튜브, 넷플릭스, Google Play 무비 등등) 대부분 웹 스트리밍을 통해서 시청이 가능함으로 크롬북에서도 당연히 시청이 가능할 것입니다.

대부분의 크롬북 사용자들은 본인의 동영상들을 온/오프라인에서 자유롭게 시청하기를 원할 것입니다. 특히, 한글 자막이 삽입된 동영상 보기는 필수 요구 사항이기도 합니다.

크롬북에서 한글 자막 동영상을 시청할 수 있는 방법을 소개합니다.

◉ Google 드라이브의 동영상 캡션 추가 기능 활용 방법
Google 드라이브를 활용하는 것에는 아래와 같은 장점이 있습니다.
- 고화질 HD급 영화 타이틀을 디지털 파일로 소장하고자 하는 분들
- 기업에서 엄청난 양의 영상을 생성 관리하는 기업들 관리용 스토리지가 장난이 아니지요?
- 가끔 친구들이나 친척들과 소장하는 영상을 스트리밍으로 공유하여 시청하는데 한글 자막이 필히 나와야 하지요?
- HD급 이상의 영상 파일들은 한개의 파일 크기가 보통 4GB가 넘는 것들이 많지요. 원하는 만큼 저장하고 필요할 때 누구에게나 쉽게 공유하여 브라우저만 있으면 시청하였으면 하지요?
- 각종 미디어 파일 및 설계 도면을 백업 관리하고자 하는데 저장하는 스토리지 비용 감당하기 어렵죠?

가장 좋은 방법은 Google Apps Unlimited(GAU) 서비스를 이용하여 모든 동영상을 내 드라이브에 올려서 이용하는 방법일 것입니다. GAU의 비용은 1계정/연간/$120(최소 5개 계정 가입될 경우 무제한 제공, 5계정 미만은 1계정당 1TB까지만 제공됨)

교육용 버전인 교육용 Google 앱스(Google Apps for Education)는 무제한 용량을 무료로 제공하고 있습니다.

개인 사용자들은 GAU 비용이 부담스럽다면 무료 Google 드라이브(15GB) 사용하다가 필요한 용량만큼 추가로 구매하여 사용하면 됩니다. Google 드라이브에서 용량 별 구매 방법은 Google 드라이브에 로그인 후, 좌측 하단에서 '저장용량 업그레이드'를 클릭하면 됩니다.

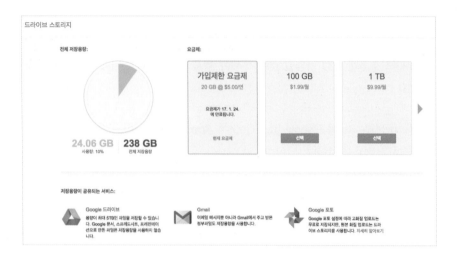

우선 Google 드라이브가 지원하는 동영상 포맷을 확인해야 합니다. 아래 내용은 Google 드라이브 도움말에서 설명하고 있는 지원하는 동영상 파일들입니다. 'mkv' 파일도 지원되는 것을 확인했습니다.

Google 드라이브를 사용하면 동영상 파일을 비롯한 모든 형식의 파일을 한 곳에서 관리할 수 있습니다. Google 드라이브로 수행할 수 있는 작업은 다음과 같습니다.

- 최대 5TB 크기의 동영상 파일 동기화 또는 업로드(사용 가능한 저장 공간의 크기에 의해 제한됨)
- 다음 형식의 동영상 파일 동기화 또는 업로드
  - WebM 파일(Vp8 동영상 코덱, Vorbis 오디오 코덱)
  - MPEG4, 3GPP 및 MOV 파일(h264 및 mpeg4 동영상 코덱, AAC 오디오 코덱)
  - AVI(MJPEG 동영상 코덱, PCM 오디오)
  - MPEGPS(MPEG2 동영상 코덱, MP2 오디오)
  - WMV
  - FLV(Adobe - FLV1 동영상 코덱, MP3 오디오)
  - MTS
- 모든 동영상을 한 눈에 보기
- 이메일 첨부 파일을 사용할 필요 없이 다른 사용자와 동영상 공유
- 동영상 파일에 자막 추가

동영상 파일에 캡션 트랙(자막) 추가

동영상 콘텐츠에 캡션을 추가하여 폭넓은 시청자를 확보하세요. 캡션은 청각 장애인과 청력이 약한 사용자 및 다른 언어 사용자에게 도움이 됩니다. 또한 캡션의 텍스트를 문서 목록에서 검색할 수 있으므로 업로드한 동영상을 쉽게 찾을 수 있습니다.
동영상에 캡션을 추가하려면 다음 두 가지 파일 유형을 사용할 수 있습니다.

- 캡션 파일 : 이 파일에는 동영상의 텍스트와 타이밍 정보가 들어 있습니다.
- 스크립트 파일 : 이 파일에는 텍스트만 들어 있습니다. 스크립트를 업로드하면 알고리즘이 글의 표시 시점을 결정하는 자동 동기화 기능을 플레이어에서 사용합니다. 스크립트는 처리에 추가 시간이 필요하고, 동영상의 길이에 따라 차이가 나며, 영어 및 일본어로만 처리됩니다.

캡션 파일 준비

SubViewer(*.SUB) 및 SubRip(*.SRT)으로 알려진 형식과 호환되는 간단한 자막 형식이 지원됩니다. 어떠한 형식의 캡션/자막이든지 업로드할 수는 있지만 지원되는 형식만 재생 페이지에서 제대로 표시됩니다.
다음은 가독성을 높일 수 있는 몇 가지 일반적인 캡션 작성 요령입니다.

- [음악]이나 [웃음]처럼 대괄호로 된 상황 설명이 있으면 청력 장애가 있는 사용자가 동영상에서 일어나고 있는 상황을 더 잘 이해할 수 있습니다.
- 또한 새 줄 시작 부분에 ')〉' 등의 태그를 추가하면 화자 또는 화자 변경을 식별할 수 있습니다.

캡션을 업로드하는 방법

업로드한 동영상 파일이 처리되면 다음 단계에 따라 캡션을 추가할 수 있습니다.
① 동영상 제목 옆의 확인란을 선택하고 마우스 오른쪽 버튼을 클릭하여 더보기 메뉴에 액세스합니다.
② 드롭다운 목록에서 캡션 트랙 관리 옵션을 선택합니다.
③ 캡션 트랙 업로드... 링크를 클릭합니다.
④ 파일 선택...을 클릭하고 파일 선택기에서 캡션 또는 스크립트 파일을 선택합니다.
⑤ 캡션에 사용할 언어를 선택합니다. 캡션에 사용할 기본 언어는 언어 설정에 따라 다릅니다.
⑥ 캡션 트랙의 제목을 변경하려면 입력란에 새 제목을 입력합니다.

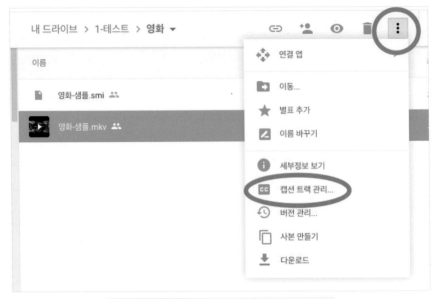

▲한글 smi 자막 파일 업로드

▲Google 드라이브의 미리보기 뷰어에서 한글 캡션 보이기

🌀 안드로이드 앱 : 동영상 플레이어 사용하기

Google Play 스토어(크롬 OS 53 버전 이상만 가능)에는 동영상을 플레이할 수 있는 많은 앱들이 있습니다. MX 플레이어, 다이스 플레이어, KMP, 비디오 플레이어, 곰 플레이어, BS 플레이어 등이 있습니다. 대부분이 유사한 기능들을 제공하고 있습니다. 이중에서 MX 플레이어를 소개합니다.

우선 Google Play 스토어에서 MX 플레이어 앱을 검색하여 설치합니다. 대부분의 동영상 플레이 앱들은 크롬 OS 개발자 53 버전에서는, 크롬북에 설치되는 안드로이드 앱들이 로컬 내장 스토리지만 인식하고 외장형 스토리지를 인식하지 못하는 현상이 있었습니다.(크롬 OS 베타 53 버전에서 테스트 한 경우)

▲Google Play 스토어의 안드로이드 MX 플레이어 앱

▲ MX 플레이어에서 한글자막 삽입된 동영상 플레이 화면

Google Play 스토어에서 구매한 영화 오프라인으로 보기

Google Play 스토어에서 구매한 영화 보기는 온라인 스트리밍을 통해서 시청할 수 있을 뿐만 아니라 다운로드하여 오프라인 모드에서도 시청이 가능합니다. 단, 다운로드 시청은 한 개의 기기에서만 가능하고 동시에 여러 기기에서 같은 계정으로 다운로드는 허용하지 않습니다. 한 번에 한 계정에서만 다운로드 가능합니다.

동영상 편집하기

직장이나 학교에서 본인이 갖고 있는 동영상을 가지고 프리젠테이션해야 할 때가 있습니다. 아울러, 개인 블로그나 SNS에 본인이 찍은 영상을 포스팅하는 일이 일반화 되었습니다.

크롬북은 로컬 스토리지 용량도 작고, 대용량의 동영상을 편집할 만큼 메인 메모리나 처리 속도가 충분하지 않다는 선입관이 있습니다. 그러나, 크롬북에서 이용할 수 있는 클라우드 기반의 동영상 고급 편집기들이 많이 있습니다. 그중에서 Google 이 소개하는 대표적인 동영상 편집기 2종류를 소개합니다.

유튜브 동영상 편집 기능 활용

- 유튜브에서 제공하는 서비스들은 대부분 무료로 사용할 수 있고 동영상 편집기도 그중에 하나입니다.
- Google 계정으로 로그인 후, https://www.youtube.com/editor에 접속하시기 바랍니다.
- 유튜브에서 제공하는 동영상 편집기만으로도 왠만한 영상 편집을 할 수 있습니다.

유튜브 동영상 편집 메인 화면

- 동영상 자르기, 다른 동영상 추가, 중간에 다른 영상 삽입 작업 가능
- 동영상 안에 텍스트 타이틀 삽입하기
- 배경 음악 삽입 가능

▼영상 클립과 클립 사이 화면 전환 효과 편집 가능

▼영상 안에 타이틀 글씨 삽입

▼타이틀 위치 지정 가능

⚙ WeVideo 동영상 편집기[1] 활용
- 크롬 웹 스토어에서 'wevideo'로 검색하여 앱 설치
- 유튜브와 마찬가지로, 영상 삽입/추가/편집, 텍스트 삽입, 배경 변경, 음악 삽입
- 웹캠으로 직접 영상 촬영후 편집 기능 제공
- 스크린 리코딩 및 영상 편집(유료 버전)
- Google에 의해서 소개된 학교 수업에서 학생 및 교사들이 많이 사용하는 동영상 편집 도구입니다.

---

1 Google for Education 사이트에서 소개된 영상 편집기 – https://goo.gl/rol4rk

CHAPTER 07
Google Play 스토어 설치 및 안드로이드 앱 관리

크롬북에서 안드로이드 앱을 설치 사용하기 위해서는 크롬북 설정 〉 '안드로이드 앱' 이 활성화되어 있어야 합니다.(크롬 OS 베타 53 부터는 이 활성화가 기본 설정으로 바뀌었습니다). 이 항목을 체크하면 자동으로 Google Play 스토어가 실행되면서, 사용자 동의를 얻고 바로 Play 스토어가 실행됩니다.

설정

Chrome OS 정보   설정 검색

✔ 홈 버튼 표시
변경
✔ 북마크바 항상 표시

기기

사용 중인 기기와 주변 기기에 대한 설정을 변경합니다.

터치패드 속도: ——————

마우스 속도: ——————

[터치패드/마우스 설정] [키보드 설정] [디스플레이 설정] [Storage management]

검색

검색주소창에서 검색할 때 사용할 검색엔진을 설정합니다.

[Google ▼] [검색엔진 관리...]

✔ 'Ok Google'로 음성 검색을 시작하도록 설정 자세히 알아보기
google.com, 앱 런처에서 "Ok Google"이라고 말합니다.

Android apps

✔ Enable Android apps on your Chromebook. 자세히 알아보기
Manage your Android apps in Settings.

사용자

hsikchoi@gmail.com(으)로 로그인되었습니다. Google 대시보드에서 동기화된 데이터를 관리합니다.

☐ 절전 모드 해제 시 비밀번호 요구

[고급 동기화 설정...] [다른 사용자 관리...]

관리 대상 사용자 대시보드를 통해 관리 대상 사용자를 관리합니다.

고급 설정 표시

▼Google Play 스토어 실행된 화면

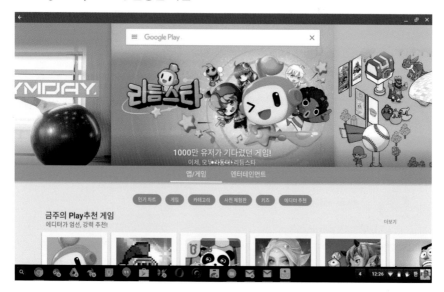

안드로이드 앱이 활성화되어 있는 상태에서는 크롬북은 두 개의 OS 중 하나로 인식이 됩니다. 크롬 OS와 안드로이드. Google Play 스토어에서 안드로이드 앱을 설치할 때 크롬북은 안드로이드 OS 6.0.1(안드로이드 OS가 업그레이드되면 이 버전 번호는 올라 갈 수 있습니다)로 인식합니다.

안드로이드 설정은 크롬북 설정 〉 안드로이드 앱스 〉 설정에서 할 수 있습니다.

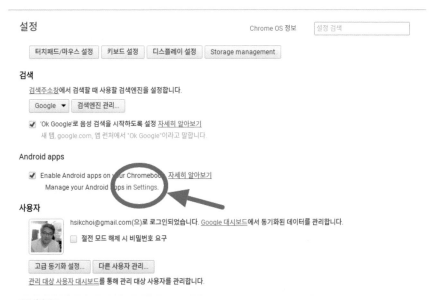

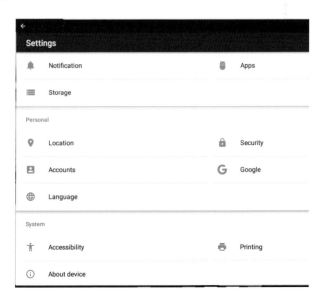

크롬북에 설치된 안드로이드 앱스 관리 화면입니다. 안드로이드 스마트폰에서 설정하는 메뉴와 동일합니다.

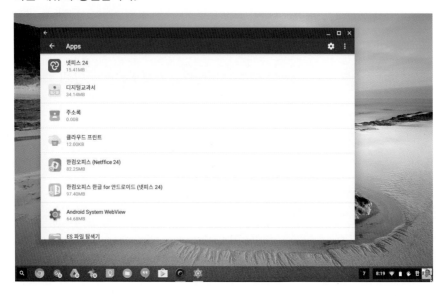

각 설치된 안드로이드 앱의 삭제 및 강제 종료 기능

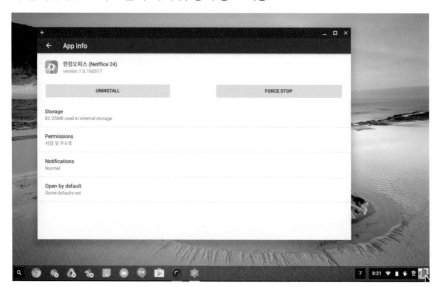

기본적으로 안드로이드 OS에서 제공하는 설정 기능 대부분 크롬북에서도 지원이
됩니다.

크롬북에서 대부분의 안드로이드 메신저 앱들도 설치 가능합니다.

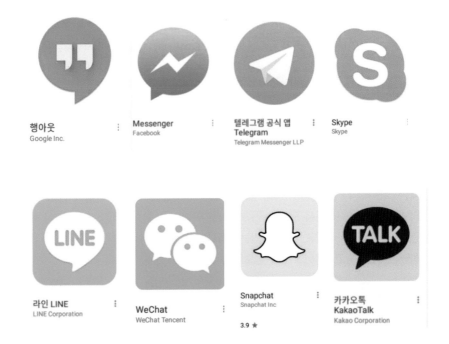

행아웃
Google Inc.

Messenger
Facebook

텔레그램 공식 앱
Telegram
Telegram Messenger LLP

Skype
Skype

라인 LINE
LINE Corporation

WeChat
WeChat Tencent

Snapchat
Snapchat Inc

3.9 ★

카카오톡
KakaoTalk
Kakao Corporation

오프라인에서 크롬북 사용하기

크롬북은 온라인 기반의 클라우드 시스템에 최적화된 기기로 탄생한 배경을 갖고 있습니다. 크롬북이 시장에 소개된 초창기에는 인터넷이 연결된 상태가 아니면 크롬북으로 할 수 있는 작업이 거의 없었습니다. 이로 인하여 항상 인터넷 사용이 가능한 4G/LTE 기능이 탑재된 크롬북 모델들이 판매되기도 하였습니다.(4G/LTE 지원하는 기기들은 상대적으로 Wi-Fi만 지원하는 기기들보다 약 1.5~2배 정도 비싸게 판매됨)

한때는 크롬북의 비판적인 시각을 갖고 있는 사람들뿐만 아니라 크롬북 경쟁사들은 인터넷이 안 되는 곳에서 오피스 문서 작성, 이메일을 작성, 게임, 사진 편집 작업, 동영상 시청을 할 수 있는 노트북과는 비교할 수 없는 매우 제한적인 기기라고 비판하면서 비교 광고까지 내 보낼 정도였습니다.

그동안 Google은 크롬북에 대한 기능들을 업그레이드 하면서, 많은 부분 오프라인에서도 작업들을 할 수 있는 기능들을 제공하고 있습니다. 대표적으로 크롬북 사용자들이 필수적으로 필요한 오프라인 작업이 가능한 앱들 몇 가지를 소개합니다.

●이메일 쓰기 : 지메일 오프라인(크롬 웹 스토어에서 지메일 오프라인 앱 설치)는 오프라인 액세스를 지원하도록 설계되었으며 네트워크에 연결하지 않고도 메일을 읽고, 답장을 작성하고, 검색하고, 보관 처리할 수 있습니다. 지메일 오프라인은 인터넷이 연결되는 즉시 오프라인에서 작성된 메일이 전송됩니다.

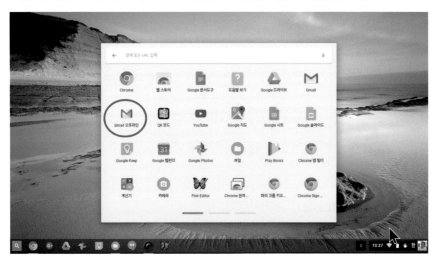

●일정 보기 : Google 캘린더 앱에서 오프라인으로 액세스하면 캘린더를 읽기 전용 버전으로 볼 수 있습니다. 캘린더 오프라인 모드에서 작업하려면 사전에 내 캘린더로 로그인 후 설정에서 오프라인 모드를 선택해야 합니다.

●문서 보기, 작성 및 수정 : Google 드라이브 앱을 사용하면 Google 문서와 프레
젠테이션, 스프레드시트, 드로잉 파일을 보고 수정할 수 있습니다. 오프라인 사용
시에는 Google 드라이브 설정에서 '오프라인' 선택해야 합니다.

●사진 보기 및 수정 : 크롬북에서는 사진 편집기가 기본적으로 제공되므로 크롬북
에 저장된 사진을 보고 수정할 수 있습니다. 파일 탐색기에서 이미지를 클릭하면
아래와 같이 이미지 편집이 가능합니다(자르기, 이미지 밝기, 회전)

●음악 감상 : 오프라인 상태에서 크롬북에 저장된 음악을 재생할 수 있습니다. 또한 USB 메모리 또는 SD 카드 등의 저장 기기에서 크롬북으로 직접 음악 파일을 복사할 수 있습니다.

●동영상 보기 : 영화와 TV 에피소드를 다운로드하여 Google Play 무비 & TV 앱에서 오프라인으로 감상할 수 있습니다. Google Play 무비 사이트에서 구매한 동영상들은 크롬북으로 다운로드 후 오프라인에서 감상이 가능합니다.(단, 외장형 USB 메모리로 저장하여 영화를 볼 수는 없습니다. 로컬 스토리지에 저장됨. 같은 계정으로 여러 대의 크롬북이나 모바일에서 동시에 시청은 허용하지 않음. 한 기기에서 다운로드 받고 오프라인 시청중에 다른 기기에서 오프라인 시청하려면 이전 기기에서 다운로드 영화를 삭제해야 가능합니다)

●MS 오피스 및 PDF 파일 보기 : 인터넷에 연결하지 않고도 크롬북을 사용하여 간편하게 MS 오피스 또는 PDF 파일을 볼 수 있습니다.('MS 오피스 문서 다루기' 참조)

● 메모하기 : Google Keep을 사용하여 메모를 작성하고 저장할 수 있으며 이 메모는 다음에 인터넷에 연결되었을 때 클라우드에 저장됩니다.(크롬 웹 스토어에서 Google Keep – 메모 및 목록 앱 설치)

● 오프라인으로 웹페이지 보기 : 나중에 오프라인으로 보기 위해 웹페이지를 저장한 경우 크롬북에서 크롬으로 열 수 있습니다.

● 게임하기 : 크롬 웹 스토어에서는 수백 개의 게임을 제공합니다. 오프라인으로 즐길 수 있는 게임도 다양하게 제공합니다.

크롬 OS 버전 53이 발표되면서 Google Play 스토어의 대부분의 안드로이드 앱들을 설치하여 오프라인에서 사용이 가능해졌습니다. 이로 인하여 앞으로는 크롬북에서 오프라인 지원 앱들을 일일이 찾아 사용하는 것은 무의미해졌습니다.

Google Play 스토어에는 100만개 이상의 안드로이드 앱들이 있습니다. 대부분이 크롬북에 설치 가능합니다. 이 앱들은 대부분 오프라인 모드에서 동작하는 것들입니다.

안드로이드용 지메일, 아웃룩, MS 워드, 엑셀, 파워포인트, 한컴 오피스 등의 앱들은 모두 크롬북에 설치(크롬 OS 53 버전 이후)하여 오프라인에서 사용이 가능합니다. 이외에도 대부분의 안드로이드 앱들은 크롬북에서 온라인/오프라인 상에서 모두 사용합니다.(자세한 사항은 크롬북에서 안드로이드 앱 지원을 참고하시기 바랍니다)

CHAPTER 09
내가 만든 전자책
Google Play 북에서 읽기

예전에는 전자책을 만들려면 전자책 전용 편집기를 사용하거나 아니면 전자책 표준 포맷인 epub[1]으로 변환할 수 있는 변환기를 사용해야만 했었습니다. 그러나, Google 드라이브의 Google 문서 도구를 사용하면 내가 만든 콘텐츠를 바로 epub 파일로 저장할 수 있습니다.

전자책(epub) 파일은 애플의 iBooks나 Google Play 북에 업로드하여 전자책 리더기를 통해서 읽을 수 있습니다.

Google Play 북에 내가 만든 전자책을 내 서재로 업로드하고 Google Play 북 리더기를 통해서 읽을 수 있는 방법을 소개합니다.

브라우저를 통해서 Google Play 북 사이트에 접속 후 로그인 합니다. Play 북 "내책" 〉 "파일 업로드"를 통해서 epub 파일을 업로드(Google 문서에서 생성한 epub

---

1   EPUB(electronic publication)은 국제 디지털 출판 포럼(IDPF, International Digital Publishing Forum)에서 제정한 개방형 자유 전자서적 표준이다 – https://goo.gl/nIGTRW

파일) 합니다.

Google Play 북에 업로드된 전자책을 읽기 위해서는 Google Play 북 리더 앱이 필요합니다. 브라우저를 통해서 Google Play 북에 접속하여 온라인으로 보는 방법이 있고, 스마트폰용 Play 북 앱을 설치하여 이 앱을 통해서 전자책을 읽을 수 있습니다. 오프라인에서 전자책을 읽으려면, 안드로이드용 Google Play 북 앱을 설치하시기 바랍니다.(크롬 OS 버전 53 이상)

▼안드로이드 Google Play 북 앱을 크롬북에 설치한 후 내가 올린 전자책 읽기

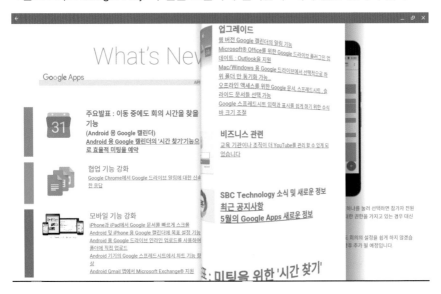

크롬북에서 스마트 락
(Smart Lock) 사용하기

CHAPTER 10

크롬북을 자주 사용하다 보면 크롬북 전원을 켰을 때 부팅 속도는 매우 빠른데 로그인 화면에서 매번 암호를 입력하는 불편함을 겪을 것입니다.

크롬북의 스마트 락 기능은 이러한 불편함을 해소하기 위해서 제공되는 기능입니다. 즉, 스마트폰을 늘 소지하고 있다면 크롬북 근처에 내 스마트폰이 켜져만 있어도 암호 입력 없이 바로 로그인할 수 있는 기능입니다.

이 기능을 활성화 하려면 스마트폰은 블루투스 가능한 안드로이드 5.0 이상이어야 하고, 크롬북은 크롬 OS 버전 40 이상이어야 합니다.

크롬북에서 설정은 설정 메뉴 > 고급설정표시 > 크롬북용 Smar Lock(베타) 사용을 선택해야 합니다. 사용이 선택되면 주변에 블루투스 가능한 스마트폰을 검색하여 원하는 스마트폰을 선택하면 됩니다.

설정   Chrome OS 정보   설정 검색

[기기 추가] [연결]

비밀번호 및 양식

☐ 클릭 한 번으로 웹 양식을 작성하는 자동완성 사용 자동완성 설정 관리

☑ 웹 비밀번호를 저장하도록 제안 비밀번호 관리

Chromebook용 Smart Lock(베타)
Android 휴대전화가 잠금 해제된 상태로 가까이에 있는 경우 Chromebook이(가) 잠금 해제됩니다. 자세히 알아보기
[사용 중지]

웹 콘텐츠

글꼴 크기: [보통 ▼] [글꼴 맞춤설정...]

페이지 확대/축소: [100% ▼]

언어

Chrome OS에서 언어를 처리하고 표시하는 방법 변경 자세히 알아보기

[언어 및 입력 설정...]

☑ 사용 언어가 다른 페이지에 대한 번역 옵션 제공 언어 관리

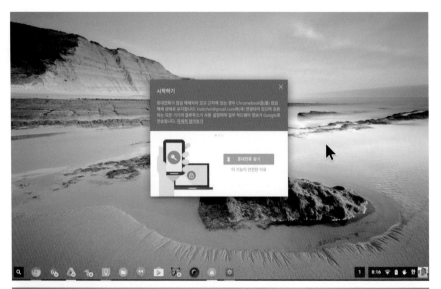

스마트 락 설정이 완료되면, 근처에 신뢰할 수 있는 기기로 본인의 스마트폰이 로그인 상태에 있으면, 크롬북의 로그인 상태도 아래 화면과 같이 자물쇠가 풀려 있게 됩니다. 이 경우 마우스로 로그인 사진을 클릭하면 암호 입력 없이 바로 로그인 됩니다. 만일 스마트폰이 로그아웃 상태이거나 전원이 꺼진 경우는 크롬북의 로그인도 암호를 입력해야 로그인이 됩니다.

스마트폰에서는 설정 〉 보안 〉 Smart Lock 〉 신뢰할 수 있는 기기를 설정해야 합니다.

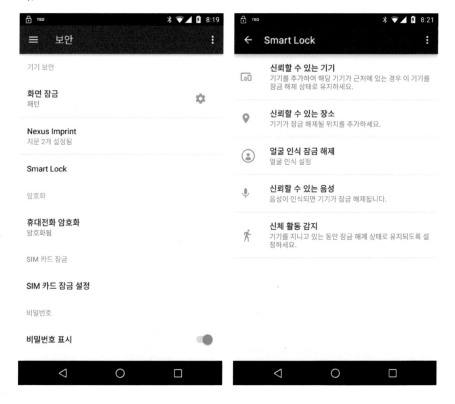

CHAPTER 11
유용한 크롬 앱과 확장 프로그램 소개

크롬 앱

ⓖ 스크린 캡처 및 주석 달기 앱 : Awesome Screenshot

원고 집필 작업하면서 가장 많이 사용한 앱 중에 하나입니다. 원고 문서 작업은 Google 드라이브의 Google 문서로 작성하였고, 책자에 삽입되는 대부분 캡처 이미지들은 크롬북 화면을 캡처하여 주석(화살표 또는 도형)을 입힐 수 있는 Awesome Screenshot 앱을 사용하였습니다.

Awesome Screenshot 앱은 크롬 웹 스토어에서 검색 설치 가능합니다. 이 앱을 이용하여 스크린 캡처한 이미지에 다양한 도형 및 텍스트를 입힐 수 있습니다.
사용법도 간단합니다.
① 화면 캡처하고(크롬북의 Ctrl + F5 (5번째 키)) : 캡처된 이미지는 Download 폴더에 저장됩니다.
② Awesome 앱에서 캡처한 이미지 오픈
③ 편집도구 사용하여 이미지 편집 : 이미지 자르고, 주석들 추가하고
④ 편집된 이미지는 Google 드라이브에 저장

편집 도구 메뉴

⟳ 사진 및 이미지 편집기 앱 : Pixlr Editor

크롬북에는 Adobe 포토샵 작업은 어떻게 할 수 있을까? 많은 분들이 문의합니다. 크롬북에는 Adobe 포토샵 앱은 지원되지 않고 있지만, 다른 대안으로 Pixlr이라는 앱을 많은 분들이 추천합니다. 포토샵만큼 전문적인 편집 기능은 제공하지 않지만, 충분히 사용할 수 있는 많은 기능을 갖고 있는 앱으로 알려져 있습니다.

필자는 전문 이미지 편집 경험은 갖고 있지 않기 때문에 Pixlr 세부 기능 소개는 어렵지만, 필자가 Pixlr 앱을 어떤 경우에 유용하게 사용하였는지 소개하고자 합니다.

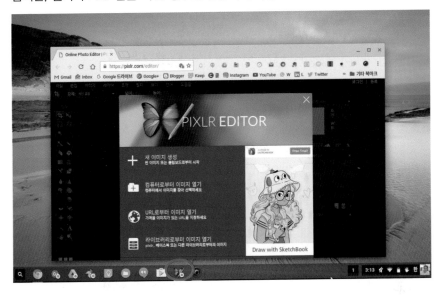

Part 02에서 소개될 기업을 위한 크롬북 활용 편에서 언급되는 내용 중에는, 크롬용 키오스크 앱을 생성하여 이 앱을 크롬 웹 스토어 등록하는 과정이 있습니다. 크롬 웹 스토어에 개발된 크롬 앱을 등록하기 위해서는 등록되는 앱의 로고, 아이콘, 표시 아이콘 이미지를 규격에 맞추어 등록해야만 합니다. 크롬 웹 스토어에서 요구하는 규격에는 로고 이미지로 16×16, 48×48, 128×128 픽셀 이미지를 준비하여 등록해야 합니다.

원본 이미지 로고를 16×16, 48×48, 128×128 이미지로 만들 때 Pixlr 편집기를 활용할 수 있습니다.

▼원본 로고 이미지 열기 화면

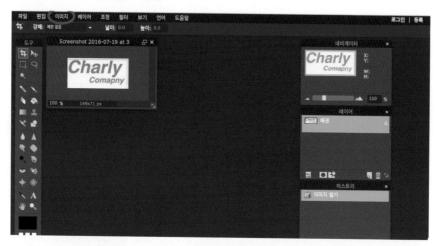

▼원본 이미지를 128×128 크기 이미지로 수정하는 화면

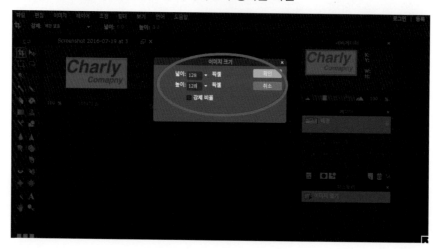

◉ 협업 및 인터렉티브 화이트보드 앱 : Explain Everything

Google에서 소개하는[1] 대표적인 앱 중에 하나입니다. 머릿속으로 구상하는 모든 아이디어나 생각을 아주 쉽게 표현, 공유, 협업할 수 있게 하는 도구입니다. 협업을 통해서 실시간 공동 작업이 가능한 것이 특징입니다.

학교에서 학생들은 협업을 통해서 발표 자료나 학습용 과제물을 멀티미디어 형태로 쉽게 만들 수 있으며 작업한 모든 콘텐츠는 포털 서비스를 통해서 공유가 가능합니다. 크롬 웹 스토어에서 'Explain Everything'[2] 앱을 설치합니다.

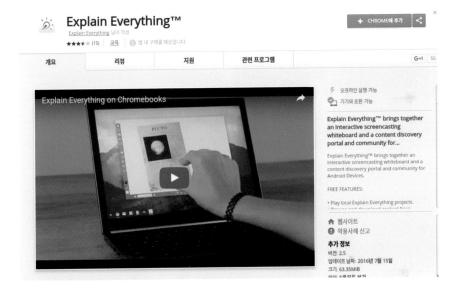

- 쉬운 디자인 도구 제공
- 디자인 과정을 리코딩하여 플레이 및 타임라인 편집할 수 있는 기능
- 실시간 협업 작업
- 수학 공식 및 심벌 입력 기능
- 아이디어 공유를 위한 전용 포털 서비스 제공
- 작성된 작품을 유튜브에 업로드 후 공유

---

1 g.co/educhromebookapps
2 크롬 웹 스토어 다운로드 – https://goo.gl/p4dOmX

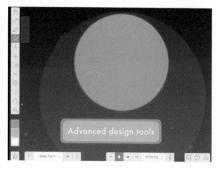

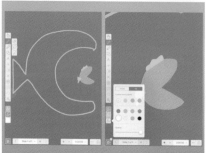

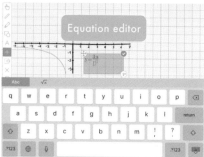

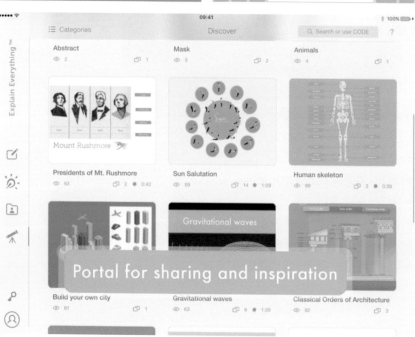

스크린 동영상으로 리코딩 : Screencastify

크롬북에서 작업하는 모든 과정을 동영상으로 기록하고자 할 때 손쉽게 사용할 수 있는 크롬 확장 프로그램입니다.

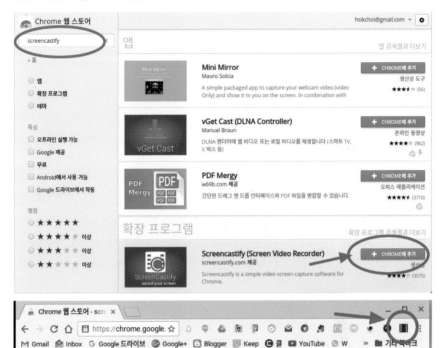

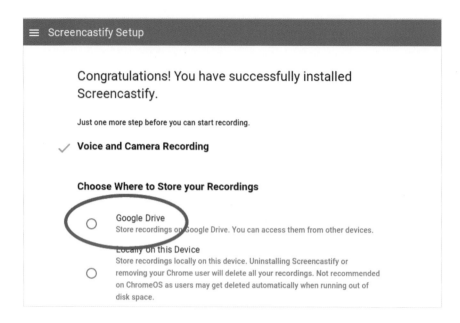

리코딩되는 동영상은 내 Google 드라이브에 저장하도록 합니다. 저장되는 동영상은 1280×699 5 FPS webm 포맷으로 저장됩니다. 리코딩 대상은 크롬 탭, Desktop, CAM 중 선택하여 기록할 수 있으며, 리코딩중에는 펜 형태로 주석을 삽입할 수 있는 것이 특징입니다. 무료 버전은 동영상 상단에 screencastify 로고가 삽입됩니다.

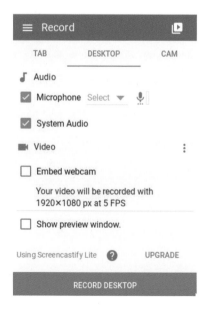

Google 드라이브로 저장하기 도구들

01. 웹 페이지 Google 드라이브로 저장하기(Google 제공)

접속한 웹 페이지를 'Google 드라이브' 버튼 원 클릭으로 드라이브에 저장합니다. 저장되는 형태는 아래 포맷 중에 하나를 선택하여 저장됩니다.

- 전체 페이지의 이미지(.png)
- 표시된 페이지의 이미지(.png)
- HTML 소스(.html)
- 웹 아카이브(.mht)
- Google 문서

02. 지메일 메시지를 Google 드라이브로 저장(cloudHQ 제공)

지메일이 웹 기반의 전형적인 이메일 시스템입니다. 이메일 본문 내용과 첨부 파일들을 따로 다운로드 하거나 Google 드라이브로 전체를 저장할 방법이 없었습니다. 유일한 방법은 지메일 본문 내용 페이지를 프린터로 출력하는 것이었습니다. 이럴 경우, 첨부 파일들과 지메일 메시지 중에 대화형으로 묶인 메시지를 통째로 저장할 수 있는 방법이 없었습니다.

여기서 소개되는 도구는 지메일 메시지 및 첨부 파일을 원클릭으로 Google 드라이브에 모두 저장하는 도구입니다. 메일 메시지 본문은 PDF로 저장되고 첨부 파일은 그대로 Google 드라이브에 저장합니다.

메일 내용을 열고, 지메일 상단에 'Save to Google Drive' 버튼을 클릭하면 전체 메일 내용이 PDF로 저장되고 첨부 파일도 같이 Google 드라이브에 자동 저장됩니다.

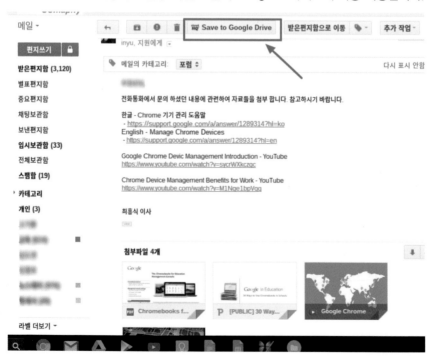

나의 지메일 내용을 Google 드라이브 백업 및 아카이빙하고자 할 때 매우 유용한 크롬 확장 프로그램입니다.

같은 방법으로 지메일 메시지를 원드라이브로 저장하는 모듈도 있습니다.

03. 모든 자료는 원 클릭으로 Google Keep에 저장 : Google Keep 확장(Google에서 제공)

클릭 한 번으로 Google Keep에 저장할 수 있습니다.

저장하여 나중에 사용하고 싶은 웹페이지나 이미지, 인용문을 찾으셨나요? Google Keep 크롬 확장 프로그램을 사용하면 관심 있는 내용을 Keep에 쉽게 저장하고 웹, 안드로이드, iOS 등 사용하는 모든 플랫폼에서 동기화할 수 있습니다. 정보를 메모하고 나중에 검색할 수 있도록 메모를 빠르게 분류하는 라벨을 추가할 수 있습니다.

크롬을 위한 유용한 앱/확장 프로그램 목록

앱 이름	종류	설명
Explain Everything	앱	공동 협업을 위한 화이트보드 앱
Google 드라이브 저장	확장	Google – 웹 페이지 Google 드라이브 저장
Google Keep에 저장	확장	모든 자료 원 클릭으로 Google Keep 저장
Pig Toolbox	확장	각종 유틸리티 및 도구 모음
Pixlr Editor	앱	고급 이미지 편집 앱
Screencastify	확장	스크린 비디오 리코딩

Adblock for Youtube	확장	유튜브용 광고 자동으로 건너 띄게 함
지메일 Google 드라이브 저장	확장	CloudHQ사 제공. 지메일 메시지를 Google 드라이브에 PDF 저장
타닥타닥 타자연습	앱	타자 연습, 낱말 연습, 문장 연습, 받아쓰기, 타자게임
A360 Viewer	앱	AutoDesk – 오토캐드 뷰어
AdBlock		광고를 자동으로 차단
Awesome Screenshot	앱/웹	화면 캡처, 이미지 편집, 주석 달기
Boomerang for Gmail	확장	지메일에서 예약 전송/시간 지정 전송
Coggle	앱	실시간 협업을 위한 마인드맵 도구
Evernote	앱/확장	크롬북을 위한 에버노트 앱/웹 모두 제공
Google 행아웃	앱	Google – 채팅 및 화상회의
Google Keep	앱	Google – 메모 관리 및 공유 앱
Google News	앱	Google – 맞춤형 뉴스 모음
Google Photos	앱	Google – 사진 백업, 공유, 검색 서비스
HelloSign	앱	Google 문서에 손글씨 싸인 삽입
Hover Zoom+	확장	방문 웹사이트의 이미지에 마우스 올려놓으면 이미지가 자동 확대됨
Kindle Cloud Reader	앱	아마존 킨들 용 클라우드 리더기
MakeGIF Video Capture	확장	유튜브와 같이 HTML5로 플레이되는 동영상을 애니메이션 GIF로 자동 생성 저장
MailTrack for Gmail	확장	지메일을 위한 이메일 수신 여부 확인 기능
MediaCore Capture	확장	스크린 동영상으로 리코딩
Momentum	확장	새로운 탭의 배경 페이지에 날씨와 배경이미지, ToDo 관리
One Tab	확장	크롬 브라우저의 메모리를 최대 95% 절감하고, 열려있는 모든 탭을 하나로 저장. 모두 복귀
Save to Pocket	확장	크롬용 Pocket 확장 – Pocket으로 저장
Search by Image	확장	Google – 웹에서 검색된 이미지로 이미지 검색
Soundtrap	앱	온라인 협업 음악 작곡을 위한 서비스
Tooltip Dictionary	확장	영어 – 한글 사전 : 웹 페이지에서 영문 텍스트에 마우스 포인트 올리면 자동으로 툴팁으로 한글 번역 표시됨
Tunein	앱	인터넷 라디오
Video Speed Controller	확장	유튜브 포함 HTML5 기반 동영상의 플레이 속도를 조절
WeVideo	앱	온라인 전문 동영상 편집기

CHAPTER 12
크롬북의 로그인 화면 스크린 캡쳐하기

크롬북 로그인 후에 모든 화면 캡처는 Ctrl + F5(5번째 키) 키를 클릭하여 할 수 있습니다. 캡처된 이미지는 다운로드 폴더에 자동 저장됩니다.

그런데, 크롬북 로그인 전의 화면은 위 방법으로는 캡처된 이미지를 확보할 수 없습니다.

로그인 화면 스크린 캡쳐하는 자세한 방법은 Poin2 Lab의 블로그 – http://goo.gl/IB5XNN 를 참고하시기 바랍니다.

CHAPTER
13
크롬북 사용기

본 사용기는 2016년 3월에 필자가 작성하여 블로그에 올린 내용을 발췌한 것입니다.[1]

지난달 국내 중소기업으로서는 포인투 랩에서 처음으로 국산 크롬북 포인투를 출시하였습니다. 지금까지 삼성 크롬북 1세대 부터 에이서 720P, 아수스 크롬박스를 사용해본 경험을 바탕으로 이번 포인투 크롬북을 테스트 해 보았습니다. 특히 개인 기기용 보다는 기업에서 사용할 수 있는 관점에서 테스트를 해 보았습니다.

개인 사용자들은 포인투 기기에 대한 자세한 꿀 팁들은 포인투 블로그에서 접해 볼 수 있습니다.

가장 먼저 테스트 해본 환경은, 기업용으로 크롬북이 적합한지 여부를 확인하기 위해서 Google Cloud Compute Engine을 이용하여 윈도우 2012 R2 서버를 2개 CPU, 8GB 정도 메모리를 설정하고, 지역은 극동 아시아 지역(대만 지역으로 사료됨)으로 지정 서버를 생성하여 소위 Daas(Desktop as a Service) 환경을 구축해 본 것입니다.

이 윈도우 2012 서버에는 Ericom社의 AccessNow 서버 모듈을 설치하였습니다. 이 모듈은 윈도우를 원격에서 HTML5 브라우저를 통해서 접속할 수 있도록 하는 역할을 합니다.

Ericom의 AccessNow에서는 크롬 OS용 HTML5 접속 기능을 제공합니다.(크롬북의 한글 키보드 맵핑 기능을 제공하여 원격으로 접속한 윈도우에서 크롬북의 한글/영문 변환키가 정상 동작할 수 있도록 기능을 제공함)

---

1 Google Apps 전문 블로그 – http://charlychoi.blogspot.kr/2016/03/포인투-1.html

Ericom AccessNow HTML5 기반으로 Google Cloud Compute Engine 위에 실행시킨 가상화 윈도우 2012 서버에 접속 성능 테스트를 해 보았습니다.

이와 더불어 공식적으로 Google로부터 기업 및 교육기관에 크롬 기기 관리 콘솔 (CMC) 라이선스 재판매 계약을 처음으로 맺은 SBC Technology社를 통해서 크롬 기기 관리 라이선스를 도입한 후 포인투 크롬북을 회사 기기로 등록하여 테스트 하였습니다.

크롬 기기 관리 콘솔을 통해서 약 100가지 이상의 기기 정책을 수립할 수 있습니다. 기업용 기기로 등록한 크롬북은 원격에서 관리자가 모든 기능을 통제 및 사용자 환경, 앱들을 원격에서 관리자가 모두 관리할 수 있는 것이 특징입니다.

Google Cloud Compute Engine에 올린 윈도우 2012 서버를 크롬북에서 원격으로 (Ericom의 AccessNow 이용) 접속하여 HWP 아래아 한글 문서 작성기를 수행하여 문서 작성하는 과정을 보인 동영상(유튜브 영상 - https://goo.gl/vxyEDL)

향후에 CMC에 대한 자세한 기능과 다른 서비스들(공용 PC 기능, 크롬 OS 기반 키오스크, 사이니즈)을 소개할 예정입니다.

현재 국내에서는 보안 강화 차원에서 금융권 및 관공서에서는 망 이중 화를 통해서 윈도우 데스크톱 가상화를 구축하는 것이 추세인 듯합니다. 윈도우 데스크톱 가상화에서 고려될 사항 중에 하나는 가장 저렴한 비용으로 그리고 중앙 통제 가능한 씬 클라이언트 PC를 구축하는 것이 관건입니다. 크롬북은 씬 클라이언트 PC로서 기능적인 측면, 성능적인 측면, 가격적인 측면에서 모든 면에 두루 두루 가성비를 갖고 있는 기기로 평가되고 있는 것을 확인하였습니다.

크롬북에서 안드로이드 앱 사용기

필자 블로그인 'Google Apps 전문 블로그'[2]에서 발췌한 내용입니다.

지난 5월에 Google I/O 2016에서 발표된 내용 중에 가장 눈길을 끈 것은 단연 크롬북에도 Google Play 스토어에 등록된 안드로이드 앱들을 바로 설치할 수 있게 한다는 소식이었습니다.

대부분의 크롬북에서 Google Play 스토어의 모든 안드로이드 앱을 지원하는 정식 버전은 2016년 9월 이후에나 정식 발표한다고 하였습니다. 단, 터치스크린이 가능한 3종의 크롬북(에이서 크롬북 R11, 아수스 크롬북 플립, Google 크롬북 픽셀(2015))에서는 6월 중에 크롬 OS 개발자 버전 53이 발표되면 실제 테스트 가능하다고 하였습니다. 이번 사용기는 이 3 크롬북 중 하나인 아수스 크롬북 플립을 구입하여 테스트를 진행하였습니다.

이번 크롬 OS에서 안드로이드 앱 지원이 갖는 중요한 의미는 몇 가지 있습니다.

① 크롬 OS가 주로 인터넷 온라인 상태에서 동작한다는 제약(물론 오프라인 모드가 지원되긴 하나, 사용범위가 매우 제한적이었음)이 있었으나, 이번 안드로이드 앱을 지원함으로써 오프라인 모드에서 활용 범위가 대폭 늘어났다는 것입니다.

② 크롬 OS에서 지원되지 않았던, 한컴 파일 포맷인 HWP 문서 편집 및 뷰잉, Adobe 포토샵 앱, 안드로이드 게임 앱, 카카오톡 등등의 안드로이드 앱들 대부분을 지원 가능하다는 것입니다.(단, 금융권 앱들은 현재 이 개발자 53 버전에서는 설치되지 않음)

---

2 Google Apps 전문 블로그 참조 – http://goo.gl/0CnOum

실제로 Google Play 스토어에서 카카오톡, 한컴 오피스 편집기, 지메일(안드로이드 설치형), 페이스북 앱, 게임, KERIS에서 제공하는 안드로이드용 디지털 교과서 앱 등을 설치 테스트 해보았습니다. 여기에 언급된 앱들은 모두 정상 설치 및 동작되는 것을 확인하였습니다.

다만, 몇몇 앱 중에는 앱 자체에서 화면 크기를 고정시킨 앱들은 크롬북 화면에서 윈도우 크기를 조절할 수 없는 것들도 있었으나, 대부분은 크롬북에서 윈도우 크기 조절로 확대 화면으로 볼 수 있었습니다.

Google이 크롬북에서 Google Play 스토어의 모든 안드로이드 앱을 실행할 수 있는 버전을 발표한 이후로 필자를 포함하여 네티즌들이 가졌던 두 가지 큰 의문입니다.

▲ 크롬북에서 Google PlayStore 화면

▲ 안드로이드용 한컴 오피스 설치 화면

▲ 안드로이드용 윈도우 엑셀 앱

▲ Google 행아웃 화상 채팅

첫 번째 의문은 6월 중순에 크롬 OS 개발자 버전 53이 발표되면 Google에서 공식 소개한 3개의 기기 – Google 크롬북 Pixel(2015), 아수스 플립 10.1, 에이서 R11 – 에서는 과연 안드로이드 앱들을 실제로 설치하여 테스트 해 볼 수 있을 것인가. 안정적인 정식 버전 크롬 OS 53은 9월 이후에 발표된다고 하였고, 이때는 대부분의 크롬북들을 지원한다고 한다고 하는데 과연 가능할까?

두 번째 의문은 과연 크롬북에 설치되는 안드로이드 앱들이 제대로 실행될지, 즉, 실행된다 하더라고 실용성 측면에서 성능저하 없이 기존 안드로이드 앱들이 무리 없이 실행될지 여부였을 것입니다.

첫 번째 의문에 대한 대답으로, 이틀 정도 늦게 공개는 되었지만 한국 시간으로 2016년 6월 17일에 아수스 플립 크롬북에서 크롬 OS 개발자 버전 53 버전(개발자 채널)이 발표된 것으로 확인할 수 있었고, Google Play 스토어 설치와 안드로이드 앱들이 대부분 설치됨을 확인하였습니다.

두 번째 의문을 해소하기 위해서 실용성 측면 특히, 기업용으로써 크롬북의 실용성과 성능, 개인용으로써의 실용성 등이 있는지를 중점적으로 테스트 해 보았습니다.

대부분의 안드로이드 앱들(카톡, Skype, MS 워드/엑셀/파워포인트, 한컴오피스, 오토캐드 뷰어, 게임들 – 비쥬얼드, 앵그리드버드, 3D Galaxy on Fire 2 HD, 클래시 오프클랜, PicsArt(이미지 편집기))을 설치해 보았습니다.

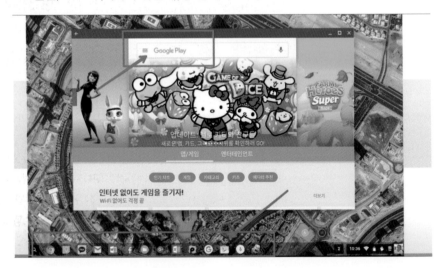

크롬 OS 개발자 53 버전은 안드로이드 앱 설치시 안드로이드 6.0.1(마시멜로우) 태블릿으로 인식합니다. 이로 인하여 몇몇 앱들 중에는 태블릿을 지원하지 않는 것들이 있어서(예 : Adobe Photoshop Mix, Instagram, Inbox for Gmail, Google+) 들은 기기와 호환이 안 되는 것으로 나오고 설치되지 않는 것들이 있었습니다.

아수스 플립 크롬북에서 안드로이드 앱 실행 시 가장 큰 장점 중에 하나는 멀티윈
도우 및 멀티태스킹을 지원한다는 것입니다. 여러 개의 앱들을 동시에 띄어 놓고
작업이 가능합니다.

국내에서는 크롬북 사용에 부정적인 시각을 갖고 있는 사용자들이 있습니다. 이들
은 크롬북 사용 시 가장 큰 걸림돌이 아래아 한글 HWP 문서를 볼 수 없다는 것이
었습니다. 그러나 이번 크롬 OS에서는 이러한 이슈들과 우려 사항을 모두 불식할
수 있음을 확인하였습니다. 한컴오피스 안드로이드 앱이 무리 없이 설치 및 동작하
는 것을 확인하였기 때문입니다.(사실 한글 HWP 문서는 안드로이드 앱 없이도 크
롬북에서 읽고 편집할 수 있는 좋은 제품들이 나왔기 때문에 지금은 큰 문제가 되
지 않습니다)

이 기능을 테스트하면서 발견한 재미나는 사실은, 지메일 앱을 통해서 수신된 메일
내용 중에 첨부 파일로 HWP 파일을 여는 경우, 이 파일을 클릭하면 지메일 앱이
풀 스크린 모드에 있으면, 한컴오피스 앱도 풀 스크린 모드로 동작하고, 서브 윈도
우 상태에서 클릭하면 수행되는 앱들이 서브 윈도우 모드로 동작한다는 사실. 한컴
오피스 안드로이드 앱은 수행되면 윈도우 창이 고정되어서 크기 조절과 위치 조절
이 되지 않음(아마도, 스마트폰에 맞추어져서 개발된 앱들 대부분이 그러한 듯)

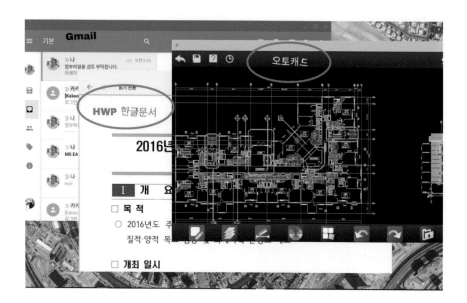

크롬북 사용을 기업용으로 고민하는 분들 중에는 오토캐드 파일(DWG, DXF)을 뷰잉할 수 있는 방법이 찾을 수가 없었습니다. 이번 안드로이드 앱 지원으로 인하여 각종 오토캐드 뷰잉 앱들을 사용할 수 있다는 사실을 확인하였습니다. 이번에 테스트 해 본 앱은 'DWG Fastview'(위 이미지 참조)인데 뷰잉이 빠르고 터치스크린 모드에서 두 손가락 터치로 확대/축소가 매우 부드럽게 동작합니다.

MS 오피스 앱들(워드, 엑셀, 파워포인트)은 당연히 모두 설치되고, 풀 키보드를 제공하는 크롬북에서 이 무료 오피스 앱 지원은 아마도 향후에 기업에서 윈도우 PC나 노트북 대신에 크롬북으로 대치하려고 고민하는 기업에서는 아주 큰 서비스 중에 하나가 될 것으로 보입니다.

Google Play 스토어에는 100만개 이상의 앱들이 있다고 합니다. 특히 게임 관련 앱들은 이 스토어에서 가장 호황을 누리고 있는 앱이 아닌가 생각합니다. 개인적으로는 게임에 별 관심이 없어서 다양한 게임들을 테스트 해 보지는 못했지만, 게임 관련해서는 3D 게임은 Google I/O에서도 시연한, Galaxy on Fire 2 HD과 비쥬얼드, 앵그리버드, 클래시오브클랜 정도 설치 테스트 해 보았습니다.

▲크롬북에서 실행한 '클래시 오프 클랜' 게임 화면

이미지 편집용 앱은, Google I/O에서 시연할 때 사용한 Adobe Photoshop Mix는 원인은 알 수 없으나, Play 스토어에서는 기기와 호환되지 않는다고 해서 설치되지 않았습니다. 대신에, PicsArt라는 이미지 편집 앱을 설치하여 포토샵 수준의 다양한 이미지 편집 기능을 사용해 볼 수 있었습니다. 이 이미지 편집 앱이 마음에 드는 것은, 스크린 캡처한 이미지에 화살표 표시하고, 텍스트 삽입하고, 이미지 위에 다른 이미지 계층을 추가하고 등등의 편집 작업이 매우 쉽고 빠르게 동작하였습니다. 이러한 작업들이 모두 오프라인 모드에서 이루어집니다.

위에서 언급한 대부분의 앱들은(오피스 앱 및 게임 앱들 모두) 아수스 플립(4GB 메모리) 크롬북에서 아주 부드럽게, 성능 저하 없이(특히 3D 게임 동작시 화면 전환에 렉이 없이) 잘 동작하였고 성능은 크게 만족할 만한 수준이었습니다.

아직은 크롬 OS 개발자 53 버전이 베타 버전 수준이어서, 버그들이 많이 발견되고, 크롬북 화면을 가로 모드에서 세로 모드로 전환하거나, 키보드 모드에서 태블릿 모드로 전환하면 수행되던 게임 앱들이 멈추거나 윈도우 변경이 안 되는 현상들이 있습니다. 아마도 정식 버전이 출시될 때는 모두 해결이 될 마이너한 버그들입니다.

게임 앱들은 대부분 용량이 매우 커서(예 : Galaxy on Fire 2 HD앱은 거의 1GB 크기) 대부분 내부 메모리에 설치되다보니, 16GB의 내장형 스토리지는 금방 소모가 되는 불편함은 있었습니다.(크롬북이 클라우드 환경에 최적화된 기기다 보니, 내장 스토리지는 대부분 16GB 이상을 제공하지 않고 있습니다.) 향후에는 이를 계기로 사양을 높인 중저가 모델들이 출시될 것으로 기대하고 있습니다.

국내에서도 향후에는 크롬북이 보조적인 PC가 아닌 기업에서도 메인 PC로 사용할 수 있는 기업들이 많이 나올 수 있을 것으로 기대하고 있습니다.(모든 직원들이 윈도우 PC를 사용하고 별로 사용 빈도도 많지 않은데 오피스 라이선스를 구매해야 하는 기업들은 크롬북을 특히 고려해 볼만 합니다)

크롬북에서 그동안 설치 테스트 해 본 안드로이드 앱들의 목록입니다.

- Google에서 제공하는 안드로이드용 설치 앱들 : 지메일, 캘린더, Google 드라이브, Google 문서, 슬라이드, 시트, 번역기, Google 나우 런처, 유튜브, Google Keep, Google 포토, Play 뉴스, Play Game, Spaces
- Google 안드로이드 앱 중에서 설치 안 되는 앱들 : Inbox for Gmail, Google+, Blogger는 기기호환 안 되는 것으로 설치 안 됨
- SNS 및 메신저 앱들 : 카카오톡, 라인, 페이스북, 페이스북 메신저, LinkedIn
- SNS 앱 중에서 설치 안 되는 앱 : 인스타그램
- 유틸리티 및 기타 앱 : 에버노트, CamScanner, Tunein, 리디북스, Yes24, 오디언, Amazon Shopping, PicsArt, MX player(한글자막 가능), Polaris Office, 한컴오피스 MS 워드, 파워포인트, 엑셀, 아웃룩
- 게임 앱 : Galaxy on Fire 2 HD, 클래시오브클랜, 앵그리버드 시리즈, 비쥬얼드 시리즈, 테트리스, Minecraft Pocket(이것은 직접 설치해보진 못했고, 해외 크롬북 커뮤니티의 다른 분이 테스트 해 봄), 그리고 대부분 시도해본 게임 앱들은 모두 정상적으로 수행되는 것을 확인
- 브라우저 앱 : Opera, 돌핀, Firefox(재미나는 현상은 크롬 브라우저 기반의 크롬 OS 기기에서 안드로이드용 다른 브라우저들 대부분을 설치하여 모두 정상적으로 성능을 유지하면서 동작한다는 사실. 그래서 오페라 브라우저를 설치하여 보조 브라우저로 사용중)

이 외에도 몇 가지 앱들을 설치 테스트 해 보았으나, 스마트폰에서 실행되는 안드로이드 앱과 특별히 다른 점을 발견하지 못하였습니다.

정상적으로 설치 수행되는 안드로이드 앱들 대부분은 성능면에서 아주 우수하게 동작하는 것을 확인할 수 있었습니다.

아울러, 6월 17일 처음 발표된 이후에 가장 혼란스러웠던 것은, 크롬 웹 스토어에서 설치한 크롬 웹들과 Google Play스토어에서 설치한 안드로이드 앱 중에는 같은 기능하고 로고나 아이콘이 동일한 앱들이 있는데, 이들을 크롬북에서 구별을 할 수 없었습니다.
예) 에버노트(크롬 웹 스토어 에버노트, 안드로이드 에버노트), Google 서비스들(지메일, 캘린더, Google Keep, Google 드라이브, Google 포토)
기존 크롬북에 설치되는 크롬 웹과 안드로이드 앱과 기능도 동일하고 설치된 앱의 아이콘 모양이 동일하여 구별이 어려웠습니다.

6월 23일 드디어 크롬 OS 개발자 53 버전이 약간의 업데이트가 있었습니다. 아래 캡처된 화면과 같이, 크롬 웹 앱들과 안드로이드 앱을 구별해주는 심벌이 아이콘에 표시되기 시작하였습니다. 아이콘에 크롬 로고가 박혀 있는 것들은 모두 크롬 웹 스토에서 설치한 크롬 웹들이고, 크롬 로고가 없는 것들은 모두 안드로이드 앱들. 이 표시로 구별이 가능해졌습니다.

현재까지 발견한 가장 아쉬운 부분은, 크롬북들이 대부분 16GB만을 지원하고 있습니다.(클라우드 기반이다 보니 내장 메모리가 16GB면 충분하였는데) 안드로이드 앱들을 다운로드 설치하다 보니, 16GB 내장 스토리지 용량이 턱없이 부족함을 발견했습니다. 특히 몇몇 HD급 게임들을 설치하다 보면 16GB 내장 메모리로는 택도 없다는 사실. 크롬북에서 제공되는 외장형 스토리지(SD 또는 마이크로 SD 카드형)에 안드로이드 앱들을 설치할 수 없다는 게 가장 큰 아쉬운 부분입니다. 그 외에 아수스 플립 모델은 스크린을 가로/세로 모두 전환이 자유롭게 되었습니다. 안드로이드 앱들은 스크린 모드 전환 시 블럭되는 현상이 있었습니다.

테스트 시 크롬 OS 버전 53이 개발자 버전인 것을 감안한다면 지속적으로 업데이트 및 개선될 것이라 기대하고 있습니다.

안드로이드 앱이 설치되는 크롬북(크롬 OS 53 베타 채널)에 KERIS에서 개발한 안드로이드용 디지털 교과서 앱(버전 1.32.2016.07120718)을 설치하여 사용한 후기입니다.

Google Play 스토어에 등록된 디지털 교과서 앱에서 설명하는 주요 특징입니다.
- 디지털 교과서 내려 받기
- 수업 내용을 바로 필기할 수 있는 노트 기능 제공
- 주요 내용을 표시할 수 있는 하이라이트 기능 제공
- 북마크 기능으로 진도 체크 지원
- 추가 자료의 첨부 및 웹사이트 링크 기능 제공
- 수업중 오디오, 비디오(강의) 콘텐츠의 동시 학습 지원
- 메모, 쓰기 등 학습자 직접 입력 기능 제공
- 교과서 내용 뿐 아니라 커뮤니티를 통한 과제 제출과 공유 등의 기능 제공

에듀넷에서 공개한 테스트 계정으로 로그인하여 맛보기 교과서 몇 종 중에 과학 교과서 하나를 다운로드(대략 150MB 크기)하여 내 서재에 저장되는 것을 확인하였습니다.

내 서재의 교과서를 오픈하여 뷰잉을 시도해 보니 생각보다 자연스럽게 동작합니다. 터치스크린 모드에서 손가락으로 자연스럽게 책장을 넘기며 볼 수 있게 책장 넘기는 효과까지.

책장 중간 중간에 삽입된 동영상 링크도 잘 동작하고 학부모 입장에서 처음 경험해 보는 초등학교 교과서입니다.

크롬북에서도 안드로이드용 디지털 교과서 앱과 교과서 콘텐츠가 무리 없이 동작하는 것을 확인하였습니다.

MEMO

PART 02

기업을 위한 크롬북 활용 가이드

기업을 위한 컴퓨터의 새로운 패러다임

컴퓨터의 새로운 패러다임

크롬북은 크롬 OS를 탑재하여 2011년 에이서와 삼성에 의해서 처음 미국 시장에 출시된 이후로 2012년에는 데스크톱 버전의 크롬박스가 출시되었고, 2014년에는 LG전자에 의해서 처음으로 올인원 형태의 크롬베이스가 출시되었습니다.

일본에서는 2014년부터 델, 아수스, HP, 에이서에서 판매하고 있습니다. 지금은 대부분의 하드웨어 벤더들(HP, 델, 레노버, 아수스, 에이서, 삼성) 모두가 크롬북을 제조 판매하고 있습니다.

국내에서는 아직까지는 삼성을 포함하여 해외 하드웨어 벤더들이 한국에 출시하지 않고 있는 상황에서, 한국 기업인 포인투 랩(Poin2 Lab)에서 2016년 초부터 포인투 크롬북 11인치 모델을 자체 설계하여 판매하기 시작하였습니다.

▲포인투 크롬북 11인치 모델

그동안 기업을 위한 시장에서 크롬북을 보는 시각은 그리 긍정적이지는 못했습니다. 그러나 최근 들어 기업에서 크롬북을 보는 인식이 달라지고 있습니다. IDC 보고서[1]에 의하면, 2018년까지 포춘 500대 기업 중 25%가 크롬북을 이용할 것이라는 예측보고가 있습니다.

크롬북은 저렴한 가격(평균 150달러~300달러 범위)에 비하여 빠른 성능, 빠른 부팅, 바이러스 & 맬웨어로부터 자유로운 안전한 컴퓨터, 관리가 편한 컴퓨터, 무료 오피스 작성 도구 및 MS 오피스 호환 도구를 갖추었습니다. 심지어는 Google Play 스토어에 수백만 안드로이드 앱들까지도 실행할 수 있게 되면서 클라우드 기반의 온라인 앱들 뿐만 아리라 안드로이드 오프라인 앱들까지 모두 가능한 혁신적인 컴퓨터로 진화를 거듭하고 있습니다.

Google은 기업용 시장 진출을 강화하기 위해서 크롬을 기반으로 하는 크롬 플랫폼을 내놓고 있습니다. 교육용 시장에서 뿐만 아니라 기업용 시장에서도 컴퓨터의 새로운 패러다임을 이끌고 있습니다. 이로 인하여 기업에서도 크롬북을 새롭게 인식하기 시작하고 있습니다.

1 IDC 보고서 기사 참조 - https://goo.gl/f4AP7w

Google이 출시한 크롬 기반의 플랫폼입니다.

기업 및 교육 기관을 위한 크롬북 (Chromebook for Work/Education)
- 이 서비스의 핵심은 크롬북 하드웨어와 크롬 기기 관리 콘솔(Chrome Device Management Console) 소프트웨어의 결합 플랫폼이다.
- 크롬북에서도 자유롭게 윈도우 애플리케이션 액세스할 수 있는 솔루션들(원격 데스크톱, VDI 및 Daas)을 확보하여 비즈니스 강화하고 있습니다.

키오스크를 위한 크롬(Chrome for Kiosk)
- 공공장소에서 누구나 컴퓨터를 저렴한 비용으로 공용 PC를 사용할 수 있게 하는 것입니다. 도서관의 도서 검색 시스템, 학교에서 학생들 시험 전용 기기, 비즈니스 센터에서 공용 PC, 인터넷 카페에서 공중용 PC를 위한 플랫폼입니다.
- 키오스크 앱이 실행될 때는 다른 앱은 수행할 수 없고, 관리자가 등록한 단일 키오스크 전용 앱만 전체화면 모드로 실행하게 하는 개념입니다. 이 단일 키오스크 전용 앱은 크롬 기기 관리 콘솔을 통해서 등록 및 통제됩니다.
- 누구나 쉽게 키오스크 앱을 빌드하여 크롬 웹 스토어에 등록 배포할 수 있습니다.

사이니지를 위한 크롬(Chrome for Signage)
- 우리 주변에는 온갖 종류의 디지털 디스플레이들로 넘쳐나고 있습니다. 이러한 디지털 디스플레이들을 원격에서 원하는 시간대에 맞는 콘텐츠를 게시할 수 있도록 하는 플랫폼입니다.
- 크롬 기기 관리 콘솔을 통해서 사이니지 앱들을 설치 및 관리할 수 있습니다.
- 스틱형 PC인 크롬비트가 출시되면서 사이니지 시장에 본격 진출을 꾀하고 있습니다.

화상 회의를 위한 크롬박스(Chromebox for Meeting)
- Google 행아웃 기반의 화상 회의 전용 솔루션입니다.
- 크롬박스와 고화질 화상캠, 스피커폰 등으로 구성되어 있으며, 기업에서 저렴한 비용으로 화상회의 시스템을 규모 별로(2인용, 8인용, 20인 이상) 구축할 수 있도록 한 제품입니다.
- 이 제품을 이용하기 위해서는 별도의 서비스 라이선스(연간/1기기/$250)를 구매해야 합니다. 불행히도 한국에서는 이 장비가 판매되고 있지 않기 때문에 라이선스는 제공되지 않고 있는 실정입니다.

크롬북에 Google Play 스토어 탑재하여 안드로이드 앱 지원

- 크롬북에서 Google Play 스토어의 안드로이드 앱들을 설치 실행할 수 있게 되었습니다.
- 크롬북이 온라인 전용 컴퓨터라는 오명을 씻고, 명실상부한 온-오프라인의 다양한 앱들을 사용할 수 있게 되었습니다.

Chromebook for Work   Chromebox for Meeting   Chrome for Kiosks   Chrome for Signage

크롬 기기 관리 콘솔은 기업 및 학교에서 직원 또는 학생들에게 지급되는 크롬북 기기들에 대하여 원격에서 관리의 편리성과 철저한 보안 대책이 수립이 가능하게 한 것이 가장 큰 특징입니다.

기업이나 학교에서 직원들 및 학생들에게 크롬북을 지급할 경우, 관리자 또는 학교 선생은 사용자 환경 설정, 필요 소프트웨어 설치, 소프트웨어 업데이트, 보안 소프트웨어 설치 및 업데이트를 원격에서 모두 수행합니다.

크롬북은 크롬 기기 관리 콘솔을 통해서 사용자의 모든 환경, 설치되어야 할 소프트웨어, OS 자동 업데이트, 통제된 네트워크에서만 인터넷 사용, 컴퓨터 교체 시 계정 로그인만으로 이전 작업 환경을 그대로 전환 가능하도록 원격 관리가 가능합니다.

크롬북을 출장중에 분실하였거나 카페에서 도난을 당하였을 경우, 관리자는 원격에서 해당 기기를 바로 사용 불가로 설정할 수 있고, 해당 기기는 즉시 로그아웃 되면서 더 이상 사용 불가능한 상태를 만들 수 있습니다. 분실된 크롬북을 되찾았을 경우 관리자는 해당 기기를 재사용으로 설정 변경함으로써 바로 사용할 수 있게 할 수도 있습니다.

씬 클라이언트, VDI, Daas 및 원격 데스크톱 솔루션

CHAPTER 02

기업에서는 보안을 강화하고 윈도우 기반의 레거시 애플리케이션들을 유지하기 위해서 씬 클라이언트+VDI[1] 또는 Daas(Desktop as a Service)[2] 솔루션을 이미 도입하였거나 검토하는 기업들이 늘고 있습니다.

씬 클라이언트 또는 제로 클라이언트로 검토되는 기기로는 윈도우 기반의 씬 클라이언트와 전용 OS 기반의 제로 클라이언트들이 있습니다. 아직까지 이러한 기기들은 보안성은 높으나 사용성은 떨어지고(예 : 회사 외부에서 들고 다닐 수 있는 노트북형), 또한 기기들에 각각에 대한 관리적인 요소는 일반 PC 만큼 높습니다.

씬 클라이언트 도입의 딜레마는 보안성은 높으나 생각만큼 저렴하지 않다는 것입니다. 윈도우 OS 기반 씬 클라이언트 또는 전용 OS 기반 제로 클라이언트들이 OS가 무엇이냐에 따라서 활용도의 폭이 높지 않다는 것도 단점 중에 하나입니다.(전용 OS 기반 제로 클라어인트 솔루션에서는 기업 VPN 접속이 안 되는 경우가 있습니다). 아울러, 인터넷 연결이 안되는 오프라인 환경에서도 업무를 볼 수 있게 하는 요구들이 늘어나고 있습니다.

크롬북이 씬 클라이언트의 딜레마를 해결해주는 새로운 기기로 부각되고 있습니다. Google에서는 Citrix[3], VMWare社[4]의 VDI 기술들을 크롬북에 연계할 수 있도록 각 사들과 협력 관계를 발표하고 있습니다. 뿐만 아니라 각 솔루션 별 크롬북용 원격 접속 모듈들을 크롬 웹 스토어에서 이미 제공하고 있습니다.

---

1 VDI(Virtual Desktop Infrastructure) 서버에 사용자 수만큼 가상의 데스크톱 환경(Window)을 제공하는 기술
2 데스크톱 환경을 사내에 설치하는 컴퓨터가 아닌 클라우드 기반으로 제공하는 서비스
3 Google과 Citrix 사 간의 협업 발표 – https://goo.gl/2qyiGh
4 VMWare 사에서 기업을 위한 크롬북 익스텐션 발표 – http://goo.gl/8Ja4ka

크롬북을 위한 Citrix Receiver + XenDesktop/XenApp 솔루션

Citrix Receiver[5]는 Citrix 사에서 제공하는 클라이언트 소프트웨어입니다. 윈도우 서버 또는 데스크톱에 설치된 XenDesktop과 XenApp을 통해서 윈도우 애플리케이션을 원격에서 액세스할 수 있도록 지원합니다. 크롬북, 스마트폰, 태블릿, PC 및 맥을 포함한 모든 기기에서 애플리케이션, 데스크톱 및 데이터에 액세스할 수 있도록 합니다.

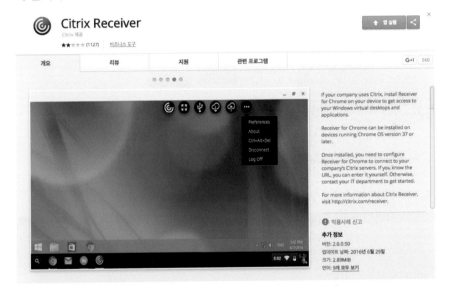

▼크롬북의 Citrix Receiver를 통해서 원격 가장 윈도우 데스크톱에 접속한 화면

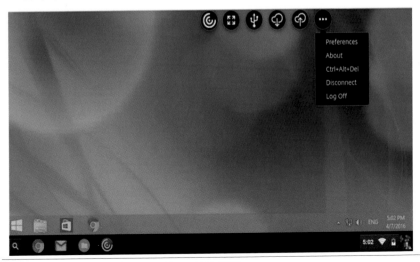

5 Citrix Receiver 제품 소개 – https://goo.gl/bPeQKW

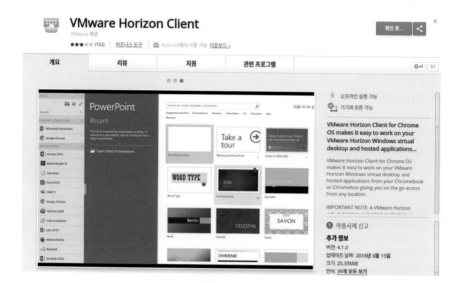

▼크롬북에서 VMWare Horizon를 통해서 윈도우 가상 데스크톱 접속한 화면

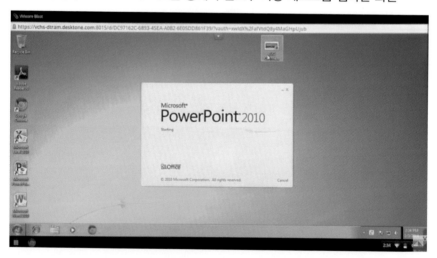

---

6 VMWare Horizon 소개 – http://goo.gl/lKn5CW

Ericom社는 이미 오래전부터 AccessNow 제품을 통해서 크롬북에는 설치되는 모 류 없이도(HTML5 기반) 원격 데스크톱 또는 윈도우 서버를 접속할 수 있는 HTML5 기반의 솔루션을 개발하여 많은 교육 기관과 기업에 공급한 전력이 있습니다.

▼크롬북에서 Ericom의 AccessNow를 통한 원격 윈도우 서버 접속한 화면

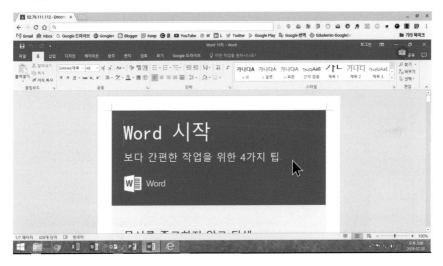

▼Ericom 포털 페이지 기능을 이용한 원격 윈도우 앱 접속을 위한 웹 페이지 구성 예

---

7 Ericom의 AccessNow 솔루션 소개 – http://goo.gl/H3TOR

크롬북을 위한 Google의 크롬 원격 데스크톱 프로그램

Google에서 무료로 제공하는 크롬용 앱입니다. 크롬 웹 스토어에서 무료로 설치 가능합니다.

크롬 브라우저가 설치되어 있는 컴퓨터들(윈도우, 맥, 리눅스, 스마트폰) 간에 상호 원격 접속이 가능하게 하는 모듈입니다.

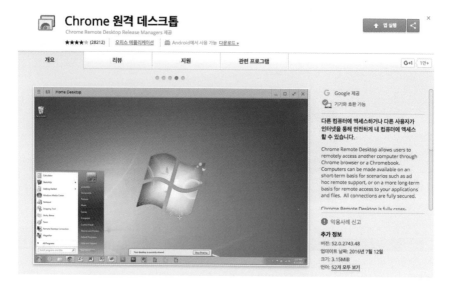

크롬북 사용자는 원격에서 윈도우 데스크톱에 접속하여 원격 윈도우 작업이 가능합니다.

두 가지 기능을 제공합니다.

01. 원격 지원

● 급하게 원격에서 상대방의 컴퓨터에 접속하여 지원해야 하는 경우에 주로 사용하는 방식입니다.

● 상대방 컴퓨터에서는 크롬 원격 데스크톱을 수행한 후 '공유'를 클릭하고 액세스 코드 값을 전달하여 이 코드 값을 이용하여 접속합니다.

02. 내 컴퓨터

- 원격에서 액세스 가능한 내 컴퓨터를 내 계정으로 등록한 후 필요할 때 원격에서 접속하는 기능
- 내 컴퓨터 등록 시 PIN 번호를 등록하여 원격에서 접속 시 이 PIN 번호를 입력해야 접속 가능

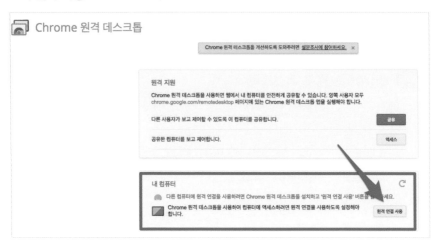

▼크롬북에서 크롬 데스크톱 모듈을 이용하여 원격의 윈도우 데스크톱 접속한 화면

166

크롬북/Google 앱스/VDI 기반의 문서 중앙화

2016년 6월 21일 SBC Technology 주관으로 Google 코리아에서 'Google 'Chrome for Work' 크롬 기기 관리 솔루션 소개(부제 : 크롬 키오스크 & 사이니지 빌더 데모)[8] 세미나의 주제로 발표한 내용 중 '크롬/Google 앱스/VDI 기술 기반의 문서 중앙화 방안 소개[9]'에서 발췌한 내용입니다.

이상적인 문서 중앙화 구성

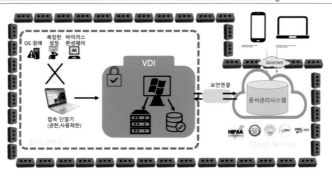

① 엔드포인트 유출방지　② 업무연속성　③ 안전한 문서중앙화　④ 문서유출방지　⑤ 사용성 보장

- 기존 윈도우 환경의 업무프로그램 사용
- 바이러스, OS 장애, 복잡한 설정 불필요
- 저렴한 가격, 해킹 절대 불가, 고성능의 사용자 PC
- 파일 저장 불가 및 사이트 제한
- 관리자에 의한 전체 크롬북 관리 및 통제
- 문서 중앙화를 통한 협업 중심의 일하는 방식 변경
- 다른 직원과 문서 공유 및 공동작성
- 구글의 검색 기술과 Smart Mobility 환경 구현
- 모든 작업 및 활동에 대한 보고서 모니터링
- 문서 유출 탐지 및 eDiscovery 기능인 Google 볼트 제공

---

8 자세한 세미나 안내 – http://goo.gl/SwrKGs
9 클라우드 코디 조재영 대표' 발표 자료 – https://goo.gl/T3bOCD

크롬북/크롬기기 라이선스/Ericom AccessNow VDI 솔루션 기반의 문서 중앙화 구성도

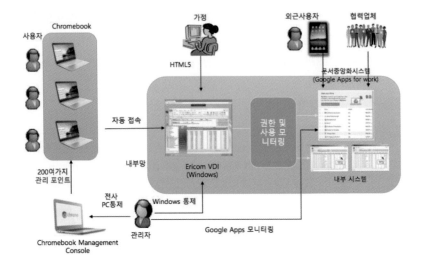

크롬 기기 관리 콘솔

크롬 기기 관리 콘솔이란 무엇인가요?

크롬 기기는 크롬북을 포함하여 크롬 OS를 탑재한 모든 기기들을 지칭하는 것입니다. 현재까지 크롬 OS를 탑재한 기기들은 크롬북(노트북형), 크롬박스(데스크톱용으로 키보드와 모니터는 포함되어 있지 않은 기기), 크롬베이스(올인원 PC형), 크롬비트(스틱 PC 형태) 들이 있습니다.

Chromebook

Chromebase

Chromebox

Chromebit

크롬 기기 관리의 핵심은, 크롬 OS 기기들을 기업이나 학교에서 관리자가 원격에서 손쉽게 관리 및 통제할 수 있게 하는 것입니다.

크롬 기기 관리의 주요 기능입니다.
● 크롬북을 지정된 사용자들만 사용할 수 있게 관리할 수 있습니다.
● 기업이나 학교에서 허용하는 네트워크에서만 사용하게 설정할 수 있습니다.
● 사용자가사 접속하는 웹 사이트들을 통제할 수 있습니다. 허용된 사이트와 불허한 사이트를 등록하여 관리할 수 있습니다.
● 기업이나 학교에서 필요로 하는 앱들을 관리자가 모든 크롬북에 자동으로 설치하게 할 수 있습니다.
● 크롬북을 도난이나 분실될 경우 원격에서 사용을 중지 시킬 수 있습니다.

- 도서관이나 공공장소에서 한 기기를 여러 명이 같이 사용할 수 있도록 공용 PC를 위한 공개 설정할 수 있습니다.
- 학교에서는 학생들에게 제공된 크롬북으로 시험을 치를 수 있습니다. 시험 보는 크롬북에서는 시험 보는 단일 앱만 수행할 수 있고, 다른 앱들은 수행할 수 없게 할 수 있습니다.
- 호텔이나, 프렌차이즈 레스토랑, 비즈니스 카페, 공공 장소 등에서 공용 키오스크 전용 기기로 활용할 수 있게 할 수 있습니다.
- 기업의 사내에서 운영하는 각종 홍보용 디스플레이 장치에 시간대별로 약속된 콘텐츠를 시간에 맞추어 서로 다른 홍보 영상을 자동으로 디스플레이할 수 있습니다.

크롬 기기 관리 라이선스

🌐 크롬 기기 관리 라이선스 등록

기업이나 학교에서 크롬북들을 관리하기 위해서는 크롬 기기 관리 라이선스 구매해야 합니다. 이 라이선스에 따라서 크롬북을 회사나 학교 도메인에 등록하여 관리할 수 있습니다. 라이선스는 기기 당 부여가 됩니다. 따라서 관리 대상이 되는 크롬북을 기업이나 학교에서 사용하려면 크롬북은 기기 등록 절차를 밟아서 등록해야 합니다.

현재 사용중인 라이선스 수를 확인하려면 관리 콘솔에 로그인하여 기기 관리 〉 크롬 기기를 클릭합니다.

크롬 기기 라이선스는 2 종류가 있습니다.

크롬 기기 관리 라이선스

- 크롬 기기로 구성할 수 있는 모든 설정을 할 수 있는 다목적 라이선스입니다. 기기의 수명 기간 동안 유지되는 영구 라이선스와 해마다 갱신하는 연간 라이선스 중 구매할 수 있습니다.
- 기업용은 연간 라이선스 비용은 연간 1기기당 $50입니다. 영구 라이선스 비용은 1기기당 $150입니다.(한번에 비용 지불 라이선스)

- 교육용 및 비영리 단체는 수명 기기 동안 유지할 수 있는 영구 라이선스(1 기기당 $30)를 구입해야 합니다.
- 크롬 기기 관리 라이선스는 특정 크롬 기기에 대한 설정하고 정책을 실행하기 위해 사용됩니다. 라이선스가 있으면 사용자 액세스 제어, 기능 맞춤 설정, 네트워크 액세스 구성 등의 기기 설정을 할 수 있습니다.
- 한국에서는 SBC Technology[1]를 통해서 기업용/교육용/비영리 단체를 위한 라이선스를 구입할 수 있습니다.

단일 앱 키오스크 관리 라이선스

- 이 라이선스는 크롬 기기를 키오스크 앱 전용으로만 사용할 경우에 필요한 라이선스입니다. 단일 앱 키오스크로 사용되고 있는 크롬 기기를 설정, 배포, 모니터링하는 설정에 액세스할 수 있습니다. 매장의 디지털 사이니지나 POS 시스템 목적으로 사용되는 전용 키오스크 기기에 가장 적합합니다. 하지만 공개 세션 키오스크에서는 사용할 수 없습니다.
- 손님 등록 전용 데스크 용, 디지털 사이니지, 상점의 POS 시스템 등 키오스크 모드로 동작할 수 있도록 크롬 기기 설정을 할 수 있습니다. 그러나 단일 앱 키오스크 라이선스는 공개 세션 키오스크에서는 사용할 수 없습니다.
- 한국에는 이 라이선스만 따로 판매하지 않고 있습니다. 이 서비스를 이용할 경우는 SBC Technology를 통해서 크롬 기기 관리 라이선스를 구매하면 됩니다.

🔘 라이선스 구입

- 영구 라이선스 : 등록 기기의 수명 기간 동안 유효합니다. 하드웨어 문제로 크롬 기기를 교체해야 하는 상황이 발생하면 영구 라이선스를 동일한 모델의 다른 기기로 이전하여 그대로 사용할 수 있습니다. 하지만 기기의 모델이 다를 경우는 라이선스를 이전할 수 없습니다. 라이선스 이전은 감사 대상이므로 영구 가입 라이선스를 구매하려면 기기 수명 종료 정책 수명 종료 정책(https://support.google.com/chrome/a/answer/6220366)을 먼저 확인하는 것이 좋습니다.
- 연간 라이선스 : 연간 가입 라이선스는 정해진 기간 동안 사용할 수 있으며 기간이 만료되면 갱신이 가능합니다. 하드웨어 문제로 기기를 교체해야 하는 상황이 발생하면 어떤 모델로 교체하든 상관없이 라이선스를 새 기기로 이전하여 그대로 사용할 수 있습니다. 연간 라이선스를 사용하는 중간에 추가로 연간 라이선스를 구매하는 경우 추가한 시점부터 남아 있는 연간 만료 기간 동안만 비용이 청구됩니다.(예 : 연간 라이선스를 구매한 기업에서 6개월 지난 시점에 새롭게 추가 라

---

1 SBC Technology – http://www.sbctech.net

이선스 구매 시, 남아 있는 6개월 비용만 청구가 되고 그 다음 해부터 전체 등록 기기 라이선스 수를 재조정하여 연간 계약을 갱신합니다).

● 무료 평가판 라이선스 : 크롬 기기 관리 60일 무료 평가판을 최대 10대의 기기까지 사용할 수 있습니다. 평가판 사용 기간이 끝나면 평가판 가입이 연간 요금제가 적용되는 유료 가입으로 자동 변경되고 당시에 등록한 기기의 수에 대한 유료 서비스가 시작됩니다. 평가판이 만료되기 전에 결제 정보를 입력하지 않거나 평가판을 취소하면, 크롬 기기 관리의 사용이 중지되고 관리 콘솔에서 모든 설정이 삭제되며 평가판을 사용하던 모든 기기의 프로비저닝이 해제됩니다.(무료 평가판 라이선스 사용 문의는 SBC Technology로 하시면 됩니다).

기기 라이선스를 다른 기기로 이전하려면 먼저 기기의 프로비저닝을 해제한 다음, 새 기기를 등록합니다.

▼라이선스 유형별 기능

	크롬 기기 관리	단일 앱 키오스크 기기 관리	기능 설명
사용자 정책	O	X	사용자 수준에서 정책을 관리 및 배포
기기 정책	O	O	기기 수준에서 정책을 관리 예 : 자동 시스템 업데이트 허용, 키오스크 상태 보고 사용 설정
공개 세션	O	X	로그인하지 않고도 동일한 크롬 기기를 사용자 간에 공유할 수 있도록 허용
네트워크 구성	O	O	네트워크 구성 배포(Wi-Fi 및 이더넷)
앱 및 확장 프로그램 푸시	O	O	앱 배포 첫 실행을 제어할 수 있도록 앱 구성 배포
PC 워크스테이션	O	X	기기를 워크스테이션으로 사용 웹 및 가상 데스크톱 애플리케이션에 액세스

크롬 기기 라이선스 구매 및 문의는 Google 리셀러를 통해서 이루어집니다. 구매 완료 후에는 크롬 기기 관리 콘솔에 접속하여 기기 설정 및 기기 관리를 할 수 있습니다.

도메인 관리자는 관리 콘솔 사이트 http://admin.google.com으로 접속한 후 도메인 계정으로 로그인합니다. 도메인의 관리자 계정은 크롬 기기 라이선스를 구매한 리셀러가 등록하여 줍니다.

크롬 기기 관리를 위해서는 3단계가 필요합니다.

- 1단계 : 크롬 기기 라이선스를 필요한 수량만큼 구매합니다.
  - 이 라이선스는 리셀러를 통해서만 구입이 가능합니다.
- 2단계 : 크롬북을 기업용 또는 교육용 도메인에 등록합니다.
- 3단계 : 기업이나 교육기관 관리자는 크롬 기기 관리 콘솔 사이트(admin.google.com) 접속 권한을 부여 받아서 크롬북 관리를 위한 각종 정책 설정을 수행합니다.

크롬 기기 관리 콘솔 기능

- 기업 또는 학교 도메인 관리자 계정으로 admin.google.com에 접속 로그인 합니다.
- 아래 관리 콘솔을 통해서 기업이나 학교에서 필요로 하는 각종 정책(약 150 종류 이상의 설정)을 설정합니다.
- 크롬북 관리를 위해서 가장 많이 사용하는 메뉴는 '기기 관리'와 '사용자 관리' 메뉴입니다.
  - 아래 화면과 같이 메뉴들이 다 보이지 않을 경우는 하단에 '위젯 추가'를 클릭하여 해당 메뉴들을 마우스로 끌어올리기 할 수 있습니다.

▼관리 콘솔 메인 메뉴

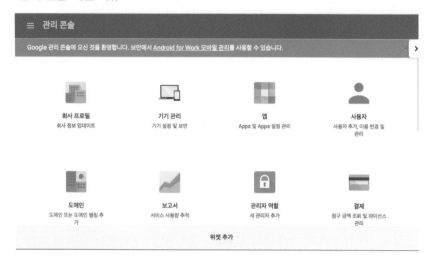

🌐 크롬 기기 등록 절차

관리 콘솔에서 크롬 기기에 각동 정책 실행 및 설정하려면, 먼저 기기를 등록해야 합니다. 크롬 기기를 초기화하거나 복구하지 않는 한, 이미 등록한 각 기기에는 관리 콘솔에서 설정한 크롬 설정이 적용됩니다. 기기를 재설정해야 하는 경우 관리 크롬 기기를 'Powerwash' 하지 말고 대신 기기 데이터 초기화 안내를 따르면 됩니다.

01. 크롬북 초기화

초기화는 처음 크롬북을 구매한 경우에는 해당 사항이 없습니다. 이미 다른 용도로 사용한 적이 있거나, 이전에 한번이라도 기기 등록한 적이 있었던 기기들, 등록 해제 후 다른 용도로 사용하다가 재등록해야 하는 경우에 크롬북 초기화가 필요합니다.

① Esc + C + 전원 키를 누릅니다. 노란색 느낌표(!)가 표시됩니다.

② Ctrl + D 키를 클릭하여 개발자 모드를 시작하고, Enter 키를 누릅니다. 그러면 빨간색 느낌표가 표시됩니다.

③ Ctrl + D 키를 누릅니다. 크롬북에서 로컬 데이터가 삭제되고 초기 상태로 돌아갑니다. 이 작업은 약 15분이 소요됩니다.

④ 기기에 강제 재등록이 사용 설정되어 있으면 개발자 모드가 차단되어 있다는 메시지가 나타납니다. 이 단계를 수행하면 초기화 프로세스가 단축되며 자체 검사 모드로 기기가 자동 재부팅될 때 재등록을 수행할 수 있습니다.

⑤ 전환이 완료되면 Space Bar를 누른 다음, Enter 키를 눌러 자체 검사 모드로 돌아갑니다.

⑥ 로그인하기 전에 크롬북을 등록합니다.

174

02. 크롬 기기 등록

수동 등록

사용자(관리자 포함)가 크롬 기기에 로그인하기 전에 수동으로 기기를 등록합니다. 기기를 등록하기 전에 사용자가 로그인하면 기기에 관리 콘솔 설정이 적용되지 않습니다. 이 경우 기기를 초기화하고 등록 절차를 다시 시작해야 합니다.

① 크롬 기기의 전원을 켠 후 로그인 화면이 표시될 때까지 화면의 안내를 따릅니다. 로그인 화면에서 로그인하면 안됩니다.

② 로그인 화면에서 로그인하기 전에 Ctrl + Alt + E 키를 동시에 눌러 기기 등록 화면을 표시합니다.

③ Google 관리자 환영 메일에 제공된 사용자 이름 및 비밀번호를 입력하거나 등록 자격이 있는 계정의 기존 Google 앱스 사용자 이름 및 비밀번호를 입력합니다. 이 계정은 크롬 기기 관리 콘솔을 통해서 관리자가 사용자로 등록된 계정을 입력해야 합니다.

④ 이 정책을 통해서만 도메인에서 등록할 수 있는 사용자를 제어할 수 있습니다.

⑤ 기기 등록을 클릭합니다. 기기 등록이 완료되었다는 확인 메일이 전송됩니다.
기본적으로 기기는 도메인의 최상의 사용자 조직에 등록됩니다. 기기를 조직 단위에 등록하려면 기기 등록 사용자 설정을 변경하여 사용자 조직에 크롬 기기를 배치합니다. 또한 기기를 등록할 수 있는 조직 단위를 제어하는 정책 설정이 있는 경우 원하는 사용자가 기기를 등록하도록 설정되어 있는지 확인합니다.

크롬 기기 재등록

크롬 버전 35가 출시되면서 기기 재등록 과정이 새로운 강제 재등록 기기 정책으로 업데이트 되었습니다. 이 새로운 기능은 기본 설정으로 되어 있습니다. 초기화 또는 복구된 기기가 사용자에게 배치되는 경우에도 계속 관리할 수 있도록 해주는 더욱 강력한 방법입니다.

중요 : 조직에서 더 이상 관리하지 않는 크롬 기기는 프로비저닝을 해제해야 합니다. 또한 해당 정책이 사용 중지된 하위 조직으로 기기를 이동하면 강제 재등록 정책을 기기에 적용하지 않을 수 있습니다.

기기 등록 절차가 완료되면, 크롬 기기 관리 콘솔에서 아래 화면과 같이 표시되어야 합니다.

▼기기 등록 전 상태

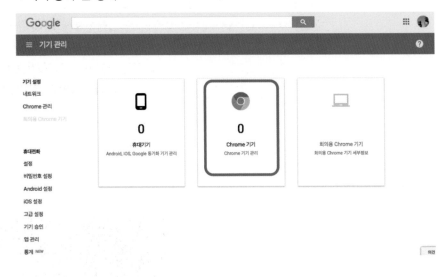

▼기기 등록 후 상태

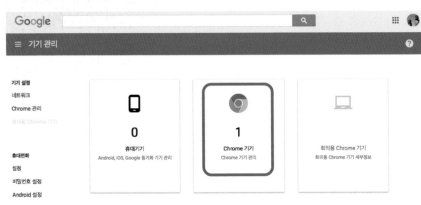

🔘 크롬 기기 프로비저닝 해제 및 사용 중지

등록된 기기는 기기 목록에서 프로비저닝 됨으로 표시됩니다.

등록된 기기를 분실하거나 반환해야 하는 경우 수행할 작업입니다.

크롬 기기를 프로비저닝 해제 또는 사용 중지하더라도 크롬 기기 관리 라이선스는 계속 유지하며 동일한 모델인 다른 기기에 적용할 수 있습니다.

- 더 이상 기기가 필요하지 않거나 기기를 반환하려고 하는 경우 먼저 프로비저닝을 해제해야 합니다.
- 기기를 분실했거나 도난당한 경우에는 기기를 사용 중지해야 합니다.
- 강제 재등록을 사용하는 경우 더 이상 도메인에서 관리하지 않으려는 기기를 프로비저닝 해제해야 합니다.

크롬 기기 프로비저닝 해제

더 이상 활성화 상태가 아닌 기기를 제거하거나 재판매 또는 반품/수리를 위해 제출하려면 기기를 프로비저닝 해제해야 합니다. 선택한 기기에서 다음과 같은 작업이 수행됩니다.

- 기기 정책, 기기 수준의 프린터, 키오스크 모드 액세스(공개 세션 포함)를 삭제합니다.
- 기기와 연결된 라이선스를 조직의 크롬 관리 라이선스 풀로 반환합니다. 이러한 라이선스는 영구적 주문을 위한 동일 모델 교체(또는 연간 주문의 교체)를 등록하

는데 사용될 수 있으며 라이선스 정책을 준수해야 합니다.
- 기본('프로비저닝됨') 속성 보기에서 일련번호를 삭제합니다. 프로비저닝 해제된 기기의 목록을 보려면 '프로비저닝 해제됨'을 선택합니다.

프로비저닝 해제된 기기 재등록

프로비저닝 해제된 기기를 재등록하는 이유입니다.
- 수리된 기기를 돌려받을 경우
- 분실한 기기가 있는 경우
- 실수로 프로비저닝 해제됨으로 표시한 경우

기기를 재등록하려면 등록이 가능한 사용자에 대한 수동 등록 절차에 따라야 합니다.

크롬 기기 사용 중지

회사 소유의 크롬북을 분실 또는 도난당한 경우 다른 사람이 사용할 수 없도록 기기를 사용 중지할 수 있습니다. 크롬북이 사용 중지 되면 크롬북이 켜질 때 사용자에게 사용 중지된 기기임을 알려주는 화면과 크롬북을 반환할 수 있는 연락처 정보가 표시됩니다.

중요 : 조직에서 강제 재등록을 사용하지 않는 경우 기기가 정상적으로 사용 중지되지 않을 수 있습니다.

기기 사용 중지   ✕

ⓘ   Chrome 기기가 사용 중지되면 기기 사용을 차단하는 잠금 화면이 표시됩니다. 사용 중지된 기기도 도메인에 등록된 상태로 남아 있습니다.
Chrome 기기 사용 중지에 대해 자세히 알아보기

사용 중지된 기기에 다음 메시지가 표시됩니다. 메시지에 반한 주소와 연락 가능한 전화번호를 포함하는 것이 좋습니다. 기기 설정 페이지에서 기기 조직 단위에 대한 메시지를 수정할 수 있습니다.

```
사용중지된 크롬북입니다. 연락처 010-1234-1234 로 연락부탁드립니다.
```

사용중지된 기기는 언제든지 기기 목록에서 다시 사용 설정할 수 있습니다. 기기를 다시 사용 설정한 후에 사용자는 기기를 일반 관리 상태로 다시 사용할 수 있습니다.

참고: 이 기기가 있는 조직 단위에는 강제 재등록 기능을 사용 설정해야 합니다. 이 기능을 사용 설정하지 않은 경우 적용을 차단하는 초기화 또는 복구로 인해 기기의 등록이 취소되었을 수 있습니다. 기기를 사용 중지할 수 있게 하려면 관리하는 모든 기기에 대해 강제 재등록을 사용 설정해야 합니다.

취소   사용중지

▼사용자 사용 중지된 화면

이 기능은 크롬 OS 40 이상의 버전을 실행하는 기기에서 지원됩니다. 기기 사용 중지는 다음과 같은 작업을 수행합니다.

- 기기의 모든 사용자가 로그아웃 되고 기기 사용 중지 화면이 표시됩니다. 이 화면은 기기를 사용하려는 사람에게 기기가 사용 중지 되었음을 알리고 관리자가 도메인에서 설정한 기기 반환 안내문을 표시합니다.
- 사용 중지 화면이 표시되면 사용자는 기기에 로그인할 수 없으며 관리자가 기기를 재활성화 하거나 프로비저닝 해제하기 전까지 사용 중지된 상태로 유지됩니다.
- 기기에 연결된 라이선스를 사용 중지 상태가 유지되는 동안 라이선스는 반환합니다.
- 기본('프로비저닝') 속성 보기에서 일련번호를 삭제합니다. 관리 콘솔에서 기기를 보려면 필터에서 '사용 중지'를 선택하세요.

크롬 기기 사용 중지하는 방법

① admin.google.com에 접속하여 관리 콘솔로 로그인합니다.
② 기기 관리 〉 크롬 기기로 이동합니다.
③ 기기 목록에서 프로비저닝된 기기를 선택합니다.
④ 추가 작업을 클릭하고 사용 중지를 선택합니다.
⑤ 표시되는 경고 메시지에서 사용 중지를 클릭하여 프로세스를 완료합니다.
⑥ 참고 : 사용 중지 페이지에 표시될 조직의 연락처를 관리 콘솔에서 입력해야 합니다.

사용 중지된 기기 다시 사용

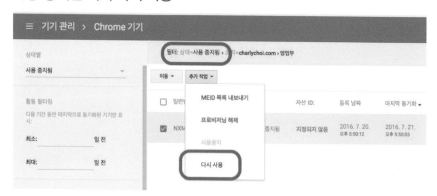

분실했던 기기를 돌려받은 경우 사용 중지된 기기를 재활성화할 수 있습니다.또한 실수로 크롬 기기를 사용 중지로 표시한 경우에도 이 기능을 사용할 수 있습니다. 사용 중지한 기기를 재활성화 하려면 다음 작업을 수행하세요.

180

① admin.google.com에서 관리 콘솔에 로그인합니다.

② 기기 관리 〉 크롬 기기로 이동하여 '사용 중지' 필터에서 기기에 액세스합니다.

③ 기기 목록에서 사용 중지된 기기를 선택합니다.

④ 추가 작업을 클릭하고 재활성화를 선택합니다.

⑤ 표시되는 경고 메시지에서 재활성화를 클릭하여 프로세스를 완료합니다.

　기기가 사용 중지 또는 프로비저닝 해제될 때 크롬 관리 라이선스는 조직으로 반환됩니다. 프로비저닝 해제된 기기를 재등록하거나 사용 중지된 기기를 재활성화하려면 반드시 사용 가능한 라이선스가 있어야 합니다.

내 크롬북에 설정된 정책 확인하기

크롬북으로 로그인 후 브라우저의 주소 창에서 'chrome://policy'를 입력하면 현재 내 크롬북에 부여된 크롬 기기 관리 정책에 대한 상세한 정보를 확인할 수 있습니다.

크롬 기기 관리의 주요 정책 설정

크롬 기기 관리를 통해서 설정할 수 있는 정책은 150가지 이상이 존재합니다. 설정은 크게 5개의 카테고리 – 사용자 설정, 네트워크 설정, 기기 설정, 공개 세션 설정, 키오스크 설정 – 으로 분류할 수 있습니다.

크롬 기기 설정 중에서 중요한 요소 중에 하나는 크롬 기기를 공개 세션, 키오스크 설정, 단일 앱 키오스크 모드로 설정하는 것입니다.

크롬 기기를 여러 사용자들이 공용으로 사용하게 될 경우 – 예) 비즈니스 센터 PC, 서점이나 도서관에서의 도서 검색용 PC, 생산 공장에서 여러 생산직 사원들이 업무용으로 사용하는 공용 PC 등과 같이 공용으로 사용하는 경우 – 크롬 기기 관리에서는 이를 공개 세션으로 설정하는 것입니다. 공개 세션에서는 로그인 없이 PC를 사용할 수 있습니다.

단일 앱 키오스크 설정은 지정한 단일 앱만 실행하게 하는 것으로 이 앱은 전체화면 모드로만 동작하게 됩니다. 일반 인터넷 검색과 같은 작업을 포함하여 다른 앱들은 사용할 수 없습니다.

일반적으로 기업이나 학교에서 관리 설정 중에서 가장 중요한 설정은 사용자 설정과 기기 설정이 될 것입니다. 공개 세션과 키오스크 모드 설정은 크롬북 사용 용도에 따라서 선택적으로 할 수 있습니다.

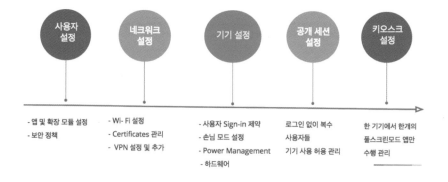

🌀 사용자 정책 설정과 기기 정책 설정의 차이점

- 사용자 정책은 로그인하는 기기들과 상관없이 적용됩니다.
  - 관리 콘솔을 통해서 도메인에 등록된 사용자를 대상으로 합니다.
  - 사용자의 크롬 브라우저 환경을 통제
    - 허용된 앱 및 확장 프로그램 통제
    - 강제로 앱 및 확장 프로그램 설치
    - 크롬 웹 스토어 권한 제한
    - 브라우저 환경 통제 : 시크릿 모드, 기록, 임시 모드, 세이프 브라우징, 악성 사이트, 원격 액세스 클라이언트 허용
    - 프록시 설정
    - 스크린 샷 사용 통제, 접속 URL 차단 및 허용
    - 인쇄 통제 등등
  - 기업용 Google 앱스(Google Apps for Work) 또는 교육용 Google 앱스(Google Apps for Education) 사용 기관에서는 Google 앱스 관리 콘솔에서 정책을 관리할 수 있습니다.
  - Google 앱스를 사용하지 않는 기업이나 학교에서는 크롬 기기 관리 콘솔 라이선스를 취득하여 관리해야 합니다.

- 기기 정책은 누가 로그인하는 것과 상관없이 기기를 통제 관리하는 것입니다.
  - 누가 로그인할 수 있는지, 어떻게 업데이트하는 지 등등을 통제
  - 사용자가 기기에서 무엇을 사용할 것인지 보다는, 어떻게 기기를 동작할 것 인지를 통제
    - 기기 등록 및 액세스
    - 손님 모드 허용 여부, 로그인 제한(지정한 사용자만 사용 통제), SSO,
    - 크롬 OS 자동 업데이트 통제, 배포 채널 통제
    - 키오스크 설정 관리
    - 기기 상태 보고
    - 예약된 재부팅
    - 클라우드 프린터 관리
    - 블루투스 통제
    - 원격에서 기기 사용 중지
  - 기기 정책은 크롬 기기 관리 라이선스 취득을 통해서 크롬 기기 관리 콘솔에서만 통제 가능합니다.

●각 정책들은 상호 배타적임. – 각각이 충돌되는 정책은 없습니다.

Google 앱스를 사용하는 기업이나 학교에서 크롬북을 사용할 경우는 기기 등록 없이도 크롬북 사용자 관리나 네트워크 설정을 할 수 있습니다. 그러나, 기기 관리나 공개 설정, 키오스크 설정, 기기 프로비전/해제 등은 크롬 기기 관리 라이선스를 취득해야만 가능합니다.

Google 앱스를 이용하지 않고 크롬북을 도입한 기업에서는 크롬북 관리 및 사용자 관리를 위해서는 크롬 기기 관리 라이선스가 필요합니다.

관리 항목	Google 앱스 (기업용/교육용) 관리 콘솔	크롬 기기 관리 콘솔
사용자 설정	O	O
네크워크 설정	O	O
기기 설정	X	O
공개 설정	X	O
키오스크 설정	X	O
기기 프로비전/해제	X	O

🔵 **기기 등록된 크롬북은 크게 4가지 모드로 사용할 수 있습니다.**

- **사용자 모드**
  - 기업, 학교 계정으로 로그인하여 일반 노트북과 같이 사용
  - 로그인 후 계정으로 동기화된 모든 정보는 계정 삭제하기 전까지는 크롬북에서 그대로 유지합니다.
- **손님 모드**
  - 사용자는 로그인 할 필요 없이 사용
  - 사용 세션 종결후 로컬 또는 캐시로 저장되지 않음
    - 세션 종결은 사용자가 함
  - 사용 기록 되는 것 없음
  - 정책에 의해서 활성화 사용 중지될 수 있음
- **공개 세션**
  - 공개 세션 정책이 적용된 손님 모드
  - 로그인 없이 사용
- **키오스크**
  - 전제화면 모드로 부팅
  - 내장된 단일 앱으로 수행. 한 번에 한 개의 앱만 실행됨. 사용자는 부팅 후 지정된 한 개의 앱이 실행되는 동안 다른 앱은 수행할 수 없습니다.

사용자 설정

사용자 설정은 아래와 같은 대표적인 항목들을 설정할 수 있습니다.

- 사용자별 또는 조직별로 앱 및 확장 프로그램을 허용하거나 차단합니다.
- 도메인의 사용자를 위해 앱 및 확장 프로그램을 자동 설치합니다.
- 크롬 웹 스토어에서 사용자를 위해 비공개 크롬 앱 컬렉션을 만듭니다.
- 비공개 크롬 앱을 게시할 수 있는 사용자를 지정합니다.
- 크롬 기기의 SAML 싱글 사인온(SSO)을 구성합니다.

사용자 등록 및 조직 구성

사용자들을 등록하고 필요하면 같은 속성을 갖는 조직을 구성하여 생성합니다. 조직은 하위 조직 구성이 가능합니다.

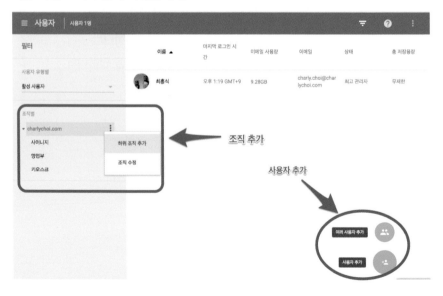

크롬 기기 관리

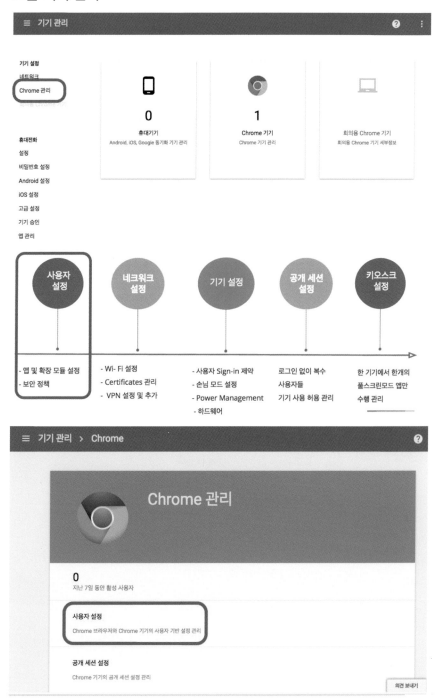

① **사용자 설정**[2]
단일 앱 키오스크 라이선스로 등록한 기기에서는 크롬 사용자 정책을 사용할 수 없습니다.

조직의 크롬 관리자가 크롬 기기, 안드로이드 기기 또는 크롬 브라우저에서 Google 계정을 사용하는 방법에 대한 정책을 설정할 수 있습니다. 이 클라우드 관리 정책은 개인 및 공용 기기에 로그인할 때도 적용됩니다. 이러한 정책은 개인 지메일 계정과 같은 조직 외부의 Google 계정이나 손님으로 로그인한 사용자에게는 적용되지 않습니다.

샘플 1 : 관리자자가 관리 콘솔에서 사용자 설정 〉 일반 〉 아바타 변경

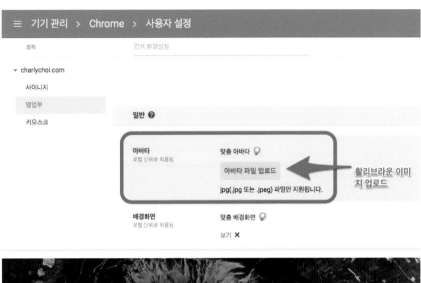

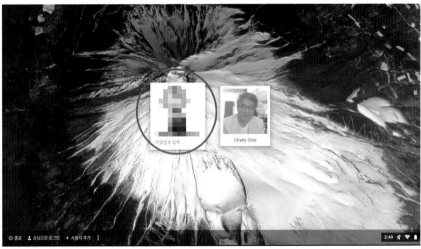

샘플 2 : 관리자가 '영업부' 조직에 소속된 사용자들에게 강제로 앱 및 확장 프로그램 자동 설치하기.
기기관리 〉 Chrome 〉 사용자 설정 〉 강제 설치된 앱 및 확장 프로그램

사용자 로그인 후 관리자에 의해서 강제 설치 한 3개의 앱이 자동으로 설치됨

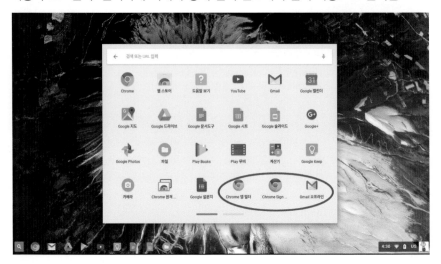

샘플 3 : 사용자 설정 〉 시작하기 〉 홈 버튼는 강제로 제거하고, 시작시 관리자가 지정한 홈페이지를 강제로 로드하기

사용자 브라우저에서 '홈' 버튼이 강제로 사라집니다. 시작시 관리자가 지정한 홈페이지 자동 표시

② 공개 세션 설정[3]

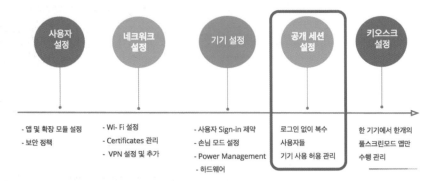

- 앱 및 확장 모듈 설정
- 보안 정책

- Wi-Fi 설정
- Certificates 관리
- VPN 설정 및 추가

- 사용자 Sign-in 제약
- 손님 모드 설정
- Power Management
- 하드웨어

로그인 없이 복수 사용자들 기기 사용 허용 관리

한 기기에서 한개의 풀스크린모드 앱만 수행 관리

공개 세션 키오스크('공개 세션')를 사용하면 여러 사용자가 로그인하지 않고도 한 크롬 기기를 공유할 수 있습니다. 예를 들어, 공개 세션을 사용하여 크롬 기기를 키오스크, 도서 대출기, 공유 컴퓨터로 사용하거나 사용자가 사용자 인증 정보로 로그인할 필요가 없는 작업 또는 학교 관련 용도로 사용하도록 설정할 수 있습니다.

공개 세션에서 사용자는 모든 브라우징 환경을 사용할 수 있으며 윈도우 모드(전체 화면 모드가 아님)에서 여러 웹사이트에 액세스할 수 있습니다. 단일 앱 키오스크 모드는 단일 애플리케이션 사용에 중점을 두고 전체화면 환경에 대한 옵션을 제공합니다.

항목		설명
일반	세션 표시 이름	세션에 대해 사용자에게 표시할 이름을 입력합니다. 예를 들어 '방송통신대학교 도서관' 또는 'S전자 공유 컴퓨터'와 같은 이름을 입력합니다.
	사용자 세션 최대 길이	1~1440분 후 사용자 세션에서 로그아웃하도록 지정할 수 있습니다. 입력하지 않으면 무제한 세션으로 지정됩니다. 대기 후 로그아웃 :
	서비스 약관	기기의 사용자가 수락하도록 사용자 설정 서비스 이용약관을 업로드할 수 있습니다. 이 파일은 .txt 또는 .text 파일이어야 합니다.
	아바타	맞춤 아바타를 업로드할 수 있고 여기에는 공개 세션이 수반되어야 합니다. 이 파일은 512KB 이하의 JPEG(.jpg 및 .jpeg) 파일이어야 합니다.
	배경화면	기본 배경화면을 맞춤 배경화면으로 교체합니다. 이 파일은 16MB 이하의 JPEG(.jpg 및 .jpeg) 파일이어야 합니다.
	정책 새로 고침 빈도	관리 콘솔을 통해 크롬 기기에서 새 정책을 동기화하는 간격을 30~1440분 사이로 지정할 수 있습니다.
앱 및 확장 프로그램	강제 설치된 앱 및 확장 프로그램	조직에 기업용 앱 패키지를 일괄 설치할 수 있습니다. 0개의 앱 또는 확장 프로그램이 자동으로 설치됩니다. ● 강제 설치된 앱 관리 　모든 호스팅된 앱과 일부 패키지 앱이 지원됩니다. ● **참고** : 강제 설치된 앱과 확장 프로그램이 변경되지 않도록 하려면 개발자 도구에 액세스하지 못하도록 차단하는 것이 좋습니다.
	모든 앱 및 확장 프로그램을 허용하거나 차단합니다.	허용할 크롬 앱과 확장 프로그램을 선택합니다.
	허용된 앱과 확장 프로그램	개의 앱 또는 확장 프로그램이 차단됩니다.
	고정된 앱 및 확장 프로그램	**고정된 앱 및 확장 프로그램** 선택한 앱 및 확장 프로그램이 Chrome 실행기에 고정됩니다. Chrome 웹 스토어　＞　고정된 확장 프로그램: 0개 도메인 앱　＞ 맞춤 앱 지정　＞ 비즈니스 앱　＞ 비즈니스 확장 프로그램　＞

보안	대기 후 로그아웃	1~1440분 또는 로그아웃하지 않으려면 비워둠
	시크릿 모드	시크릿 모드 허용 여부
	브라우저 기록	브라우저 기록 저장 유무
	세이프 브라우징	세이프 브라우징 사용 여부
네트워크	프록시 설정	● 프록시 모드 ● 프록시 사용 안함 ● 항상 프록시 자동 감지 ● 항상 아래 지정된 프록시 사용 ● 항상 아래에 지정된 프록시 자동 실행 사용
시작하기	홈 버튼	홈 버튼 표시 여부 사용자가 구성하도록 허용
	홈페이지	홈페이지를 새 탭 페이지로 표시
	시작 시 로드할 페이지	시작 시 로드할 페이지 URL을 한 줄에 하나씩 입력합니다. 예 : example.org http://example.com
콘텐츠	세이프서치 및 제한 모드	Google 웹 검색 쿼리를 위한 Google 세이프서치 YouTube에 대한 제한 모드 사용 여부
	스크린샷	스크린 샷 사용 여부
	팝업	팝업 창 허용 여부
	URL 차단	● **URL 차단 항목** URL 차단 목록에 있는 URL은 URL 차단 목록 예외 목록에 표시되어 있지 않는 한 차단됩니다. 한 줄에 URL을 하나씩 입력하시기 바랍니다. 예 : example.org http://example.com [Chrome Build 15.0.874.12+] ● **URL 차단 목록 예외** URL 차단 목록 예외 목록에 있는 URL은 URL 치단 목록에 있는 경우에도 허용됩니다. '*'는 사용할 수 없습니다. 한 줄에 URL을 하나씩 입력하시기 바랍니다. 예 : sites.example.org http://mail.example.com [Chrome Build 15.0.874.12+]
	인쇄	인새 사용 여부

	인쇄 미리보기 기본 값	● 인쇄 동작 사용 여부 ● 기본 프린터 선택 ● 기본 인쇄 동작 사용기본 프린터 정의 ● 프린터 유형 ○ 클라우드 및 로컬 프린터 ○ 클라우드 ○ 전용로컬 전용 ○ 프린터 찾기 ○ 이름으로 찾기 ○ ID로 찾기 ● 기본 프린터 원하는 기본 프린터 선택과 일치하는 정규 표현식을 입력합니다. 정규 표현식과 일치하는 첫 번째 프린터가 기본 인쇄 미리보기에 사용됩니다. 예를 들어 이름이 Initech Lobby인 프린터를 검색하려면 Initech Lobby를 사용하고, initech-lobby-1, initech-lobby-2 등을 검색하려면 initech-lobby-.$를 사용합니다. initech-lobby-guest 또는 initech-partner-guest를 검색하려면 initech-.*-guest를 사용합니다.
사용자 환경	관리 북마크	관리하는 북마크 폴더 이름
	북마크바	북마크바 사용 여부
	맞춤법 검사 서비스	맞춤법 검사 서비스
	Google 번역	사용자가 구성하도록 허용 여부
	개발자 도구	내장된 개발자 도구를 사용하도록 허용 여부
	양식 자동 채우기	사용자가 구성하도록 허용
	세션 로케일	언어 및 키보드 공개 세션에 추천할 정렬된 로케일 목록을 만듭니다.
	통합 바탕화면 (베타)	통합 바탕화면 모드를 사용하면 애플리케이션을 여러 디스플레이로 확장할 수 있습니다.
검색주소창 검색 공급자	추천 검색어	사용자가 구성하도록 허용 여부
	검색주소창 검색 공급자	사용자가 검색주소창 검색 공급자를 선택하도록 허용합니다. 검색주소창 검색 공급자 설정을 아래 값으로 잠금
하드웨어	외부 저장 장치	SD(Secure Digital) 카드 및 USB 플래시 드라이브 장치
	오디오 입력	마이크 및 오디오 입력
	오디오 출력	스피커 및 오디오 출력
	동영상 입력	동영상 입력
	키보드	맨 위 키 기본 동작 설정

③ 기기 설정[4]

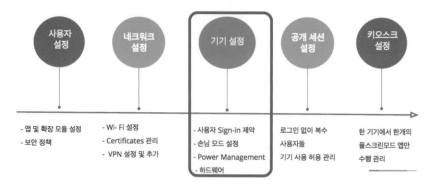

기기에 등록 및 액세스, 로그인 설정, 기기 업데이트 설정, 키오스트 설정, 사용자 및 기기 보고, 전원 및 종료, 기타(클라우드 프린터, 시간대, 모바일 데이터 로밍) 설정에 관련된 내용입니다.

---

4 세부 설정은 Google의 기기 설정 관리 도움말을 발췌 – https://goo.gl/9THbRl

항목		설명
등록 및 액세스	시행된 재등록	이 설정은 기본적으로 **기기를 초기화한 다음, 이 도메인에 강제로 재등록합니다**로 설정됩니다. 사용 중지하려면 **기기를 초기화한 다음, 강제로 재등록하지 않습니다**를 선택합니다. 재등록을 사용 설정한 후 도메인에 크롬 기기를 재등록하고 싶지 않으면 기기 프로비저닝을 해제해야 합니다.
	인증 액세스	**콘텐츠 보호 사용**을 유지하면 조직의 크롬 기기는 고유 키(신뢰할 수 있는 플랫폼 모듈)를 사용해 콘텐츠 제공업체에 대한 자체 ID를 확인합니다. 이 기능을 사용하면 크롬북이 인증된 부팅 모드에서 실행하고 있음을 콘텐츠 제공업체에 입증할 수 있습니다. **콘텐츠 보호 사용 안함**을 선택하면 사용자가 일부 프리미엄 콘텐츠를 사용하지 못할 수 있습니다.
	사용 중지된 기기 반환 안내	이 설정은 사용 중지된 기기의 화면에 표시될 맞춤 텍스트를 제어합니다. 화면을 보는 사용자가 기기를 조직에 반환할 수 있도록 메시지에 반환 주소 및 연락처 전화번호를 포함하는 것이 좋습니다.
로그인 설정	손님 모드	관리되는 크롬 기기에서 손님 검색을 허용할지 여부를 제어합니다. **손님 모드 허용(기본 값)**을 선택하면 기본 로그인 화면에서 사용자가 손님으로 로그인할 수 있는 옵션을 제공합니다. **손님 모드 허용 안함**을 선택하면 사용자는 Google 계정 또는 Google Apps 계정을 사용하여 로그인해야 합니다. 사용자가 손님 모드를 사용하여 로그인하면 조직 정책이 적용되지 않습니다.

로그인 설정	로그인 제한	이 설정을 사용하면 관리 크롬 기기에 대한 로그인 권한을 갖는 사용자를 설정할 수 있습니다. **목록에 있는 사용자로 로그인 제한**을 기본으로 선택하고 텍스트 상자를 비워둘 경우, Google 계정 또는 Google Apps 계정이 있는 모든 사용자가 로그인할 수 있으며 로그인 화면에서 **+사용자 추가** 버튼을 사용할 수 있습니다. 하지만 텍스트 상자에 사용자 이름을 하나 이상 포함할 경우, 이름이 지정된 사용자만 로그인할 수 있으며 다른 사용자에게는 오류 메시지가 표시됩니다. 기본 이메일 주소 양식에 사용자 이름을 입력합니다. 이때 이름은 쉼표로 구분합니다. 이름에는 임의 문자 기호 *(모든 문자 집합과 일치)를 포함할 수 있습니다. 목록에 있는 일부 사용자가 기기에 추가되지 않았거나 *@yourdomain.com과 같은 와일드카드를 사용하면 **+사용자 추가** 버튼을 사용할 수 있습니다. 지정한 사용자가 모두 기기에 추가되면 +사용자 추가 버튼이 비활성화됩니다. **모든 사용자에게 로그인 허용 안함**을 선택하면 아무도 Google 계정 또는 Google Apps 계정으로 크롬 기기에 로그인할 수 없습니다. 또한 로그인 화면의 **+사용자 추가** 버튼이 비활성화됩니다. **참고** : 이 설정은 크롬 OS 28 이상이 설치된 크롬 기기에만 적용됩니다. 이전 버전의 크롬 OS가 설치된 컴퓨터를 사용하는 경우에는 계속 로그인할 수 있습니다. 이 설정은 일반적으로 공개 세션을 사용하기 위한 기기에 설정됩니다. 손님 모드 또는 공개 세션을 사용 설정한 경우에는 어떤 제한 설정을 사용하든 관계없이 사용자가 기기를 사용할 수 있습니다.
	도메인 자동 완성	**로그인 시 도메인 이름 자동완성 설정**을 사용하면 사용자의 로그인 페이지에 표시될 도메인 이름을 선택할 수 있습니다. 이 설정을 사용하면 사용자가 로그인할 때 사용자 이름의 @domain.com 부분을 입력하지 않아도 됩니다. 이 설정은 기본적으로 사용 중지되어 있습니다. 이를 사용 설정하려면 드롭다운 목록에서 **도메인 이름 사용, 아래에서 설정, 자동 완성**을 선택하고 도메인 이름을 입력합니다. **참고** : 사용자는 로그인할 때 전체 사용자 이름을 입력하여 이 설정을 재정의할 수 있습니다.

로그인 설정	로그인 화면	크롬 기기의 로그인 화면에 기기에 로그인한 사용자의 이름 및 사진을 표시할지를 지정합니다.
	사용자 데이터	등록된 크롬 기기에서 사용자가 로그아웃할 때마다 로컬에 저장된 모든 설정 및 사용자 데이터를 삭제할지 지정합니다. 기기가 동기화하는 데이터는 클라우드에 유지되지만 기기 자체에는 남아있지 않습니다.
	싱글 사인온 (SSO) IdP 리디렉션	**설정 요구사항** : SAML SSO를 구성한 크롬 기기 싱글 사인온(SSO) 사용자가 처음에 이메일 주소를 입력하지 않고 SAML ID 공급업체(IdP) 페이지로 직접 이동하는 것을 허용하기 위해 싱글 사인온 IdP 리디렉션을 사용 설정할 수 있습니다. 이 설정은 기본적으로 사용 중지되어 있습니다.
	싱글 사인온 (SSO) 쿠키 동작	**설정 요구사항** : SAML SSO를 구성한 크롬 기기 SAML SSO 쿠키를 사용 설정하면 싱글 사인온(SSO) 사용자가 이후에 크롬 기기에 로그인할 때 동일한 ID 공급자를 이용하는 내부 웹사이트와 클라우드 서비스에 로그인할 수 있습니다. 이 설정은 기본적으로 사용 중지되어 있습니다. SAML SSO 쿠키는 첫 번째 로그인 시에 항상 전송되지만 그 이후 로그인 시에도 쿠키를 전송하려면 이 정책을 사용 설정해야 합니다.
	접근성 제어	로그아웃시 **로그인 화면에 접근성 설정 해제** 체크박스를 선택하면 로그인 화면이 표시되거나 사용자가 로그인 화면에서 1분 동안 유휴 상태이면 접근성 설정(큰 커서, 음성 피드백, 고대비 모드, 화면 돋보기 유형)이 기본 값으로 복원됩니다. 체크박스를 선택 취소하면 사용자가 사용 설정 또는 중지한 접근성 설정이 저장되었다가 기기가 재시작되더라도 로그인 화면이 표시될 때마다 해당 설정이 복원됩니다.
기기 업데이트 설정	자동 업데이트 설정	크롬 OS의 새 버전이 출시될 때 크롬 기기를 해당 버전으로 자동 업데이트할지 지정합니다. **자동 업데이트 허용**을 적극 권장합니다. 크롬 OS의 최근 몇 개 버전이 표시됩니다. 기기를 등록하고 재부팅하기 전에 업데이트가 백그라운드에서 다운로드 되는 것을 중지하려면 최종 사용자 라이선스 계약 화면에서 Ctrl + Alt + E 를 누릅니다. 그러지 않으면 다운로드된 업데이트 중 정책에 따라 차단되어야 할 업데이트가 기기를 재부팅할 때 적용될 수 있습니다. 소프트웨어 지원은 최신 버전 크롬 OS에서만 사용할 수 있습니다.

기기 업데이트 설정	배포 채널	**배포 채널** 설정을 사용하면 사용자가 실험적인 버전으로 채널을 전환하여 최신 크롬 기능을 테스트할 수 있도록 할 수 있습니다. 크롬은 사용자에게 업데이트를 전송하는 용도로 사용되는 배포 채널을 3개 지원합니다. 사용자를 위해 채널을 선택하거나 사용자가 직접 채널을 선택하도록 허용할 수 있습니다. 도메인의 최상위 조직에서는 배포 채널을 변경할 수 없으며 조직 단위별로만 변경할 수 있습니다.

배포 채널 설정을 사용하면 사용자가 실험적인 버전으로 채널을 전환하여 최신 크롬 기능을 테스트할 수 있도록 할 수 있습니다. 크롬은 사용자에게 업데이트를 전송하는 용도로 사용되는 배포 채널을 3개 지원합니다. 사용자를 위해 채널을 선택하거나 사용자가 직접 채널을 선택하도록 허용할 수 있습니다. 도메인의 최상위 조직에서는 배포 채널을 변경할 수 없으며 조직 단위별로만 변경할 수 있습니다.

- **사용자가 구성하도록 허용** : 사용할 배포 채널을 사용자가 선택할 수 있습니다. 사용자가 개발 채널을 선택할 수 있도록 하려면개발자 도구 사용자 정책을 내장된 개발자 도구를 사용하도록 항상 허용으로 설정해야 합니다.
- **공개 버전 채널로 이동** : 테스트가 모두 완료된 이 채널을 사용하면 사용자는 다운 등의 문제를 예방할 수 있습니다. 경미한 변경사항은 2~3주마다. 중대한 변경사항은 6주마다 업데이트됩니다.
- **베타 채널로 이동** : 사용자가 최소한의 위험을 감수하는 대신 공개 예정인 기능이나 개선사항을 먼저 사용해 볼 수 있도록 하려면 이 채널을 사용하세요. 일반적으로 매주 업데이트되며 중대 업데이트는 6주마다 있습니다(공개 버전 채널보다 1달 이상 빠르게 업데이트됨).
- **개발 채널로 이동** : 사용자가 최신 크롬 기능을 볼 수 있도록 하려면 이 채널을 선택하세요. 개발 채널은 매주 1~2번 업데이트됩니다. 테스트를 거치긴 하나 아직 버그가 남아 있을 수 있습니다.

대부분의 조직은 공개 버전 채널을 사용하거나 사용자가 채널을 선택할 수 있도록 허용하지만 일부 IT 직원 및 사용자에게 베타 및 개발 채널을 지정하면 조직에 다음과 같은 이점이 있습니다.

- 새로운 기능이 공개 버전 채널로 출시되기 전에 기능에 익숙해집니다.
- 업데이트하기 전에 사용자가 모든 인터페이스 변경사항에 대해 준비하도록 지원합니다.
- 문제해결 시에는 문제가 특정 버전의 크롬에서만 발생하는지 파악합니다.
- 앞으로 나올 크롬 업데이트에 대한 피드백을 제공합니다.

참고 :
- 사용자를 이전 버전의 크롬에서 최신 버전으로 이전(예 : 공개 버전에서 베타 버전으로)하면 사용자가 다음에 기기를 재부팅할 때 변경사항이 적용됩니다.
- 사용자를 최신 버전의 크롬에서 이전 버전으로 이전(예 : 개발 버전에서 공개 버전으로)하면 변경사항이 적용되는 데 더 오래 걸릴 수 있습니다. 이 경우 기기는 공개 버전 채널이 업데이트될 때까지(몇 주가 걸릴 수 있음) 개발 채널의 현재 버전 상태로 유지됩니다.

키오스크 설정	키오스크 설정	키오스크 설정을 구성하기 전에 키오스크로 기기를 등록합니다. 등록한 다음 관리 콘솔에서 **기기 관리 > 크롬 기기**를 클릭하면 기기를 찾을 수 있습니다. 공개 세션 키오스크 크롬 기기를 공개 세션 키오스크로 구성하려면 기기가 할당된 조직에 대해 공개 세션 설정이 있는지 확인해야 합니다. 그런 다음 키오스크를 공개 세션 키오스크로 설정하려면 **공개 세션 키오스크 허용**을 선택합니다. 조직에 공개 세션 설정이 이미 있는 경우 **공개 세션 설정 관리**를 클릭하여 수정할 수 있습니다. 공개 세션 설정 만들기에 대한 자세한 내용은 공개 세션 기기 관리를 참조하세요. 공개 세션 자동 실행 크롬 기기에서 공개 세션 키오스크를 자동으로 실행하려면 예를 선택하고 입력한 시간(초) 후에 자동 로그인을 0으로 설정하세요. 키오스크 앱 자동 실행 단일 앱 키오스크로 크롬 기기를 자동으로 실행하려면 목록에서 키오스크 앱을 선택합니다. 기기가 다음에 시작될 때 선택된 앱이 자동으로 전체화면 모드로 실행됩니다. 기기에는 한 번에 하나의 키오스크 앱만 지정할 수 있습니다. 목록에 키오스크 앱이 없다면 키오스크 앱 섹션에서 **키오스크 애플리케이션 관리**를 클릭하여 앱을 지정합니다. 기기 상태 모니터링 사용 기기 상태 모니터링 사용을 선택하여 키오스크의 상태를 보고하도록 허용합니다. 그런 다음 기기가 온라인 상태에 있고 올바르게 작동하고 있는지 확인할 수 있습니다. 기기 시스템 로그 업로드 사용 **기기 시스템 로그 업로드 사용**을 선택하여 키오스크 기기에 대해 시스템 로그를 자동으로 캡처합니다. 로그는 12시간마다 캡처되고 관리 콘솔로 업로드되며, 업로드된 로그는 관리 콘솔에서 최대 60일까지 저장됩니다. 한 번에 7개의 로그(지난 5일에 대해 하루에 한 개씩, 30일 이전에 대해 한 개, 그리고 45일 이전에 대해 한 개)까지 다운로드받을 수 있습니다.

키오스크 설정	키오스크 설정	로그 업로드를 사용 설정하기 전에 관리형 키오스크 기기 사용자에게 사용자의 활동이 모니터링될 수 있으며 데이터가 의도치 않게 캡처되어 공유될 수 있다는 점을 알려야 합니다. 이러한 사실을 사용자에게 알리지 않으면 Google 계약 조건에 위배됩니다. 화면 회전(시계 방향) 키오스크 기기의 화면 회전을 구성하려면 원하는 화면 방향을 선택합니다. 예를 들어 세로 모드 레이아웃의 화면으로 회전하려면 90도를 선택합니다. 수동으로 다른 화면 방향으로 기기를 설정하면 처음 설정된 방향이 삭제됩니다. **참고** : 이 정책은 공개 세션 또는 키오스크 앱 자동 실행이 구성된 기기에만 적용됩니다.
키오스크 설정	키오스크 앱	**키오스크 애플리케이션 관리**를 클릭하면 크롬 웹 스토어에서 키오스크 앱을 검색하고 선택할 수 있는 대화상자가 실행됩니다. 또한 ID와 URL을 입력하여 맞춤 앱을 지정할 수 있습니다. 여러 개의 앱을 선택한 경우, **키오스크 앱 자동 로그인** 아래의 드롭다운을 사용하여 크롬 기기에서 실행하려는 앱을 선택할 수 있습니다. 이 변경사항을 적용하려면 크롬 기기를 다시 부팅해야 합니다. 크롬 웹 스토어에서 앱을 검색하면 대화 상자에 키오스크 사용 앱만 나타납니다. 대신에 앱 URL 끝에 있는 문자열인 앱 ID를 입력하여 크롬 웹 앱을 추가할 수도 있습니다. 예를 들어, 크롬 원격 데스크톱 URL은 https://chrome.google.com/webstore/detail/chrome-remote-desktop/gbchcmhmhahfdphkhkmpfmihenigjmpp이고 앱 ID는 gbchcmhmhahfdphkhkmpfmihenigjmpp입니다.

키오스크 설정	키오스크 앱	**참고** : 기기를 공개 세션 키오스크 및 단일 앱 키오스크로 모두 구성할 수 있지만 한 번에 한 가지 유형의 세션이나 앱으로만 자동 시작할 수 있습니다. 예를 들어, **공개 세션 자동 실행**을 선택하면 같은 기기에 **키오스크 앱 자동 로그인**을 설정할 수 없습니다.
	키오스크 기기 상태 알림 전송	**이메일로 알림 수신** 및 **SMS로 알림 수신**을 선택하면 크롬 키오스크 기기에 대한 알림을 수신할 수 있습니다. 위 입력란에 이메일 주소 및 전화번호를 입력합니다. 기기 상태가 사용에서 사용 중지로 바뀌면 알림이 전달됩니다.
	키오스크 기기 상태 알림 연락처 정보	크롬 키오스크 기기에 대한 상태 업데이트를 수신하려면 **키오스크 기기 상태 알림 이메일**용 입력란에 이메일을 삽입하고 쉼표로 이메일을 구분합니다. 크롬 키오스크 기기에 대한 SMS 업데이트를 수신하려면 **키오스크 기기 상태 알림 휴대전화** 입력란에 쉼표로 구분하여 전화번호를 입력합니다(예 : +1XXXYYYZZZZ, +1AAABBBCCCC). 기기 상태가 사용에서 사용 중지로 바뀌면 알림이 전달됩니다.
사용자 및 기기 보고	기기 보고	기기 상태 보고 이 설정은 기본적으로 사용 설정됩니다. 도메인에 등록된 크롬 기기가 펌웨어, 크롬 및 플랫폼 버전, 부트 모드 등의 현재 기기 상태를 보고할지 여부를 지정합니다. 관리 콘솔에서 **기기 관리 〉 Chrome 〉 기기**로 이동하여 기기의 일련번호를 클릭하여 기기 세부정보를 참조할 수 있습니다. 기기 사용자 추적 이 설정은 기본적으로 사용 설정됩니다. 관리 콘솔의 **기기 관리 〉 Chrome 〉 기기 〉 기기 일련번호 〉 최근 활동** 아래에 있는 기기를 클릭하여 최근 기기 사용자를 추적할 수 있습니다. 모든 사용자 정보 지우기 설정을 사용하면 이 설정은 효력이 없습니다.
	비활성 기기 알림	비활성 기기 알림 보고서 이 설정은 기본적으로 사용 중지되어 있습니다. 이 설정을 사용 설정하면 도메인의 비활성 기기에 대한 보고서가 지정된 주소로 이메일로 전송됩니다. 보고서에는 다음 사항이 포함됩니다. ●도메인 의 모든 비활성 기기(비활성 범위에 지정된 시간 이후 동기화되지 않은 기기) 정보 ●새로운 비활성 기기 수를 포함한 각 조직 단위 내 총 비활성 기기 수 ●조직 단위, 일련번호, 자산 ID, 마지막 동기화 날짜 등 각 기기에 대한 자세한 정보 링크(새로운 비활성 기기가 30대 미만인 경우) **참고** : 보고서에 있는 일부 정보는 최대 1일까지 반영이 지체될 수 있습니다. 예를 들어, 이전에 비활성 상태였던 기기가 지난 24시간 안에 동기화 되었다면 현재 활성 상태여도 여전히 비활성 목록에 표시될 수 있습니다.

사용자 및 기기 보고	비활성 기기 알림	비활성 범위(일) 지정한 일수보다 더 오랜 기간 동안 관리 서버에 체크인하지 않은 기기는 비활성 상태로 간주됩니다. 0보다 큰 정수로 일수를 지정합니다. 예를 들어, 지난 24시간 동안 동기화되지 않은 모든 기기를 비활성 상태로 표시하려면 **비활성 범위(일)** 입력란에 1을 입력합니다. 알림 주기 비활성 알림 보고서를 얼마나 자주 발송할지 지정하려면 **알림 주기** 입력란에 원하는 일수를 입력합니다. 알림 보고서가 전송될 이메일 주소 알림 보고서가 전송될 이메일 주소를 지정하려면 주소(1줄당 1개)를 입력합니다.
사용자 및 기기 보고	익명 통계 보고	크롬 기기에서 시스템이나 브라우저 프로세스가 실패할 때마다 Google 사용 통계 및 오류 보고서를 보낼지 여부를 지정합니다. 사용 통계에는 선호사항, 버튼 클릭수 및 메모리 사용량과 같은 집계 정보가 포함되며 웹페이지 URL이나 개인정보는 포함되지 않습니다. 오류 보고서에는 문제가 발생했을 당시의 시스템 정보가 포함되며 발생 당시 상황에 따라 웹페이지 URL이나 개인정보가 포함될 수도 있습니다.
전원 및 종료	전원 관리	이 설정을 사용하면 로그인 화면(로그인한 사용자 없음)을 표시하는 크롬 기기가 일정 시간 후에 절전 모드로 전환되거나 종료되어야 하는지 혹은 계속 절전 모드 해제 상태로 유지되어야 하는지를 지정할 수 있습니다. 이 기능은 키오스크로 사용되는 크롬 기기가 종료되지 않도록 할 때 유용합니다.
전원 및 종료	예약된 재부팅	**재부팅할 때까지 남은 일수**를 지정하면 지정한 일 수 후에 기기가 재부팅 됩니다. 재부팅은 같은 시간에 이뤄지지 않을 수 있으며 사용자가 다음번 로그아웃할 때까지 연기될 수도 있습니다. 현재는 기기가 공개 세션 키오스크로 구성되고 로그인 화면이 표시될 때만 자동으로 재부팅 됩니다. 자세한 내용은 크롬 기기 재부팅 일정을 예약하려면 어떻게 해야 하나요?를 참조하세요.
전원 및 종료	종료	**사용자가 화면에 있는 종료 아이콘 또는 기기의 전원 버튼으로 기기를 끌 수 있음**이 기본 옵션입니다. **사용자가 기기의 전원 버튼으로만 기기를 끌 수 있도록 허용**을 선택하면 키보드, 마우스, 화면을 통해서는 기기를 끌 수 없고 기기의 전원 버튼을 사용해서만 끌 수 있습니다. 이 설정은 크롬 기기를 키오스크나 디지털 디스플레이로 실행할 때와 같이 특정 배포 시나리오에서 유용할 수 있습니다.

기타	클라우드 프린트	이 기능을 사용하면 크롬 기기 사용자가 클라우드 프린터를 사용하여 인쇄할 수 있습니다. 이 설정은 공개 세션을 위해 구성된 크롬 기기에서 많이 사용됩니다. 이 기능은 크롬 OS 버전 29 이상이 실행중이고 도메인에 등록되어 있는 크롬 기기에서만 작동합니다. 이전 버전의 크롬 OS가 실행중인 크롬 기기를 등록한 경우 이 기능이 작동하게 하려면 기기를 초기화한 다음 다시 등록해야 합니다. ① Google Apps 관리 콘솔에 로그인합니다(로그인하지 않은 경우). ② **기기 관리 〉 Chrome 관리 〉 기기 설정 〉 클라우드 프린터**로 이동합니다. ③ **사용할 클라우드 프린터를 선택하세요** 옆에 있는 **관리**를 클릭합니다. ④ 클라우드 프린터 대화상자가 나타나면 선택한 **조직 단위**의 기기에 사용할 클라우드 프린터를 검색하여 추가합니다. ⑤ **저장**을 클릭합니다. 이렇게 하면 이 프린터가 선택한 조직 단위의 모든 크롬 기기와 공유됩니다. 손님 모드 또는 공개 세션을 사용하는 사용자를 포함한 모든 기기 사용자가 내가 공유한 클라우드 프린터로 인쇄할 수 있습니다. 내가 소유하지 않았으나 내 도메인에 공유된 프린터가 있는 경우 대화상자의 **다른 프린터**라는 추가 제목 아래 표시됩니다. 프린터가 더 이상 작동하지 않거나 도메인에 소유자가 없는 경우 **다른 프린터** 대화상자에서 프린터를 삭제할 수 있습니다. **참고** : 프린터가 기기 정책을 통해 공유되면 'Google 클라우드 프린트' 섹션이 아니라 '로컬 대상' 섹션에 표시됩니다. 배포 시 참고사항 : ● 관리 콘솔을 사용하여 프린터를 추가하려면 Google 클라우드 프린트에서 프린터의 소유자여야 합니다. 프린터가 도메인에 여러 개 있는 경우 Google 클라우드 프린트에서 프린터를 관리하기 위해 계정을 별도로 만드는 것이 좋습니다. 그러면 프린터 관리 계정으로 로그인하여 프린터를 크롬 기기와 공유할 수 있습니다. 이 프린터 관리 계정에 내 도메인에 대한 최고 관리자 액세스 권한을 부여하지 않으려면 **크롬의 위임된 관리자 역할**을 사용하여 기기 설정을 관리하는 권한만 부여할 수도 있습니다. ● 크롬 기기에서는 Google 클라우드 프린트로 구성된 프린터로만 인쇄할 수 있습니다. 클라우드가 지원되지 않는 프린터로 인쇄하려면 Google 클라우드 프린트에 기존 프린터 연결하기를 참조하세요.
	시간대	사용자의 기기에 설정할 시간대를 드롭다운 목록에서 지정합니다.

| 기타 | 모바일 데이터 로밍 | 이 크롬 기기의 사용자가 다른 이동통신사에서 관리하는 모바일 네트워크를 사용하여 온라인 상태가 될 수 있는지 여부를 지정합니다. 이 설정으로 크롬 기기 **설정**의 인터넷 페이지에 있는 **모바일 데이터 로밍 허용** 체크박스 값을 수정합니다. 데이터 로밍을 허용하면 요금이 부과될 수 있습니다. |
| | USB 분리 가능 허용 목록 | 특정 하드웨어를 식별하려면 USB 공급업체 식별자 및 제품 식별자의 16진수 값을 콜론으로 분리하여 입력합니다. VID:PID 형식의 각 16진수 쌍을 한 줄에 하나씩 입력하면 됩니다. |

④ 네트워크 설정

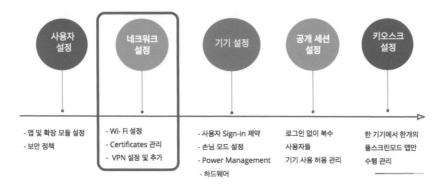

- ●관리 대상이 되는 기기에 대한 Wi-Fi, VPN 및 이더넷 네트워크 설정입니다.
- ●네트워크는 조직 단위로 설정할 수 있습니다.
  - ○예) 연구소 조직에 배속된 기기들은 Wi-Fi: CharlyChoi-company AP로 지정된 네트워크만 사용하게 지정할 수 있습니다.

- ●VPN 구성 추가 설정, Wi-Fi 또는 이더넷 네트워크 구성 추가, 타사 VPN 추가, 사용자별 네트워크 사용자 인증 정보 구성, 네트워크 인증서 관리에 대한 자

세한 설명은 Google Apps 관리자 도움말 – https://support.google.com/a/answer/2634553?hl=ko을 참고하시기 바랍니다.

⑤ 키오스크 설정

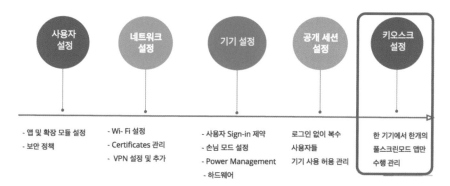

● 키오스크 설정은 "기기 설정"에서 자세히 언급되어 있습니다.
● "워크숍 #3 학생 평가에 크롬북 사용하기"에서 단일 키오스크 설정 및 키오스크 앱 만드는 방법에 대한 자세한 설명을 참고하시기 바랍니다.

시나리오

- 등록된 크롬북을 회사 내부에 지정된 네트워크에서만 사용할 수 있게 하고 함
- 등록된 크롬북을 회사 외부에서는(집 또는 공용 카페 등등) 사용할 수 없게 함
- 연구소 직원들은 이 등록된 크롬북을 사용함
- 신입 사원 홍길동을 연구소에 배속
- 따라서 연구소 직원들은 등록된 크롬북을 회사 내부에 지정된 네트워크에서만 사용할 수 있음

01. 회사 도메인(예 : charlychoi.com)의 하위 조직으로 연구소 조직 추가

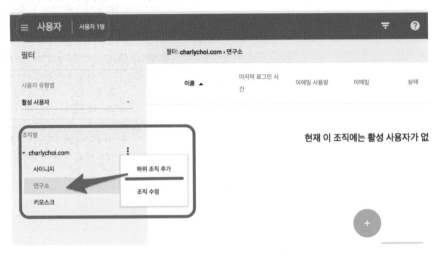

02. 신입 사원 '홍길동'을 새 사용자로 추가

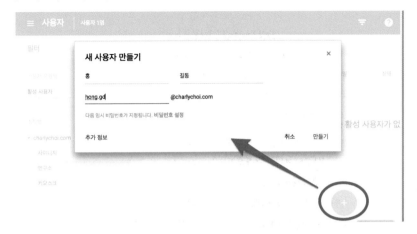

03. '홍길동'을 연구소 조직에 배속

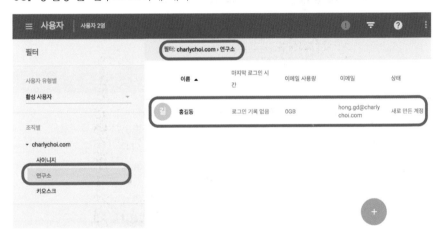

04. 연구소에 배치하는 크롬북에 사용자 로그인 제한을 둠

● 연구소에 배치하는 크롬북에서는 사용자는 2명만 로그인할 수 있게 제한함

● 예) charly.choi@charlychoi.com과 hong.gd@charlychoi.com

● 연구소에 배치하는 크롬북에서는 위 2명 외에는 다른 사용자들이 사용할 수 없게 함

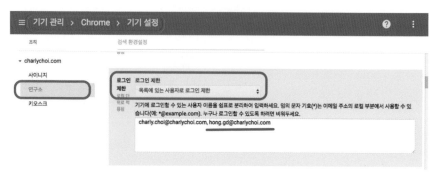

05. 사내 네트워크 사용 제한을 설정하여, 연구소 배속되는 사용자의 기기(휴대기기/크롬북)의 네트워크 사용 제한을 설정

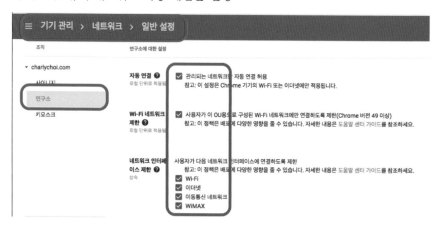

06. 연구소 조직에 대해서 사내 지정한 네트워크(CharlyChoi-company Wi-Fi AP)에서만 연결되도록 설정

● 이 설정으로 인하여 연구소에 배속되는 사용자들은 사내 지정한 네트워크에서만 사용이 가능하도록 함

07. 회사 기기로 등록한 크롬북을 연구소로 배치시킴

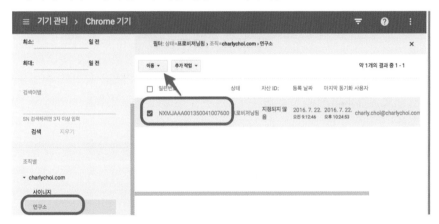

08. 크롬북에서 '홍길동'으로 로그인 화면

● 회사 내의 Wi-Fi인 CharlyChoi-company Wi-Fi에 자동 접속됨
● CharlyChoi-company Wi-Fi 외에서는 인터넷 접속을 할 수 없음
● '홍길동' 사용자는 휴대기기 또한 회사 내부 CharlyChoi-company Wi-Fi가 없는 곳에서는 회사 계정으로 로그인할 수 없음

09. 관리자가 기기 설정 및 네트워크 설정에 대한 상세한 기록을 확인할 수 있음

● 관리 콘솔의 보고서 기능을 통해서 관리자가 설정한 모든 기록을 확인해 볼 수 있음

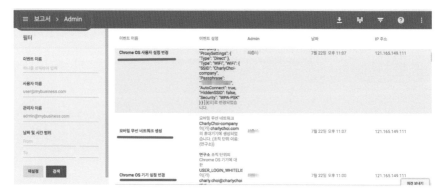

이번 워크숍에서는 크롬북을 여러 사람이 공용으로 사용할 수 있도록 하기 위해서 크롬 기기 관리 콘솔의 설정 방법을 자세하게 소개하고자 합니다.

크롬북을 공용 컴퓨터로 활용할 수 있는 용도들입니다.

시험 평가용 : 시험 시간을 1시간이나 2시간, 혹은 원하는 대로 설정할 수 있습니다. 학생들이 온라인으로 정답을 볼 수 없도록 인터넷 연결을 제한할 수 있으며 학생들이 화면을 캡처하지 못하도록 할 수 있습니다.

도서관용 : 30분 혹은 3시간 등 원하는 대로 기기 사용 시간을 지정할 수 있습니다. 또한 기기에서 클라우드 프린터로 인쇄하도록 구성할 수 있습니다.

비즈니스 센터/사이버 카페 : 도서관 모드와 유사하게 기기에 사용자 세션 시간을 설정할 수 있으며 기기 기반 정책도 설정할 수 있습니다.

소매점 : 도서관용과는 달리 기기를 세션 타이머 없이 구성할 수 있어 사용자가 키오스크 또는 매장의 기기를 시간제한 없이 사용할 수 있습니다.

기기 관리 공개 세션을 이용한 설정들
위의 공개 세션 설정 외에도 크롬 기기 관리에서 제공하는 사용자 및 기기 설정을 구성할 수 있습니다. 많이 사용되는 설정은 다음과 같습니다.
- 홈페이지 설정
- 프록시 정의
- 클라우드 프린터
- 불쾌감을 주는 콘텐츠를 필터링하기 위한 세이프서치 구성
- 맞춤 배경화면으로 바탕화면 백그라운드를 맞춤 설정
- 다양한 사이트에 대한 액세스 금지 또는 허용
- 기기에 특정 앱 사전 설치
- 사용자의 세션 길이 구성
- 시크릿 모드, 스크린샷, 외부 저장소 액세스 허용, 오디오 I/O 및 비디오 입력 허용

시나리오

- 생산 공장이나 도서관의 공공장소에 공용 크롬북을 설치한 후 누구나 필요할 때 크롬북 사용하게 함
- 공용 크롬북 사용 시 별도의 로그인 절차 없이 사용
- 크롭북을 공개 세션으로 구성하여, 사용 후에는 자동으로 로그아웃 또는 세션 종료 후에 모든 데이터 자동으로 삭제하게 함
- 공용 크롬북에는 사용자들이 필요로 하는 앱들을 관리자가 지정하여 강제 설치
- 회사에서는 업무에 도움이 되지 않는 사이트들 자동 차단 설정함
- 처음 사용 시 자동으로 회사 홈페이지 로딩 되게 함
- 5분 정도 사용이 없으면 자동으로 로그아웃 하게 함

01. 기기 관리 콘솔에서 키오스크 조직을 생성하고 공개 세션 설정을 합니다. 반드시 세션 이름을 부여해야 합니다.

예) CharlyChoi Kiosk 이름은 실제로 크롬북 사용 시 로그인 없이 사용하기 위해서 화면에 표시되는 이름이 됩니다.

02. 공용 크롬북에서 강제로 앱을 설치합니다.

예) 크롬 웹 스토어에서 'Chrome 원격 데스크탑' 앱을 강제로 설치되도록 설정함

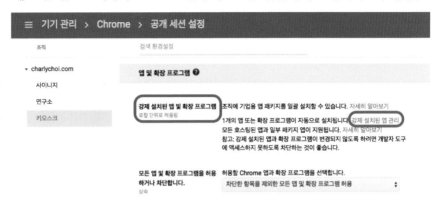

강제 설치된 앱 및 확장 프로그램

03. 공개 세션 설정에서 보안 관련하여 브라우저 기록 삭제하기 및 대기 5분 후에 자동 로그아웃하기를 설정합니다.

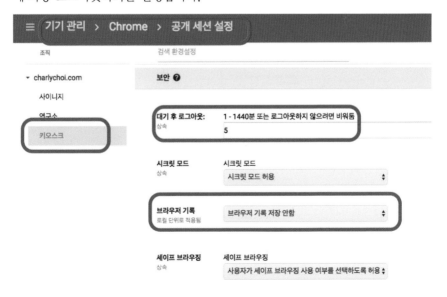

04. 공개 세션에서 브라우저 수행 시 자동으로 홈페이지가 표시되고, 홈 버튼 클릭 시에도 홈페이지에 자동으로 이동하도록 합니다.

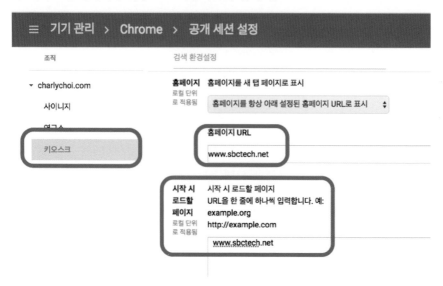

05. 회사에서 차단하기를 원하는 웹사이트들의 URL 차단 사이트를 입력합니다.
예) 쇼핑몰 사이트 – aliexpress.com 접속 차단 설정

06. 기기 설정에서 '키오스크' 조직에 배속되는 크롬북은 공개 세션 '키오스크' 모드로 동작하도록 설정합니다. 이 설정으로 인하여 로그인 화면에 로그인 절차 없이 키오스크 모드로 로그인할 수 있도록 하는 것입니다.

07. 기기 설정에서 공용으로 사용하는 크롬북의 전원 버튼을 종료하지 않도록 설정할 수 있습니다.

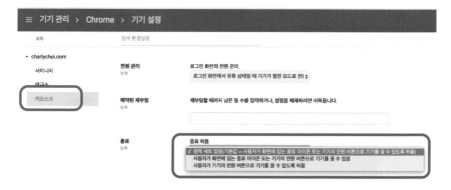

08. 기기 관리에서 등록된 크롬북 기기를 조직 구성항목 '키오스크'로 배속시킵니다. 크롬 기기 관리 콘솔에 등록된 크롬북 중에서 일부를 키오스크 모드로 동작하도록 지정하기 위한 작업입니다. 좌측의 조직에는 다양한 형태의 조직을 구성하여 각 조직별로 서로 다른 속성을 부여할 수 있습니다.

09. 공용 세션으로 설정된 크롬북 전원을 켭니다. CharlyChoi Kisok 이름으로 표시된 로그인 아이콘을 클릭 합니다.

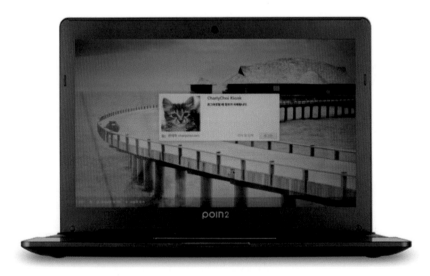

10. CharlyChoi Kiosk 모드로 접속되어 있는 상태를 확인합니다. 사용자는 언제는 '세션 종료' 버튼으로 종료할 수 있습니다.

11. 공개 세션 크롬북에서 브라우저를 수행하면 기기 관리자가 지정한 홈페이지가 자동으로 표시됩니다.

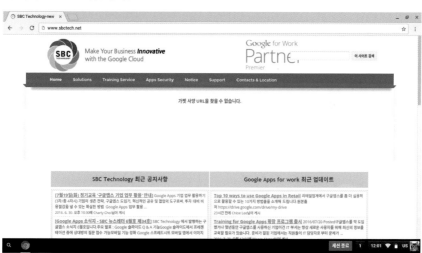

12. 데스크탑에 강제로 설치된 앱 'Chrome 원격 데스크탑'을 확인합니다.

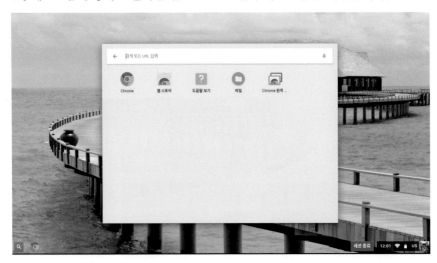

13. 회사에서 차단한 웹 사이트 접속을 시도하면, blocked 되었다고 메시지 출력 후 차단됨을 확인합니다.

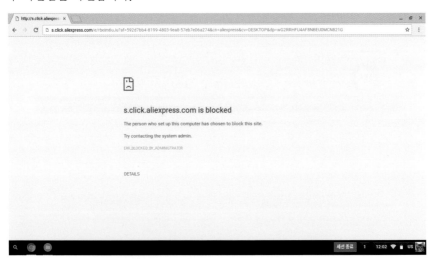

CHAPTER 04 키오스크를 위한 크롬 (Chrome for Kiosk)

도서관의 도서 검색용, 비즈니스 센터의 공용 컴퓨터, 인터넷 카페의 컴퓨터, 상점의 POS 시스템, 영화관의 자동 티켓 발매 시스템, 학교에서 학생들에게 지급된 크롬북으로 시험을 볼 수 있게 하는 시스템 등등 대부분이 공공장소에서 단일 서비스만을 제공하도록 만들어진 키오스크 시스템들입니다.

크롬북 또는 크롬박스를 이러한 키오스크용 전용 기기로 사용할 수 있도록 키오스크 기능들을 제공하고 있습니다.

키오스크 앱은 크롬북을 켜면 로그인 없이도 단일 키오스크 앱만 실행되도록 설정이 가능합니다.(크롬 기기 관리 콘솔에서 설정) 공동 장소에서 누구나 사용할 수 있는 속성을 갖고 있습니다. 따라서 개인이 사용한 모든 기록은 남지 않으며, 일정 시간 동안 사용이 없으면 자동으로 세션이 종료될 수 있도록 할 수 있습니다. 또한 전체화면 모드로 동작하도록 할 수 있기 때문에 이 키오스크 앱이 실행하는 동안은 다른 앱들이나 브라우저를 통한 검색은 할 수 없습니다.

크롬북 또는 크롬박스를 키오스크 전용 앱으로 활용하기 위해서는 단일 키오스크 앱을 위한 라이선스가 필요합니다.(크롬 기기 관리 라이선스 참조)

Google에서는 크롬북을 위한 키오스크 앱을 쉽게 개발할 수 있도록 크롬 앱 빌더라는 개발 도구를 크롬 웹 스토어에서 무료로 제공하고 있습니다.

또한 전문적인 키오스크 앱들을 개발을 위한 안내 사이트[1]를 공개하고 있습니다. 이사이트에서는 전문적인 키오스크 앱을 어떻게 개발하는지에 대한 소개와 크롬 웹스토어에 등록된 다양한 키오스크 앱들을 소개하고 있습니다.

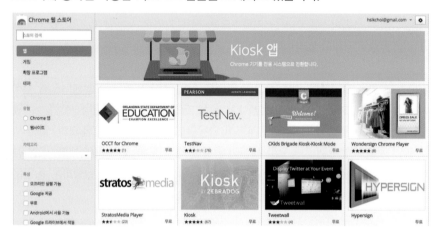

또한 이 개발자 사이트에서는 아래와 같이 키오스크 앱들 소스를 공개하고 있습니다.

- LiveStream/Interactive display app
- Point of sale app
- Movie theater app
- Kiosk apps in the Chrome Web Store

---

1 키오스크 앱 개발 안내 사이트 — https://developer.chrome.com/apps/manifest/kiosk_

▼소스가 공개된 Movie Theater 키오스크 앱 화면

무료 크롬 앱 빌더로 생성한 키오스크 앱 화면(크롬북으로 시험을 볼 수 있게 한 키오스크 앱)

본 워크숍에서는 Google 도움말[2]에서 제시하는 3가지 시나리오 중에 시나리오 1을 선택하여 Google 드라이브의 Google 설문지의 퀴즈 기능을 이용하여 퀴즈 시험지를 만들고, 크롬 앱 빌더로 키오스크 앱을 생성하고, 크롬 웹스토어에 등록하고, 기기 관리 콘솔에서 크롬북을 시험 보기 전용 키오스크 앱을 실행하도록 설정하는 과정을 설명하고자 합니다.

● 시나리오 1 : 크롬북을 '단일 앱 키오스크'로 설정하여 크롬북에서 시험을 실시합니다. 이 방법을 사용할 경우 크롬 키오스크 앱으로 생성한 시험 앱이 잠김 모드에서 전체화면으로 실행됩니다.

● 시나리오 2 : 시험 제공업체가 시험을 치를 수 있도록 새 도메인을 지정하여 설정하면 학생들이 제공업체에서 부여한 계정에 접속하여 시험을 치를 수 있습니다.

● 시나리오 3 : 학교에서 공개 세션 키오스크를 통해 시험을 실시합니다. 이 방법은 이전 워크숍#2에서 소개한 방법과 동일합니다. 설정은 아래 항목을 참고하시면 됩니다.

설정	설정 방법
사용자 세션 시간제한	시험을 보도록 허용할 시간만큼 **최대 사용자 세션 길이**를 설정합니다. 대부분의 평가 또는 시험 감독관이 학생의 시험 시간을 모니터링 하므로 이 설정은 선택사항입니다.
다음 시간 동안 유휴 상태이면 로그아웃	**다음 시간 동안 유휴 상태이면 로그아웃** 시간은 기본적으로 5분으로 설정되어 있으므로 최소 15분 이상으로 변경합니다.
허용된 앱 및 확장 프로그램	**허용된 앱 및 확장 프로그램**에서 **선택한 항목을 제외한 모든 앱과 확장 프로그램을 차단합니다**를 선택합니다.
시크릿 모드	**시크릿 모드 허용 안함**을 선택합니다.
스크린샷	**스크린샷 사용 안함**을 선택합니다.
URL 차단	와일드카드(*)를 사용하여 모든 URL을 차단하도록 **URL 차단 목록**을 설정합니다. 그리고 평가 URL 및 학생이 액세스할 수 있는 모든 기타 도구에는 URL 차단 목록 예외를 설정합니다.
인쇄	**인쇄 사용 안함**을 선택합니다.
외부 저장장치	**외부 저장장치 허용 안함**을 선택합니다.

크롬북은 학생 평가 관리를 위한 안전한 플랫폼이며 올바르게 설정할 경우 초등학교에서 고등학교까지의 교육 과정 시험 기준에 부합합니다. 2013년 2월 미국 연구 협회 및 스마터 밸런스드 어세스먼트 컨소시엄(Smarter Balanced Assessment Consortium)에서 개발한 파일럿 테스트에서 크롬북의 학생 평가용 성능이 입증되었습니다.[3]

---

2 학생 평가에 크롬북 사용 도움말 – https://support.google.com/chrome/a/answer/3273084
3 관련 블로그 – http://goo.gl/GCnbCA

사전 요구사항

① 크롬 기기별 크롬 관리 라이선스 구매

② 학교 도메인에 각 기기 등록

본 작업은 크게 5단계로 진행됩니다.

1단계 : Google 설문지로 시험지 작성하기(키오스크 앱으로 실행될 웹 페이지 준비 과정)

2단계 : 크롬 앱 빌더로 키오스크 앱 생성 및 테스트하기

3단계 : 크롬 웹 스토어에 키오스크 앱을 등록 배포하기 위한 개발자 대시보드 가입 및 앱 올리기

4단계 : 크롬 기기 관리 콘솔에서 키오스크 앱 위한 설정

5단계 : 최종 단일 키오스크 앱(예 : '크롬북 시험보기' 앱)을 실행할 등록된 기기들을 배정

1단계 : Google 설문지의 퀴즈 기능으로 시험지 작성하기

1. Google 드라이브에서 Google 설문지의 퀴즈 기능[4]을 이용하여 시험지를 작성합니다.

● 이 시험지는 최종적으로 키오스크 앱으로 만들어져서 학생들 크롬북에서 단일 키오스크 앱으로 실행하게 할 것입니다.

● 크롬북에서 이 시험지를 키오스크 앱으로 실행하면 크롬북은 이 앱만 실행되며 다른 앱들 또는 인터넷 검색 등등 다른 작업은 모두 잠기게 됩니다.(단일 키오스크 앱의 속성)

---

4 Google 설문지로 퀴즈 만들기 도움말 – https://goo.gl/Kg8h3C

2단계 : 크롬 앱 빌더로 키오스크 앱 생성 및 테스트하기

2. 크롬 앱 빌더로 키오스크 앱 만들기

● 누구나 쉽게 키오스크 앱을 만들 수 있게 크롬 앱 빌더를 제공하고 있습니다. 이 앱 빌더는 크롬 웹 스토어에서 검색 설치하시면 됩니다.

3. 크롬 앱 빌더를 실행한 후 아래 항목들을 입력해야 합니다.

● 앱 이름 : 예) 크롬북 시험보기(이 이름은 크롬 웹 스토어에 앱을 등록 시에 사용되는 앱 이름)

● 버전 : 크롬 웹 스토어에 표시되는 앱의 버전으로, 앱이 새롭게 갱신되면 이 버전 번호를 변경하여 웹 스토어에 업데이트해야 합니다. 예) 1.0

● 홈페이지 : 키오스크 앱을 처음 실행할 때와 홈 버튼을 클릭시 액세스 되는 URL 입니다. 예) 여기 워크숍에서는 Google 설문지에서 생성한 설문지의 URL을 (Google 설문지에서 보내기 〉 링크 기능에서 URL 생성됨) 입력

● 이전/다음 탐색 버튼 사용 설정 : 상단에 이전/다음 페이지로 가지 버튼을 사용할지 여부 결정

● 홈 버튼 사용 설정 : 상단에 홈 버튼을 사용하여 홈으로 갈 수 있게 할 지 여부 설정

● 새로 고침 버튼 사용 설정 : 새로 고침 표시 여부 설정

● 세션 유휴 상태 시간 설정 : 분 단위로 입력.
  예) 5분 동안 입력이 없으면 자동으로 인터넷 사용기록은 삭제

- 홈으로 이동 시간 설정 : 분 단위 시간 동안 앱이 유휴 상태이면 홈페이지로 이동하되, 인터넷 사용 기록은 삭제하지 않음
- 서비스 약관 : 키오스크를 사용하기 전에 사용자가 동의해야 하는 서비스 약관 입력
- 회전 : 크롬 OS에만 해당, 0, 90, 180, 270 중 선택
- 키오스크 모드 사용 : 이 모드를 사용하면 키오스크 앱으로 실행할 수 있으며 사용하지 않을 경우 일반적인 크롬 앱으로 실행됨

최종 위 항목을 모두 작성한 후 'Export kiosk app'을 클릭한 후 로컬 폴더에 키오스크 앱을 자동으로 생성합니다. 폴더는 사전에 'My Kiosk App'과 같이 생성한 후 이 폴더에 빌드하시기 바랍니다.

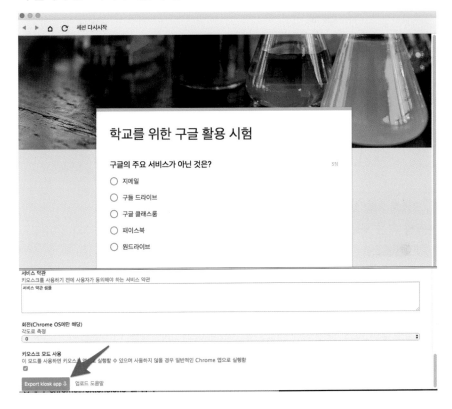

4. 크롬 앱 빌더로 생성된 키오스크 앱을 사전에 테스트 해 보기

- 크롬 웹 스토어 등록하기 전에 미리 테스트 해 볼 수 있습니다.
- 크롬 브라우저 주소 창에서 'chrome://extensions'를 입력
- '압축하지 않은 확장 프로그램 로드' 버튼을 클릭한 후, 3번에서 빌드한 폴더(My Kiosk App 폴더)를 선택합니다.

5. 크롬북 시험 보기 키오스크 앱 사전 테스트 방법

- 크롬 확장 프로그램으로 등록한 내 앱은 크롬 런처 바탕화면에 아래와 같이 표시가 됩니다.
- 이 등록한 앱 '크롬북시험보기'를 클릭하여 테스트해 보기
- 이 앱이 실행되면 상단에 '이전/다음/홈/새로고침/세션 다시 시작' 버튼만 표시됩니다.
- 참고로 키오스크 오픈소스 샘플들을 사이트에서[5] 샘플들을 다운로드한 후 이 방법으로 사전 테스트 해 볼 수 있습니다.

---

5 https://developer.chrome.com/apps/manifest/kiosk_enabled

웹 스토어 Google 문서도구 Google Search YouTube Google 드라이브 Google 시트

 Google 슬라이드 Chrome 원격 데스크톱 Gmail 오프라인 Polaris Office(폴라리... Google Keep InfoHub

 SalesPoint QuickTicket 크롬북시험보기

◄ ► ⌂ ↻ 세션 다시시작

학교를 위한 구글 활용 시험

구글의 주요 서비스가 아닌 것은? 5점
○ 지메일
○ 구들 드라이브
○ 구글 클래스룸
○ 페이스북
○ 원드라이브

교육용 구글앱스에서 제공하는 저장 용량은? 3점
○ 30GB
○ 50GB

3단계 : 크롬 웹 스토어에 키오스크 앱을 등록 배포하기 위한 개발자 대시보드 가입 및 앱 올리기

6. 크롬 앱 빌더로 생성한 내 키오스크 앱을 '크롬 웹 스토어'에 등록

● 크롬 웹 스토어에 내가 개발한 일반 앱들을 등록 퍼블릭하게 배포하는 작업은 생각보다 복잡합니다.

● 그러나, 이 앱 빌더로 생성한 내 키오스크 앱들은 기업이나 교육기관 한 도메인에서만 공개되는 작업으로 이 경우는 아래 절차만 잘 따라가면 생각보다 복잡하지 않습니다.

● 회사 또는 학교의 관리자 계정으로 로그인 후 크롬 웹 스토어에 로그인 합니다.

● 크롬 웹 스토어 오른쪽 상단 '톱니바퀴'에서 '개발자 대시보드'를 선택합니다.

● 개발자 대시 보드는 내가 개발한 앱을 크롬 웹 스토어 올리고 관리를 위한 사이트입니다. 일반적으로 앱 개발자들이 개발한 앱들을 크롬 웹 스토어를 통해서 배포 판매를 위해서는 이 개발자 대시보드에 접속 후, 개발자 등록 수수료(1회성 $5를 지불해야 합니다)를 지불해야 합니다.

계정을 확인하고 프로그램을 게시하기 위해 일회성 개발자 등록 수수료 US$5.00이(가) 필요합니다. 지금 수수료 결제 - 자세히 알아보기
charlychoi.com의 사용자에게만 게시할 때에는 수수료가 필요하지 않습니다.

● 단, 한 도메인 내의 사용자들을 대상으로 앱을 게시하는 경우는 수수료가 없습니다.

7. 키오스크 앱 등록 및 게시하기

- 3번에서 폴더에 생성한 키오스크 앱을 업로드하기 위해서는 해당 폴더를 ZIP 파일로 압축해서 올려야 합니다. 예) Kiosk-Chromebook.zip

- 업로드 후 등록을 위한 아래 항목들 입력
  - 업로드 : ZIP 파일 업로드. 매니페스트(이름, 짧은 설명, 버전 및 권한과 같은 정보 지정)를 업데이트하거나 사용자가 스토어에서 다운로드하는 패키지에 포함된 파일을 업데이트하려면 새로운 ZIP 파일을 업로드하세요. 이 때 반드시 버전 번호를 업데이트해야 합니다.
  - 상세 설명 : 프로그램의 기능과 이를 설치해야 하는 이유에 대해 중점적으로 설명합니다.
  - 아이콘 : 항목을 나타내는 아이콘 이미지를 업로드하고, 해당 이미지가 다음 사항을 준수하는지 확인합니다.
    - 128×128픽셀
    - 정사각형 아이콘의 경우 알파를 사용하여 각 변의 128픽셀 중 16픽셀을 투명하게 만듭니다(시각적 무게감 : 96×96픽셀).
    - 원형 아이콘의 경우 시각적 아이콘이 112×112픽셀이어야 합니다(남은 픽셀을 투명하게 만들려면 알파를 사용).
    - 다른 모양 아이콘의 경우 알파를 사용하여 96×96픽셀의 시각적 무게감을 유

지합니다.

- 추가 안내 :
  - *아이콘은 평평해야 하며 눈에 띄는 원근감, 3D 및 그림자는 사용하지 마십시오.
  - *아이콘에 텍스트를 사용하지 마세요.

○ 캡쳐화면 :

- 애플리케이션 및 테마에는 하나 이상의 스크린샷이 필요합니다. 확장 프로그램에는 스크린샷이 없을 수 있지만 이 경우 확장 프로그램은 크롬 웹 스토어의 탐색 기능에 표시되지 않습니다. 가능하면 4~5개의 앱 스크린샷을 제공하세요(최대 5개까지 가능). 앱이 여러 언어를 지원하면 언어별 스크린샷을 제공할 수 있습니다. 스크린샷의 모서리는 정사각형이어야 하며 여백이 없어야 합니다(풀 블리드). 나중에 높은 DPI 디스플레이에 사용되므로 크기가 1280×800픽셀인 스크린샷을 사용하는 것이 좋습니다. 현재 크롬 웹 스토어에서는 모든 스크린샷의 크기를 640×400픽셀로 줄이게 됩니다. 따라서 스크린샷을 줄였을 때 제대로 보이지 않거나(예 : 텍스트가 많은 경우), 앱에 1280×800픽셀이 너무 클 경우(저해상도 게임 스크린샷의 경우) 640×400픽셀의 스크린샷도 지원합니다.

○ 프로모션 타일 이미지

- 스토어에서 프로그램을 홍보할 수 있도록 이미지를 제공해 주세요. 더 많은 이미지를 제공할수록 프로그램이 눈에 더 잘 띌 수 있습니다.
- 정사각형 모서리를 사용하고 여백을 없게(풀 블리드)하여 전체 지역을 채웁니다.
- 중간 톤이나 어두운 배경을 사용하세요.
- 이미지에 가급적 텍스트를 넣지 마세요.
- 이미지 가장자리에 흰색 요소를 두지 마십시오. 가장자리는 뚜렷이 구분되어 있어야 합니다.
- 스크린샷을 사용하지 마세요.
- 이미지 크기를 절반으로 줄이면 제대로 표시됩니다.

○ 웹사이트 : 프로그램이 사용자가 소유한 웹사이트와 연결된 경우, 목록에서 해당 웹사이트를 선택합니다. Google Search Console[6]을 사용하여 사이트의 소유자로 등록할 수 있습니다.

○ 카테고리 : 카테고리 선택

○ 지역 : 프로그램을 표시할 위치를 선택한 다음 초안을 게시하거나 저장하여 선택한 내용을 확인합니다. 지역을 선택하지 않으면 프로그램이 해당 지역의 사용

---

6 Google Search Console – https://www.google.com/webmasters/tools/home?hl=ko

자에게 표시되지 않습니다. (참고 : 목록에 페이지 하단에 있는 언어 선택 메뉴의 언어 개수보다 더 많은 지역이 포함되어 있습니다. 개발자는 거주 지역을 포함하여 해당 지역의 프로그램 배포 또는 판매에 대한 현지 법률을 준수해야 합니다.)

○ Google Play for Education인지 여부를 선택
○ OpenID : 앱에서 사용자의 신원을 확인해야 하는 경우, Google의 OpenID 엔드 포인트를 사용해 Google 계정 ID를 지원하면 스토어에서 앱으로 원활하게 전환됩니다.
○ 성인용 콘텐츠
○ 인라인 설치
○ Analytics : Google 애널리틱스를 사용해 프로그램을 추적하려면 Google 애널리틱스 ID 지정
○ 요구사항
○ 공개 설정 : 공개, 미등록, 비공개 중 선택. 이 워크숍에서는 '미등록'으로 선택. 미등록은 링크가 있는 사용자만 볼 수 있습니다. 도메인에 있는 모든 사용자가 항목을 볼 수 있습니다.

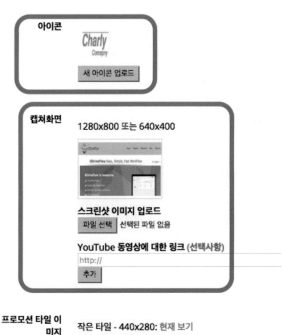

- 위 항목들이 정상적으로 입력이 된 후 '변경사항 게시' 버튼을 클릭하여 게시합니다.

- 게시가 정상적으로 이루어지면, 내 목록의 상태를 확인하여 '게시됨'인지를 확인하시기 바랍니다. 게시는 즉시 되지는 않고, 경우에 따라서는 시간이 소요되기도 합니다.

4단계 : 크롬 기기 관리 콘솔에서 크롬북에 키오스크 앱을 실행하기 위한 설정

8. 크롬 기기 관리 콘솔에서 기기 설정
- 키오스크 설정 〉 공개 세션 키오스크(공개세션 키오스크 허용 안함)
- 키오스크 앱 〉 키오스크 애플리케이션 관리 클릭

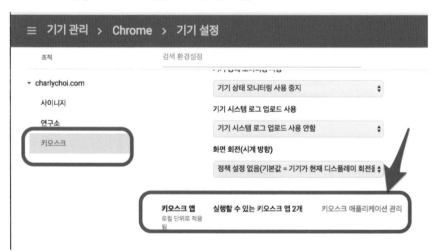

● 도메인 앱에서 크롬 웹 스토어 등록한 '크롬북 시험보기'를 선택하여 추가합니다.

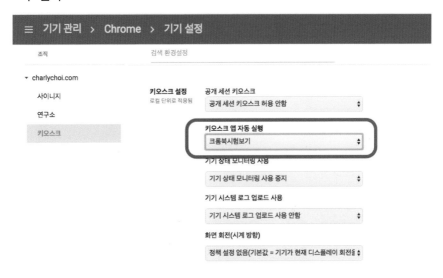

● 키오스크 설정의 키오스크 앱 자동 실행에 '크롬북시험보기' 표시가 되는지 확인 후 선택

5단계 : 최종 단일 키오스크 앱을 실행할 등록된 기기들을 '키오스크' 조직에 배정

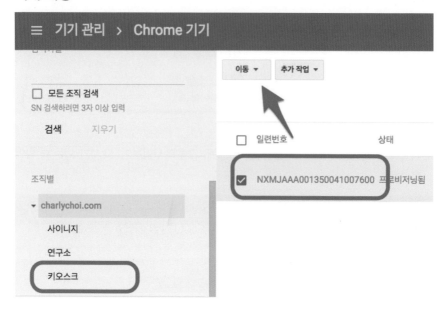

▼크롬북을 켰을 때 자동으로 "크롬북시험보기" 단일 키오스크 앱이 실행된 화면

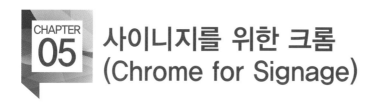

CHAPTER 05 사이니지를 위한 크롬 (Chrome for Signage)

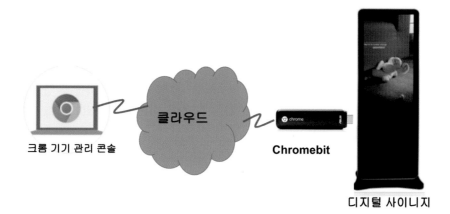

이미지 출처 – Google Signage 제품 사이트[1]

---

1 https://www.google.com/work/chrome/digital-signage/

- HDMI 포트 연결 가능한 디스플레이 장치만 있으면 크롬 기기와 연결하여 디지털 사이니지 시스템을 구성할 수 있습니다.
- 디지털 사이니지를 위한 크롬 기기로는 크롬박스, 크롬비트, 크롬베이스를 사용합니다.
- 일반적으로 디지털 디스플레이 장치에 홍보형 또는 정보, 안내 등등의 콘텐츠를 표시하는 분야에 적용이 가능합니다.
  - 레스토랑의 아침/점심/저녁 시간대별로 메뉴를 디스플레이
  - 사내 방송이나 사내 홍보 영상을 시간대별로 사내 디스플레이 시스템에 전송
  - 백화점 매 매장별, 에스컬레이터 벽면 홍보용 디스플레이
  - 공항이나 기차 역전에서 도착/출발 안내 디스플레이
- 사이니지를 위한 크롬 플랫폼에서는 원격에서 기기를 관리 및 통제할 수 있으며, URL 기반의 콘텐츠(유튜브 영상, Google 드라이브 슬라이드, 홈페이지, 정보 안내 페이지 URL)를 일정 예약을 통해서 원격의 디지털 사이니지 시스템에 전송할 수 있습니다.
- 콘텐츠 예약 표시를 위해서는 크롬 웹 스토어에서 제공하는 Chrome Sign Builder'를 통해서 간단하게 디스플레이용 콘텐츠를 빌드할 수 있습니다.
- 디지털 사이니즈용 콘텐츠는 '키오스크' 속성을 갖고 있습니다.

▼크롬 웹 스토어에서 Chrome Sign Builder 제공

⊚ 크롬을 위한 사이니지 제작 및 설정 과정 순서입니다.

① 사이니지를 위한 콘텐츠 제작 및 URL 준비
● Google의 도구들(Google 드라이브의 슬라이드, 유튜브, Google 사이트)을 이용하여 쉽게 콘텐츠 제작할 수 있습니다.
② Chrome Sign Builder로 일정 만들기 및 일정 파일 내보내기
③ 크롬 기기 관리 콘솔에서 사이니지를 위한 조직을 생성한 후 해당 조직에 일정 파일 등록
④ 기기 관리 콘솔에 등록된 크롬 기기를 사이니지 조직에 배속

위 과정이 완료되면 Chrome Sign Builder를 통해서 일정을 만들어서 원격의 디지털 사이니즈에 콘텐츠를 자동으로 표시하게 할 수 있습니다.

⊚ 시작하기 전에 확인할 사항

사이니즈와 같은 앱은 크롬 키오스크 앱으로서 사용자 계정 없이 전용 앱으로 실행합니다. 크롬을 위한 사이니즈 시스템은 아래와 같은 하드웨어와 소프트웨어에서만만 실행됩니다.

하드웨어
● 크롬박스 : 아수스, HP, 델,에이서 또는 레노버
● 크롬비트 : 아수스
● 크롬베이스 : LG, 에이서
● 디스플레이
  ○ HID 준수 디스플레이(터치 지원 여부는 상관없음)
  ○ HDMI 및 DisplayPort 인터페이스에서 1080p 출력 지원
  ○ i3 및 i7 크롬박스에서 4000 해상도 지원

소프트웨어
● 소프트웨어의 경우 기기 관리 라이선스와 크롬 키오스크 앱이 필요합니다. 크롬박스 또는 크롬비트 당 단일 앱 크롬 기기 관리 라이선스 1개가 필요합니다. 단, 한국에서는 단일 키오스크 앱용 라이선스만 판매되지 않고, 크롬 기기 관리 라이선스 안에 포함되어 구매 가능합니다. SBC Technology를 통해서 라이선스 구매 가능합니다.
● 크롬 키오스크 앱
  ○ 내가 만든 크롬 키오스크 앱

○크롬 웹 스토어의 Chrome 키오스크 앱
● "Chrome Kiosk and Digital Signage Developer Guide 매뉴얼"[2] 참고

시나리오
● 사전 준비 장비 : 크롬비트 1대와 HDMI 디스플레이 1대

● 회사 도메인(예 : charlychoi.com)에 크롬 기기 라이선스 1대 등록(60일간 무료 평가판 최대 10개 기기까지 등록 사용 가능.
● 사내 홍보용 동영상 준비 및 회사 도메인으로 로그인한 유뷰브에서 재생 목록 만들기 유튜브 재생 목록 만들기[3]
○유뷰브의 재생 목록이란 시청할 여러개의 동영상을 하나로 모아 놓은 목록입니다.
(예 : 아래 두개의 동영상을 My-charlychoi-list란 재생 목록 이름으로 모아 둔 샘플)

---

2 Google의 크롬 키오스크 및 디지털 사이지 개발 가이드 매뉴얼 참고 – https://goo.gl/1ql0Ui
3 도움말 – https://goo.gl/ZOIQF8

●유튜브 동영상 또는 재생목록 : Chrome Sign Builder는 유튜브 URL을 감지하여 디지털 사이니지 표시에 맞게 URL을 수정하므로 유튜브 동영상 또는 재생목록을 쉽게 예약할 수 있습니다. 동영상은 자동으로 재생 및 다시 재생되며 동영상 컨트롤은 숨겨져 있고 키보드 및 플레이어 컨트롤은 사용 중지됩니다. 모든 기본 설정을 변경할 수 있습니다.

원본 유튜브 URL :

https://www.youtube.com/watch?v=kJT3pagjd8s

Chrome Sign Builder에서 수정된 URL :

https://www.youtube.com/embed/kJT3pagjd8s?autoplay=1&autohide=1&loop=1&controls=0&disablekb=0

●크롬 웹 스토어에서 'Chrome Sign Builder' 검색하여 설치

- Chrome Sign Builder로 일정 만들기 및 일정 파일 내보내기
  - 사내 홍보 영상을 내보낼 특정한 시간대에 지정을 위한 일정 만들기
  - 월요일~금요일(근무시간대 : 오전 9:00시 ~ 오후 6:00) 2개 홍보 영상 플레이
- 크롬 기기 관리 콘솔에서 사이니지 일정 등록 및 사이니지 설정
- 마지막으로 크롬 기기 관리 콘솔에서 등록된 기기(크롬비트 기기 등록)를 '사이니지' 조직으로 이동

▼크롬비트 이용하여 사내 홍보 영상을 플레이한 화면

Chrome Sign Builder로 일정 만들기 및 일정 파일 내보내기

● My Schedule에서 하루에는 오전 9시~오후 6시까지, 기간은 7/25~8/25까지 한 달 동안 일정을 생성합니다.(한 달간 오전 9시부터 오후 6시까지 사내 홍보 영상 2개를 상영함)

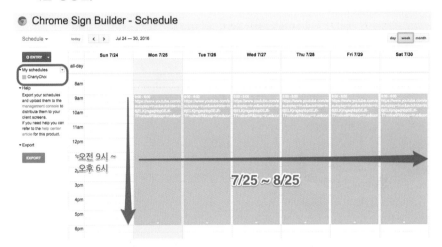

● 플레이 대상이 되는 유튜브 재생목록의 URL을 입력합니다.

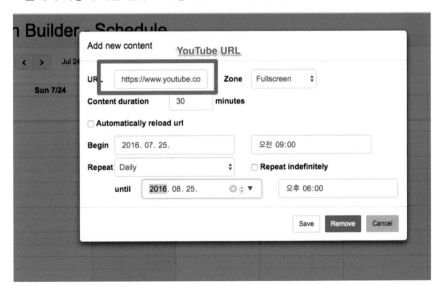

● Chrome Sign Builder에서 일정이 정상적으로 생성이 되면 아래와 같이 유튜드의 영상이 플레이 됩니다.

● 작성된 일정을 Export 합니다. Export된 파일은 일정 정보가 담긴 txt 파일로 생성 됩니다.(예 : 사내홍보용.txt)

크롬 기기 관리 콘솔에 사이니지 일정 등록 및 사이니지 설정

- Chrome Sign Builder에서 일정이 TXT 파일로 Export 되면서, 자동으로 크롬 기기 관리 콘솔을 메뉴를 띄웁니다.
- 크롬 기기 관리 콘솔 : 기기 관리 〉 크롬 앱 관리 〉 Chrome Sign Builder 〉 키오스크 설정에서 좌측에 '사이니즈' 조직을 선택, '설정' 구성 파일 업로드를 통해서 '사내홍보용.txt'(Chrome Sign Builder에서 export된 파일) 파일을 업로드합니다.

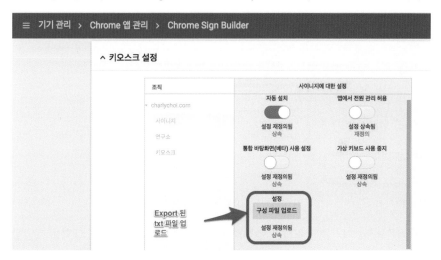

마지막으로 크롬 기기 관리 콘솔에서 등록된 기기(크롬비트 등록)를 '사이니지' 조직으로 이동

- 사이니지용으로 등록된 크롬비트 기기를 '사이니지' 조직으로 이동
- 이 과정을 통해서 크롬비트 기기는 사내 홍보용 영상을 정해진 일정에 맞추어서 플레이됩니다.

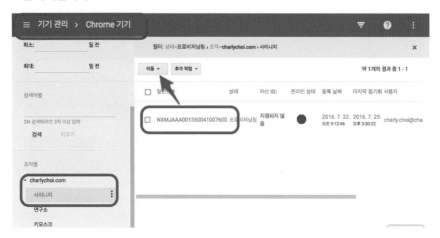

- 등록된 해당 기기를 클릭하면 원격에서 해당 기기의 '시스템 활동' 내역을 확인할 수 있습니다.
  - 사용시간, 최근 사용자, 기기 상태(오프라인/온라인), Wi-Fi 신호, CPU 사용율, CPU 온도, 메모리 사용량, 디스크 공간, 키오스크 앱 정보, IP 주소 최종 업데이트 시간, LAN IP 주소, WAN IP 주소, 기기 재부팅, 화면 캡처, 시스템 로그 확인 가능합니다.[4]

설정	모니터링 내용
사용 시간	기기의 최근 사용 시기 및 시간을 포함하여 기기에서 최근 15일 동안 작업한 내역이 표시됩니다. 표시된 시간과 날짜는 기기의 시간대를 기반으로 합니다. 관리 콘솔의 기기 관리 > 크롬 관리 > 기기 설정 > 기기 상태 보고에서 이 기능을 사용 설정할 수 있습니다.
최근 사용자	크롬 기기의 마지막 사용자가 표시됩니다. 공개, 키오스크, 손님 모드 세션은 보고되지 않습니다. 관리 대상이 아닌 사용자의 이메일 주소는 표시되지 않으며 대신 '도메인에서 관리하지 않는 사용자'라고 표시됩니다. 관리 콘솔의 기기 관리 > 크롬 관리 > 기기 설정 > 기기 사용자 추적에서 이 기능을 사용 설정할 수 있습니다. 현재는 기기가 등록된 도메인과 동일한 도메인에 있는 사용자만 표시됩니다.
Wi-Fi 신호	Wi-Fi 신호 강도가 표시됩니다.

---

4 Google Chrome 기기 정보 보기 도움말 참조 – https://goo.gl/laXjYf

CPU 사용율	크롬 기기가 사용중인 CPU 용량이 표시됩니다.
CPU 온도	각 CPU 코어의 온도는 섭씨로 표시됩니다.
메모리 사용량	크롬 기기가 사용중인 메모리 용량이 표시됩니다.
디스크 공간	기기가 사용중인 디스크 공간 용량이 표시됩니다.
키오스크 앱 정보	앱 이름 및 버전 번호 보고. 이 기능은 공개 세션 모드의 기기에서는 사용할 수 없습니다.
IP 주소 최종 업데이트 시간	기기의 LAN 및 WAN IP 주소가 보고된 마지막 날짜와 시간이 표시됩니다. 날짜와 시간은 기기의 시간대를 기준으로 합니다. IP 주소는 기기가 공개 세션 또는 키오스크 모드일 때만 보고됩니다. 사용자가 로그인하면 IP 주소 보고가 중지됩니다.
LAN IP 주소	기기가 연결되는 유선 또는 무선 네트워크가 표시됩니다. 일부 비즈니스에서는 이를 사용하여 기기가 사용되는 건물과 층을 정확하게 찾을 수 있습니다. 이 기능은 사용자가 Google 계정으로 기기에 로그인하면 사용할 수 없습니다.
WAN IP 주소	기기를 인터넷에 연결하는 고유한 IP 주소가 표시됩니다. 이 기능은 사용자가 Google 계정으로 기기에 로그인하면 사용할 수 없습니다.
기기 재부팅	크롬 기기가 10분 이상 실행되고 있는 상태에서 지금 재부팅을 클릭하면 기기가 다시 시작됩니다. 재시작 옵션에 대한 자세한 내용은 FAQ를 참조하세요.
화면 캡처	캡처를 클릭하면 기기 화면의 스크린샷이 만들어지고 화면 캡처로 저장됩니다. 크롬 기기의 가장 최근 화면 캡처는 시간 역순으로 나열됩니다. 화면 캡처를 보려면 파란색 링크를 클릭하세요. **참고** : 키오스크 모드에 있지만 사용자 입력이 있는 기기는(예 : 키오스크 세션 내에서 마우스 또는 키보드 움직임이 있는 경우) 재설정될 때까지 스크린샷을 사용할 수 없습니다. 입력이 감지되면 기기를 다시 시작하여 입력 트리거를 재설정해야 스크린샷을 생성할 수 있습니다. 스크린샷이 작동되려면 기기가 키오스크 앱을 자동으로 실행해야 합니다.
시스템 로그	키오스크 기기에서 자동 캡처된 시스템 로그를 표시합니다. 기기 시스템 로그 업로드가 설정되면 시스템 로그는 12시간마다 캡처되고 여기로 업로드됩니다. 로그는 최대 60일간 저장됩니다. 한 번에 7개의 로그(지난 5일에 대해 하루에 한 개씩, 30일 이전에 대해 한 개, 그리고 45일 이전에 대해 한 개)까지 다운로드 받을 수 있습니다.

CHAPTER 06
화상 회의를 위한 크롬박스 (Chromebox for Meeting)

크롬 OS 기반의 화상의 전용 시스템입니다. 아래와 같이 사용자수에 따라서 3개의 모델이 있습니다.

불행히도 이 제품들과 관리 라이선스 판매는 국내에서는 아직 허용되지 않고 있습니다. 이유는, 아직 해당 기기 메이커들이 국내에 진출하지 않고 있는 것이 가장 큰 요인 중 하나입니다.

2명 규모를 위한 화상회의 시스템

● $799 가격대의 2인 규모의 화상회의 전용 시스템

크롬베이스

올인원 24인치 터치스크린 크롬베이스 기반
Intel Processor & 4GB Ram
Wi-Fi, Bluetooth, 이더넷

Hangouts

Google 행아웃 기반. 행아웃은 한번에 25명까지 채팅이 가능
모든 비디오 및 오디오 스트림은 암호화 됨

오디오/비디오

위치 수정이 가능한 카메라
1080p LED backlit 터치스크린
4 마이크로폰 스테레오 스피커

관리 및 지원

크롬 기기 관리와 마찬가지로, Chromebook for Meeting 도 관리 및 지원을 위한 라이선스가 필요
연간/$250/디바이스

- $999 가격대의 8명 규모의 룸을 위한 화상회의 시스템

크롬박스

5세대 Intel Core i7, HDMI, Displayport,
USB 3.0, 이더넷, 듀얼 밴드 Wi-Fi

HD Camera

Full HD 1080p(1920×1080 pixel)
bandwidth에 따라서 해상도 자동 조절
오토 포커싱, 자동 저도 조정

1 마이크/스피커

노이즈 필터를 갖고 있는 Omni-Directional 마이크
Mute, End call & 볼륨 버튼 제공

리모컨

RF 기반 풀 쿼티 키패드
나노 크기 USB 어댑터
와이어리스

Hangouts

Google 행아웃 기반. 행아웃은 한번에 25명까지 채팅
모든 비디오 및 오디오 스트림은 암호화 됨

관리 및 지원

 크롬 기기 관리와 마찬가지로, Chromebook for Meeting 도 관리 및 지원을 위한 라이선스 필요
연간/$250/디바이스

20명 규모를 위한 화상회의 시스템

● $1999 가격대의 20명 규모를 위한 화상회의 시스템

Logitech PTZ Pro Camera

 풀 1080p HD, 10배 비손실 줌 lossless zoom
90° field view, mechanical 260° pan
130° tilt, USB-enabled

2 마이크/스피커

 노이즈 필터를 갖고 있는 Omni-Directional 마이크, Mute, End call
& 볼륨 버튼 제공

크롬박스

 5세대 Intel Core i7, HDMI, Displayport,
USB 3.0, 이더넷, 듀얼 밴드 Wi-Fi

리모컨

RF 기반 풀 쿼티 키패드
나노 크기 USB 어댑터
와이어리스

Hangouts

Google 행아웃 기반. 행아웃은 한번에 25명까지 채팅
모든 비디오 및 오디오 스트림은 암호화 됨

관리 및 지원

크롬 기기 관리와 마찬가지로, Chromebook for Meeting도 관리 및 지원을 위한 라이선스 필요
연간/$250/디바이스

Chromebox for Meeting으로 화상회의 실행한 화면

CHAPTER 07 크롬북을 활용한 대표적인 사례

회사명 : Quality Distribution, Inc.(QDI)

- 북미에서 가장 큰 bulk transportation company 중에 하나
- 3000명의 직원과 전국에 125 지점
- 주요 이슈
  - 직원들 사무용 컴퓨터에 대한 IT부서의 과도한 관리 시간과 비용 지출이 문제
  - BYOD 환경으로 이전 회망
- 해결책
  - 125 지점으로 분산된 지역에 500대 이상의 크롬북 및 크롬박스 설치
  - 윈도우 PC 및 MS 익스체인지 기반에서 크롬북과 Google 앱스 기반으로 이전. MS 익스체인지 비용의 절반 이상 절감
  - 기존 윈도우 애플리케이션 활용 해결책
    - 크롬북에서 Ericom사의 HTML5 기반의 RDP client 소프트웨어 활용하여 윈도우 애플리케이션 액세스 해결
    - PowerTerm WebConnect & AccessNow 솔루션 이용

회사명 : Netflix[2]

- 전 세계의 6천5백만 가입자를 대상으로 영화 스트리밍 서비스. 한국에도 월 정액제 영화 서비스 중인 회사
- 주요 이슈
  - 전통적인 고객지원 콜센터 형태를 탈피
  - 가능한 한 고객들에게 실시간으로 응대하고 해결책을 제시
- 해결책
  - 콜센터 백본 시스템으로 크롬북과 크롬박스로 구성하고, 모든 크롬 기기들은 크롬 기기 관리 라이선스를 구매하여 관리
  - 하드웨어 및 소프트웨어 관리 포인트가 줄어 들면서 경비 절감하고 고객 응대

---

1 Google Official Blog 소개 − http://goo.gl/JpAQnW
2 Netflix Chrome Management & Chromebook 도입 사례 유튜브 영상 − https://goo.gl/Xi3qd9

에 더 강화하게 됨

○ 원격에서 모든 콜센터 시스템을 관리 통제가 용이해짐

회사명 : Charles Schwab(https://www.schwab.com/)

- 전형적인 Financial company : 재정 및 퇴직 관리 전문 회사
- 주요 이슈
  ○ 바이러스 및 맬웨어 노출이 쉬운 윈도우10 컴퓨터 관리에 대한 비용 지출 과다
  ○ 페이퍼리스 실현 요구
- 해결책
  ○ 1000대 크롬북과 크롬박스 도입 후 모든 업무를 웹 기반으로 전환
  ○ 관리 비용 대폭 절감
  ○ 바이러스 및 맬웨어 감염으로부터 해방
- 관련 기사
  ○ 사례 발표 동영상 – https://www.youtube.com/watch?v=khSe1a6LiTc#action=share
  ○ 뉴스 기사 – http://goo.gl/rF9QRh

회사명 : Auberge Resorts(https://aubergeresorts.com)

- 호텔 및 리조트를 운영하는 기업
- 주요 이슈
  ○ 기존 윈도우XP 기반 사용중. 2014년 MS사의 XP 지원 중단으로 인하여 다른 플랫폼으로 이전해야 할 상황
  ○ 다른 플랫폼으로 이전 비용에 대한 고민
  ○ PC 뿐만 아니라 이메일 서버 및 문서 도구, 백업 시스템 도입 비용 이슈
- 해결책
  ○ 기업의 IT 인프라 시스템은 클라우드 기반의 Google 앱스를 채택
  ○ Google 드라이브 상의 보안을 위해서는 직원들이 얼마나 많은 문서들을 공유하고 누가 이에 대한 접속 권한을 가지고 있는지를 보여주는 솔루션으로 CloudLock 제품 채택
  ○ Google 드라이브 백업을 위한 솔루션으로 Backupify 채택하여 직원이 Google 드라이브 문서나 파일을 삭제해도 Backupify를 통해서 복원 가능
  ○ 클라이언트 PC는 크롬북으로 대치
  ○ 윈도우 기반의 레거시 앱 접속을 위해서 터미널 서비스와 씬RDP HTML5 wrapper 사용하여 해결
- 자세한 스토리는 http://www.ciokorea.com/news/20579?page=0,1 기사 참조

회사명 : 주식회사 JR 동일본 관리 서비스(JEMS)

- 동 일본 여객 철도 주식회사의 자회사로 직원 수는 266명
- 주요 이슈
  - 엑셀 및 워드 문서 과도한 종이 출력 비용 지출
  - 회의실 페이퍼리스 오피스 환경 추구
  - 협업 활성화
- 해결책
  - 모든 자료는 Google 드라이브에 저장 회의실에서는 출력된 종이 대신에 크롬 북 이용 회의. 크롬북의 행아웃 화면 공유를 이용하여 발표 자료 공유 활용 회의 실현
  - 대부분의 업무는 크롬북으로 해결하나 고급 엑셀 문서 작업이 필요할 경우는 Ericom의 AccessNow를 통해서 원격 데스크탑의 MS Office 프로그램 구동하여 작업
  - 모든 크롬북들은 크롬 기기 관리 콘솔 기능을 이용하여 내부 이더넷 환경에서 만 동작하도록 설정하여 내부 보안 실현

---

3 JR 동일본 관리 서비스 사례 – http://goo.gl/s1Wygq

한국에서는 2016년 초에 크롬북이 포인투랩를 통해서 국내에서 처음 출시되었습니다. 크롬 기기 관리 라이선스 판매 권한은 SBC Technology 사가 Google로부터 취득하여 같은 시기에 판매를 시작했습니다. 이로 인하여 미국이나 일본과 비교하여 상대적으로 사례가 많지는 않습니다. 그러나, 국내에서 설립된 국제 학교나 대안 학교에서는 미국 학교에서 크롬북을 도입한 사례와 같이 포인투 사의 크롬북을 도입한 사례들이 늘어나고 있는 추세에 있습니다.

국내에서 포인투가 크롬북을 공급한 대표적인 사례입니다. 첫 번째는 기업이 도입한 사례이고, 두 번째는 대안 학교에서 도입한 사례를 소개합니다.

일본에 본사를 둔 한국 사무소 N사가 국산 포인투 크롬북 40대 및 크롬 기기 관리 라이선스 40개를 SBC Technology를 통해서 도입한 사례

- iPad 태블릿에 VMWare Horizon Client인 VDI 솔루션을 설치하여 회사 내부의 윈도우 애플리케이션을 외부에서도 접속하여 사용
- 키보드 없는 태블릿으로 원격의 윈도우 애플리케이션을 사용하는데 불편함으로 인하여 활용도가 높지 않았음
- 기기 관리자 되지 않아서, 분실이 되거나 할 경우 해당 기기에 대한 보안 통제의 어려움 있었음
- iPad 태블릿을 포인투 크롬북으로 대치하고, 크롬북 기기 관리를 위해서 크롬 기기 라이선스를 도입 적용
- 크롬북에 VMWare에서 제공하는 크롬북용 앱 VMWare Horizon client 설치하여 원격에서 VDI를 통한 윈도우 애플리케이션 액세스 실현
- 보안을 요구하는 내부 윈도우 애플리케이션 및 데이터들은 망 분리가 된 윈도우 서버에 저장되어 관리하고, 내부 기간 시스템 접속은 철저하게 씬클라이언트 크롬북의 VDI 클라이언트 모듈을 통해서 접속하고(크롬북의 로컬 스토리지 나 외장형 USB로 자료 유출 및 복사를 금지 기능 활용) 보안이 요구되지 않는 작업은 크롬북의 일반 기능을 이용

🌀 별무리 학교 활용 사례[4]

● 주요 이슈

  ○ 거꾸로 수업 확산으로 늘어나는 PC 수요에 대한 예산 문제

  ○ 윈도우 컴퓨터의 높은 가격으로 1인 1PC 달성 불가

  ○ 관리 담당자 부재로 인하여 유지보수 비용 과다 지출 및 바이러스 및 보안 정책 수립의 어려움

● 크롬북 도입의 효과

  ○ 부담 없는 가격으로 1인 1 PC 실현

  ○ 크롬 OS 자동 업데이트

  ○ 사용 시간에 따른 속도 저하 없었음

  ○ 별도의 IT 관리자 필요 없이 운영 관리용이

  ○ 쉬운 사용법으로 특별한 교육 없이도 누구나 쉽게 사용

  ○ Google 앱스 도입으로 선생과 학생간의 수업에는 Google 클래스룸 활용

  ○ 무료 프로그래밍/코딩SW 교육 도구로 SCRATCH 활용하여 학생들이 직접 게임 개발

---

4 Poin2 크롬북@ 별무리학교 활용 사례 발췌 – http://goo.gl/AbqOoa

CHAPTER 08

사이니지를 위한
크롬비트(스틱형 PC) 사용기

본 사용기는 필자의 블로그에서 게시되었던[1] 내용을 발췌한 것입니다.

그동안 크롬 OS 기반의 크롬북과 크롬박스만 주로 사용하다가 최근에 아수스에서 공개한 크롬비트를 구입하여 테스트 해 본 개봉기입니다.

이번 크롬비트의 구입 목적은 크롬북 및 크롬박스와 비교하여 가성비가 얼마나 더 좋을지 비교하는 것도 있지만, 주요 목적은 크롬 기기 관리 콘솔에 기기로 등록한 후 크롬 OS 키오스크 및 사인이지 용도로 손색이 없는지 여부를 검토하기 위합니다.

크롬비트의 크기(엄지손가락보다 약간 큰 정도)와 가격은 85달러의 가성비를 갖고 있는 크롬 기기입니다. 사이니지나 키오스크 기기로 손색이 없을 정도의 크기와 가격대입니다.

엄지손가락만한 크기의 크롬 OS 기기의 사양 : 2GB Ram, 16GB 스토리지, Wi-Fi 802.11ac, 블루투스 4.0, USB 2.0 포트 1개, HDMI 포트, 키보드와 모니터는 별도로 장만해야 함.

옵션으로 로지텍의 무선 키보드(무선 동글 + 키보드 + 터치패드)를 25달러에 구입하여 크롬 OS기기 1세트를 갖추게 되었다.

---

1 Google Apps 전문 블로그 – http://charlychoi.blogspot.kr/2016/03/asus-chromebit-chromeos.html

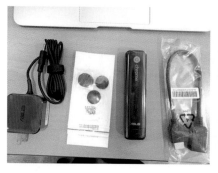

박스 구성품은 매우 심플합니다. 전원 코드, 모니터에 고정용 스티커, 크롬비트 본
체, HDMI 확장 케이블

USB 1포트 단자에 키보드 무선 동글을 삽입한 후 전원 코드를 연결하고, 모니터
HDMI 포트에 꽂으면 바로 부팅됩니다.

크롬비트 로그인 화면

유투브 실행 화면

기존 Google Apps 계정으로 로그인한 후, 지메일 및 드라이브의 문서 작성하는데
크게 부족함이 없는 성능을 보이는 것으로 확인하였습니다.

무선 키보드 연결시 한글/영문 토글은 'Ctrl + Space Bar' 키로 동작, 한글 입력은
전혀 문제없이 동작됩니다.

PART 03

학교를 위한 크롬북 활용 가이드

CHAPTER 01

미래사회에 대비하는 교육, 스마트 교육

교육부(2011년 교육과학기술부)는 2011년 6월 29일 '인재대국으로 가는 길, 스마트 교육 추진 전략' 발표를 통해 스마트 교육을 '스마트 교육은 21세기 학습자 역량 강화를 위한 지능형 맞춤 학습 체제로 교육환경, 교육내용, 교육방법 및 평가 등 교육 체제를 혁신하는 동력'이라고 정의하고 이와 관련하여 다양한 정책을 추진하였습니다.

스마트 교육의 정의

출처 : 한국교육학술정보원

□ 스마트교육의 정의

스마트 교육은 21세기 학습자 역량 강화를 위한 지능형 맞춤 학습 체제로 교육환경, 교육내용, 교육방법 및 평가 등 교육체제를 혁신하는 동력

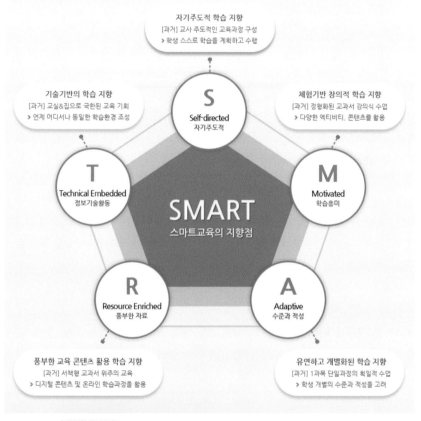

스마트 교육 개념도

교육부가 '스마트 교육 추진전략'을 통해 발표한 '스마트 교육 세부 추진과제'는 다음과 같습니다.

디지털 교과서 개발 및 적용

서책형 교과서의 한계를 극복하고 교실 수업 개선과 학생별 맞춤 교육과정 운영을 위한 교과서의 발전 방안을 모색하여 필요 서책형 교과서의 한계를 극복하고 교실 수업 개선과 학생별 맞춤 교육과정 운영을 위한 교과서의 발전 방안 모색을 위해 교육과정 기반의 교과 내용 및 다양한 멀티미디어 자료와 평가문항, 학습 관리 기능이 포함된 디지털 교과서 개발과 디지털 교과서 활용 스마트 학습 모델 개발 및 적용, 교과서로의 지위 확보 및 전송, 심의제도 보완 등을 위한 법ㆍ제도 정비를 통하여 디지털 교과서를 개발하고 적용한다.

2015년 전면 적용을 목표로 시작된 디지털 교과서 개발 및 적용 계획은 효과성 검증에 대한 요구에 따라 수정되어 2016년 현재 초등학교 3, 4, 5학년과 중학교 1학년 사회, 과학 등 총 25책을 개발하여 연구학교 및 희망학교에 적용하고 있으며, 2018년 적용되는 2015 개정교육과정 사회, 과학, 영어 과목에 적용하는 것을 목표로 추진되고 있다.

온라인 수업, 평가 활성화

부득이한 사유로 인한 학업 공백, 희망교과 선택 기회 부족, 창의 체험 활동 및 정규 교과의 보충 학습 기회 부족 등을 해소하기 위한 학생의 학습 선택권 확대가 필요하여 온라인 수업의 정규교과 확대 및 온라인 대학 과목 선 이수제(UP) 활성화, IPTV 등을 활용한 다양한 교육 프로그램을 제공한다. 또한, 현행 지필 선다형의 전통적 평가방식을 스마트기술 활용 컴퓨터 기반 평가로 혁신, 문제해결력 등 핵심역량 제고를 위하여 중앙 및 시ㆍ도교육청, 단위학교 수준에서 각각 스마트 기술을 활용한 학생 평가 방법 및 수업 혁신을 추진한다.

교육 콘텐츠 자유 이용 및 안전한 이용 환경 조성

스마트 교육 활성화를 위해 교원과 학생이 저작물을 교육적으로 자유롭고 편리하게 이용할 수 있는 정책과 제도가 필요하여 스마트 교육 활성화를 위한 저작물 공공이용 활성화 체제를 마련하고 컴퓨터의 활용 확대, 특히 스마트폰 등 이동성이 강화된 정보통신 기기가 급속하게 보급됨에 따라 학생들이 각종 유해ㆍ불건전 정보에 무방비로 노출되는 등 정보화 역기능 문제가 날로 심각해짐에 따라 스마트 교육 추진 과정에서 발생하는 정보화 역기능을 해소하기 위한 협력체제 구축 및 예방ㆍ진단 · 처방 등 단계별 프로그램을 운영한다.

교원의 스마트 교육 실천 역량 강화
변화된 교육환경 및 교원의 역할 변화에 대응할 수 있는 교원 역량 강화 지원을 위하여 교원연수 지원체제 구축과 전문 인력을 배치한다.

클라우드 교육 서비스 기반 조성
언제, 어디서나 원하는 학습 정보와 기회를 제공하기 위해서는 클라우드 컴퓨팅 기술을 활용한 통합적인 교육정보 서비스 환경 구축을 위해 국가 수준의 클라우드 교육 서비스 기반을 구축한다. 클라우드란 정보가 인터넷상의 서버에 영구적으로 저장되고, 데스크톱 · 태블릿컴퓨터 · 노트북 · 넷북 · 스마트폰 등의 IT 기기 등과 같은 클라이언트에는 일시적으로 보관되는 컴퓨터 환경을 의미, 이용자의 모든 정보를 인터넷상의 서버에 저장하고, 이 정보를 각종 IT 기기를 통하여 언제 어디서든 이용할 수 있음을 위미한다.

※ SMART(Self-directed : 자기 주도적 학습, Motivated : 체험기반의 창의적 학습, Adapted : 유연하고 개별화된 학습, Resource enriched : 풍부한 교육 콘텐츠 활용 학습, Technology-embedded : 기술기반의 학습)

※ 21세기 학습자 역량
1. Learning and Innovation Skills(학습 및 혁신능력)
   ○ Critical thinking and problem(비판적 사고력과 문제해결력)
   ○ Communications and collaboration(의사소통 및 협동)
   ○ Creativity and innovation(창의성과 혁신성)
2. Life and Career Skills(생애 및 경력 개발 능력)
   ○ Information literacy(정보 리터러시)
   ○ Media literacy(미디어 리터러시)
   ○ ICT literacy(ICT 리터러시)
3. Information, Media and Technology Skills(정보 · 미디어 · 테크놀로지 능력)
   ○ Flexibility and adaptability(융통성과 적응성)
   ○ Initiative and self-direction(자기 주도적)
   ○ Social and cross-cultural interaction(사회 및 문화상호성)
   ○ Productivity and accountability(생산성과 책무성)
   ○ Leadership and responsibility(리더십과 책임)

CHAPTER 02 스마트 교육을 위한 크롬북 활용

학생들의 21세기 학습 역량을 키워주기 위한 스마트 교육은 스마트 기기를 활용하여 그 효과를 강화할 수 있으며, 이러한 관점에서 볼 때 크롬북은 클라우드 기반 활용으로 학교에서 활용하기에 최적의 기기입니다. 스마트 교육을 위한 크롬북의 장점은 다음과 같습니다.

클라우드 기반의 기기 : 사용자 로그인에 따라 각자 자신의 개인 기기처럼 사용할 수 있습니다. 크롬북은 Google 드라이브를 스토리지로 사용하는 관계로 사용자 계정으로 로그인하면 언제 어디서나 원하는 파일을 사용할 수 있으며, 다른 사용자로 로그인하는 경우 해당 사용자의 Google 드라이브에 연결되어 마치 스토리지를 따로 쓰는 것과 같은 효과가 있습니다.

관리의 편리성 : 자동 업데이트를 통해 항상 최신의 OS 상태를 유지할 수 있으며 학생들이 임의로 프로그램을 설치할 수 없어서 학교에서 관리하기가 편합니다. Google 앱스 교육용 계정의 기기 관리에 크롬북을 등록해두면 프로그램 설치와 사용자 지정 등 다양한 제어가 원격으로 가능하여 매우 편리합니다. 수업 시간에 책상 위에 올려 놓아도 많은 공간을 차지 않을 뿐 아니라 무게가 가벼워서 휴대하기도 간편합니다.

빠른 부팅 속도 : 수업 시간에 활용할 때 가장 효율적인 기기는 바로 켜서 사용할 수 있는 기기인데 다른 기기를 사용할 경우 부팅하고 프로그램 실행시키는데 걸리는 시간이 매우 길어 사용하는데 있어 매우 불편합니다. 크롬북은 부팅 속도가 매우 빨라서 켜서 로그인하기까지 10초 이상 걸리지 않기 때문에 수업에 필요한 순간 활용하기에 매우 편리합니다. 사용하지 않을 경우 덮어 놓으면 바로 대기 모드로 전환되고 필요할 때 바로 켜서 사용할 수도 있습니다.

배터리 수명 : 교육에 활용함에 있어서 배터리 사용 시간은 매우 중요합니다. 크롬북은 완전 충전시 8시간 이상 연속 사용이 가능하여 다른 기기에 비해서 학교에서 사용하기에 불편함이 훨씬 적습니다.

크롬북을 수업에 이용하는데 있어서 유용한 점 중 하나가 빠른 부팅속도라는 점은 위에서 언급한 바 있습니다. 수업의 도입이나 전개, 정리의 각 단계에서 필요할 때 바로 켜서 사용할 수 있는 크롬북은 수업에 활용하는데 최적의 도구입니다.

수업의 도입

수업 도입 단계에서 학생들에게 관련 자료를 제시하거나 관련 경험을 이끌어내기 위해 매우 유용하게 사용할 수 있습니다. 학생들이 참고할 수 있는 다양한 멀티미디어 자료를 제공하거나 활동 주제와 관련된 마인드맵을 작성하는데 있어 크롬북을 활용할 수 있습니다.

수업의 전개

활동 주제와 관련한 자료를 모으거나 이를 가공하여 새로운 자료를 만들어내는데 크롬북을 유용하게 사용할 수 있습니다. 크롬북은 기본적으로 PC의 크롬 브라우저에서 할 수 있는 모든 일을 할 수 있기 때문에 학생들이 관련 정보를 수집하거나 Google 드라이브나 MS 오피스365와 같은 협업 도구를 이용하여 자료 수집 및 분석, 가공하는데 활용이 가능합니다.

수업의 정리

학생들이 수업 시간에 배운 내용을 정리하는데 있어서도 유용하게 사용할 수 있습니다. 학생들이 그 날 학습한 내용을 마인드맵을 이용하여 기록하거나 교사가 PingPong이나 Socrative 등의 앱을 이용하여 학생들의 이해도를 파악하는데 활용할 수도 있습니다.

기타

학생, 학부모와 소통하는 SNS에도 효과적으로 사용할 수 있습니다. 크롬북의 휴대성과 빠른 부팅 속도가 매우 큰 장점이 될 수 있습니다. 크롬 OS 버전 53 발표에서는 모든 안드로이드 앱이 실행될 수 있어 크롬북의 활용성이 매우 높아질 전망입니다.

크롬북 활용 업무 처리

크롬북을 이용하여 학교 업무를 효율적으로 처리할 수 있습니다. 물론 학교에서 대부분 PC를 이용하여 업무를 처리하고 있는 관계로 필요성이 많지 않다고 볼 수도 있지만 빠른 부팅 속도를 고려할 때 간단한 업무 처리는 크롬북을 이용하여 처리하면 매우 효율적입니다. 또한 가벼운 무게로 휴대가 간편하여 회의 또는 연수시 기록을 위하여 언제 어디서나 간편하게 사용할 수 있습니다.

크롬북 교육에 활용하기

앞에서 언급한 바와 같이 크롬북은 학교에서 스마트 교육을 실현하기에 최적의 기기입니다. 수업시간에 책상 위에 올려놓았다가 필요할 때 바로 켜서 사용할 수 있고 사용하지 않을 때는 잠시 덮어놓으면 됩니다. 다음은 크롬북을 교육에 활용할 수 있는 예입니다.

크롬북은 크롬 브라우저 기반의 모든 프로그램을 사용할 수 있습니다. 메일 확인이나 학급 홈페이지, SNS 등을 사용할 때 적합합니다. 학생 교육에 크롬북을 사용하는 예를 보겠습니다.

클래스팅

클래스팅은 전직 초등학교 교사였던 조현구 대표가 학교폭력의 심각함을 느끼고 줄일 수 있는 방안을 고민하던 끝에 개발한 교육용 SNS입니다. 기존의 SNS와 달리 교육 현장에 특화된 SNS로 교사와 학생들이 불건전한 정보에 노출되지 않는 상태에서 소통할 수 있도록 무료로 제공되고 있습니다. 전국의 약 24,000여개 학급에서 사용하고 있으며 한국어와 더불어 중국, 일본어와 스페인어 등의 언어를 지원합니다.

클래스팅 가입

클래스팅 가입은 클래스팅 홈페이지(http://www.classting.com) 또는 모바일 기기에서 직접 가입할 수 있습니다. 모바일 기기에서는 앱 스토어 또는 Google Play 스토어에서 '클래스팅' 또는 'classting'을 검색합니다.

여기에서는 크롬북을 이용하여 웹에서 가입하는 예제를 살펴봅니다.

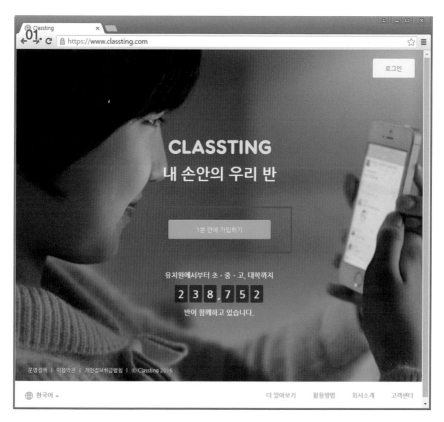

① 클래스팅 홈페이지(http://www.classting.com)에 접속합니다.
② 화면 중간의 '1분만에 가입하기'를 클릭합니다.

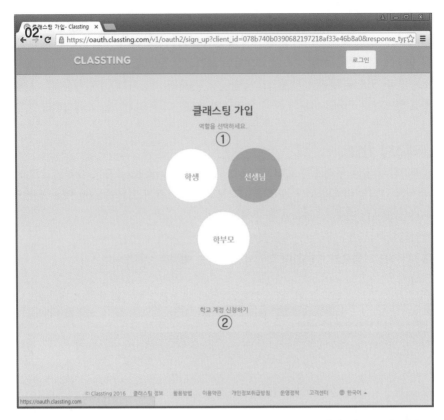

① 교사, 학생, 학부모 중에서 맞는 역할을 선택합니다. 교사가 학부모인 경우는
별개의 계정으로 가입하는 것이 좋습니다.

② 학교 계정 신청하기 : 클래스팅을 학교 단위로 사용하고자 할 때 선택합니다.

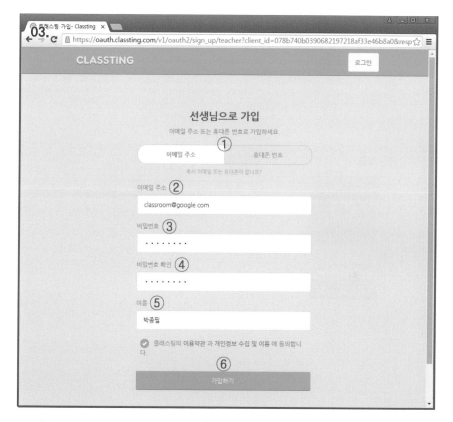

① 가입은 이메일이나 휴대폰을 이용하여 진행할 수 있습니다. 학생들이 이메일이나 휴대폰이 없는 경우는 '혹시 이메일 또는 휴대폰이 없나요?'를 클릭하면 아이디로 가입할 수 있습니다. 아이디로 가입하고 난 후에 이메일과 휴대폰 번호를 변경할 수도 있습니다. 이메일 또는 휴대폰으로 가입하는 경우 아이디는 임의 생성되며 변경할 수 없습니다.

② 이메일주소 : 사용하는 이메일을 적습니다. 비밀번호를 잊었을 경우 임시 비밀번호를 받을 수 있도록 실제 사용하고 있는 이메일을 적습니다.

③ 비밀번호 : 비밀번호는 영문과 숫자를 포함하여 8자 이상으로 입력합니다. 학생들이 비밀번호를 자주 잊어먹는 경우가 많아서 주의를 요합니다.

④ 이름 : 본인의 이름을 적습니다.

⑤ 클래스팅 이용약관과 개인정보 수집 및 이용에 동의합니다 : 체크 표시를 합니다.

⑥ '가입하기'를 누릅니다.

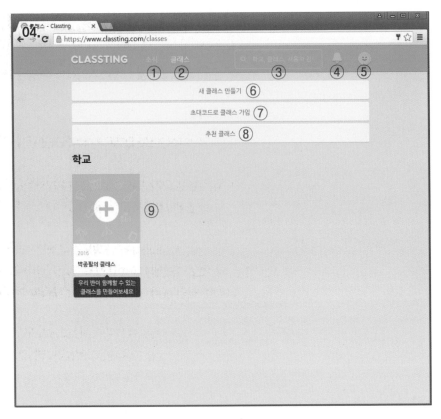

① 소식 : 클래스팅의 모든 소식을 볼 수 있습니다.

② 클래스 : 클래스를 개설한 경우 클래스를 선택할 수 있습니다. 교사는 필요에 따라 원하는 만큼의 클래스를 생성할 수 있습니다.

③ 검색 : 학교, 클래스, 사용자 등을 검색할 수 있습니다.

④ 새로운 소식이 있을 때 알려줍니다.

⑤ 사용자 관련 정보를 수정할 수 있습니다.

⑥ 새 클래스 만들기 : 클래스를 개설할 수 있습니다. 필요에 따라 학급 단위로 개설할 수도 있고, 과목 단위로 개설할 수도 있습니다.

⑦ 초대코드로 클래스 가입 : 클래스가 이미 개설되었을 경우 교사가 알려준 초대코드로 클래스에 가입할 수도 있습니다.

⑧ 추천 클래스 : 클래스팅에서 추천하는 오픈클래스 목록을 볼 수 있으며 원하는 클래스를 선택해서 코드없이 바로 가입할 수 있습니다.

⑨ 학교 : 소속 학교에서 자신이 개설한 클래스가 연도별로 모두 나타납니다.

추천 클래스 목록입니다. 모두 오픈 플래스기 때문 사용자는 각 클래스를 클릭하여 살펴보고 원하는 클래스를 선택해서 가입할 수 있습니다.

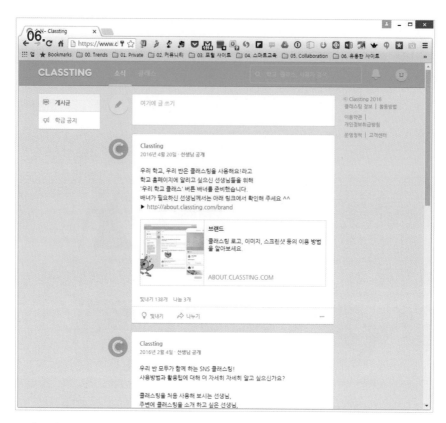

클래스팅 가입 후 첫 접속화면입니다. 클래스팅 사용을 위한 안내를 글과 동영상으로 볼 수 있습니다.

클래스 만들기

새 클래스를 만들기 위해서 클래스팅에 로그인합니다.

① 화면 상단의 '새 클래스 만들기'를 클릭합니다.

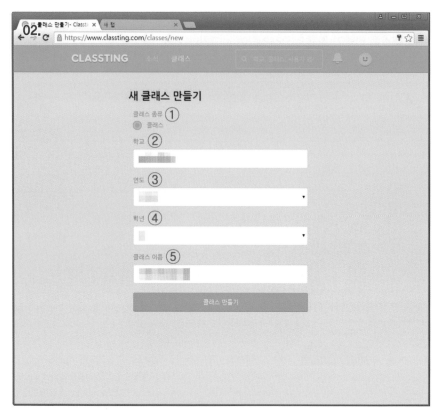

① 클래스 종류 : 개설할 클래스의 성격을 선택합니다. 일반적으로 '클래스'를 선택하면 되고 가입이 필요없는 클래스를 만들고 싶은 경우 '오픈 클래스'를 선택합니다.

② 학교 : 학교 이름을 입력합니다. 학교 이름은 검색하여 선택할 수 있으며, 클래스팅이 활성화되어 있는 학교의 경우 클래스팅 마크가 붙어 있습니다.

③ 연도 : 해당 학급의 개설 연도를 선택합니다.

④ 학년 : 해당 학급의 학년을 선택합니다. 초등학교를 선택하면 6학년까지 나타납니다.

⑤ 클래스 이름 : 개설할 학급의 이름을 임의로 정할 수 있습니다.

276

학생 초대하기

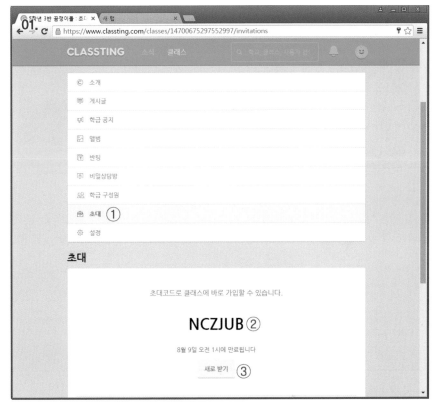

① 화면 중간의 '초대'를 클릭하여 학생과 학부모 클래스팅에 참여하도록 초대할 수 있습니다.

② 초대 코드를 학생과 학부모에게 알려줘서 참여하게 할 수도 있으며 초대 코드는 일정 기간이 지나면 무효화됩니다.

③ '새로 받기'를 클릭하여 클래스 초대 코드 변경할 수 있습니다.

아래 그림은 필자가 실제로 운영하고 있는 클래팅 예제입니다.

① 클래스를 관리할 수 있는 메뉴입니다.

② 실제 게시물이 올라오는 곳입니다. 교사, 학생, 학부모 모두 게시물을 작성할 수 있으며, 읽기 권한을 수정하여 쓸 수도 있습니다.

③ 클래스 내의 게시물을 검색할 수 있습니다.

④ 가장 최근의 학급 공지 내용을 보여줍니다. 학급 공지는 교사가 작성하는 '알림장'이며, 스마트폰이 없는 경우 등록한 SMS로 간략하게 보내줍니다.

클래스팅 활용 예

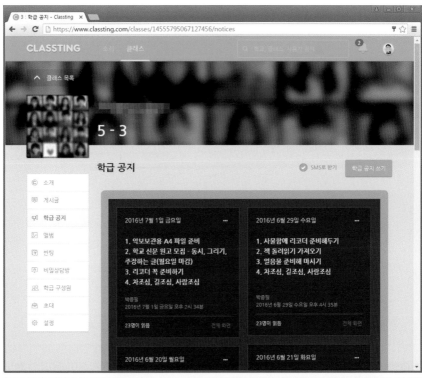

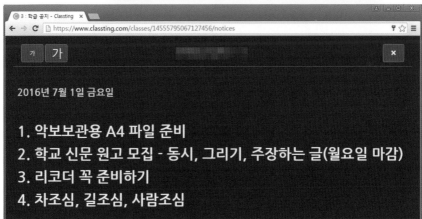

클래스팅의 가장 큰 장점 중 하나라고 할 수 있는 '학급 공지' 기능입니다. 초등학교에서 많이 쓰고 있는 알림장을 대체할 수 있도록 화면 가득 써서 보여줄 수 있는 기능을 제공하고 있으며 특히, 스마트폰이 없는 학생과 학부모를 위하여 SMS 메시지로 내용을 무료로 전송해 줍니다.

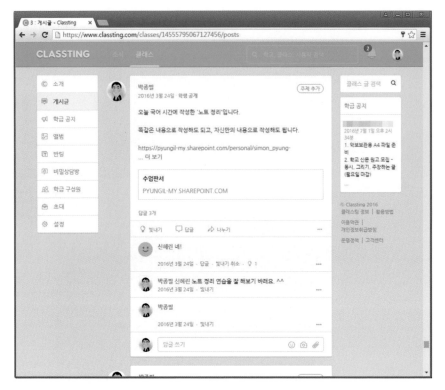

학습에 관련된 내용을 사전에 제시하거나 그날 학습한 내용을 정리하여 올려서 학생들이 참고할 수 있도록 했습니다.

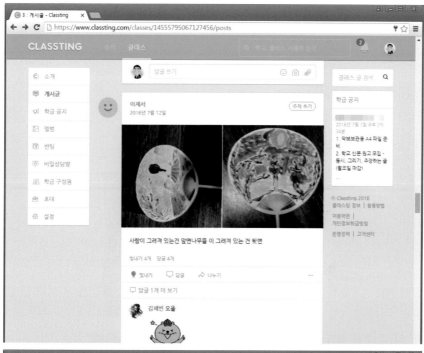

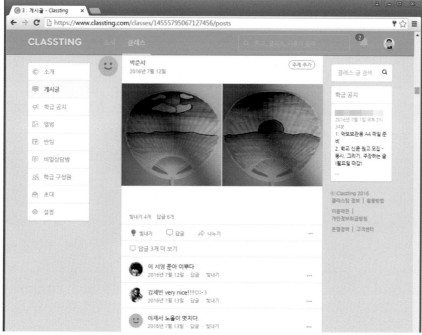

미술 시간의 결과물입니다. 부채에 먹과 물감으로 그리기를 한 후 학생들이 자신의
작품을 촬영하여 업로드할 수 있도록 하였습니다.

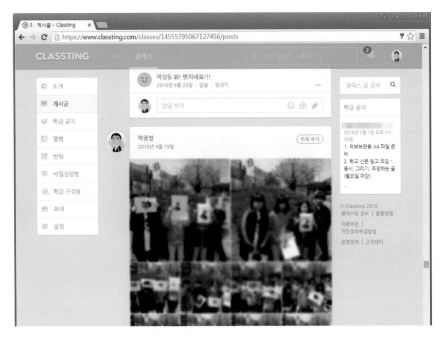

학생들의 수업 활동 모습을 촬영하여 학부모가 볼 수 있도록 공유하였습니다.

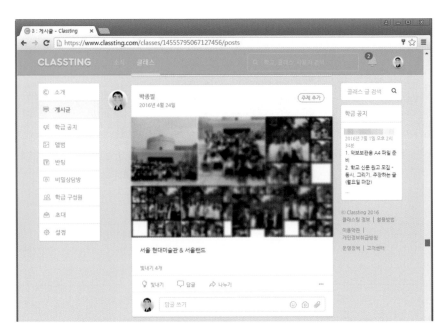

현장 학습 시 학부모가 가장 걱정하는 부분이 아이들의 안전 문제입니다. 학생들이 안전하게 활동하는 모습을 사진으로 올려서 학부모가 볼 수 있도록 하였습니다.

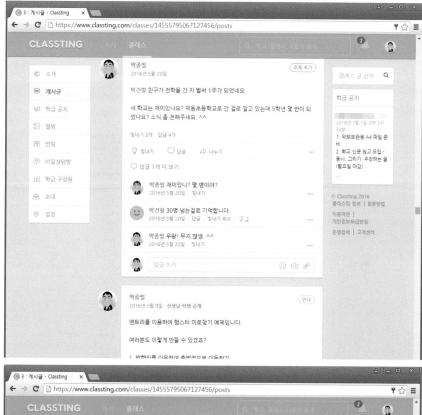

학기 중 남학생 한 명이 전학을 갔습니다. 클래스팅에는 계정이 그대로 남아있어 소식을 주고 받을 수 있었습니다. 학생들끼리도 서로 안부를 묻고 답할 수 있도록 안내하였습니다.

위두랑은 디지털 교과서와 연동하여 활용할 수 있도록 개발한 교육용 SNS입니다. 학급 및 학급내 그룹 단위로 학생들을 조직할 수 있어 교사가 효율적으로 활용할 수 있으며, 디지털 교과서에서 작성한 콘텐츠를 한 번의 클릭만으로 위두랑으로 전송할 수 있는 강력한 기능을 제공합니다.

학생들이 작성한 게시물을 선택하여 PDF 형태의 디지털 포토폴리오로 작성할 수 있는 기능은 위두랑의 가장 큰 매력 중 하나입니다. 모바일 어플리케이션도 제공하여 학생들이 활동하면서 바로 바로 기록할 수 있습니다.

위두랑 가입

위두랑은 한국교육학술정보원이 운영하고 있는 에듀넷(http://www.edunet.net) 통합회원으로 가입되어 있어야 활용할 수 있습니다. 만 14세 미만 아동은 '학부모 동의' 절차를 걸쳐야만 회원으로 가입할 수 있어서 다소 번거로울 수도 있습니다. 이를 해소하기 위하여 한국교육학술정보원에서는 '학부모와의 전화통화' 유효한 인증으로 인정하여 회원 가입이 가능하도록 절차를 간소화하였으며, 교사가 '학부모 동의서'를 받아서 팩스 또는 이메일로 전송하는 것 도한 인증 절차로 갈음하고 있습니다. 자세한 내용은 학교에 접수된 디지털 교과서 활용 희망 신청 관련 공문을 참고하시기 바랍니다.

Padlet

Padlet은 여러 학생들의 의견을 실시간으로 받을 수 있는 효율적인 도구입니다. 웹서비스에서 출발하여 안드로이드, iOS 앱까지 개발되어 활용 가능 범위가 훨씬 넓어졌습니다.

Padlet 가입하기

Padlet 가입은 홈페이지(http://www.padlet.com)에서 가입하거나 앱을 이용하여 가입할 수도 있습니다. 앱 스토어 또는 Google Play 스토어에서 검색하여 설치, 가입할 수 있습니다.

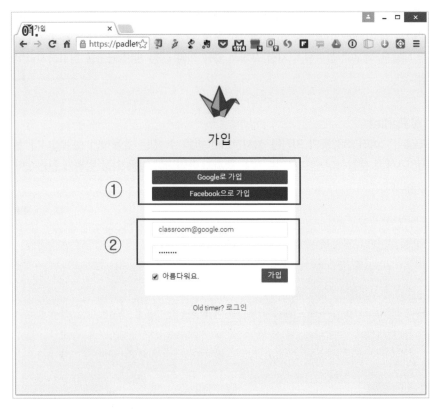

① 'Google로 가입', '페이스북으로 가입' : Google 또는 페이스북 계정이 있는 경우 기존 계정을 이용하여 가입할 수 있습니다. 원하는 메뉴를 선택한 후 로그인하거나 이미 로그인이 되어 있는 경우 바로 접속할 수 있습니다.
② 이메일과 비밀번호를 입력하여 직접 가입할 수도 있습니다.

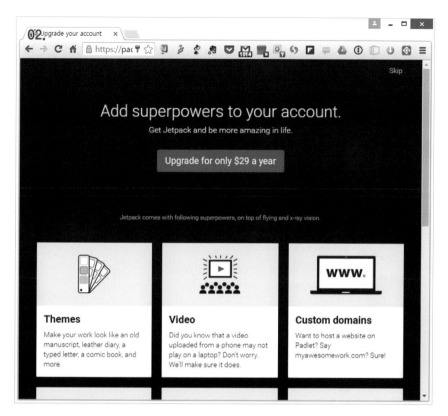

Padlet에 로그인하면 초기 안내를 볼 수 있습니다. 업그레이드와 관련된 안내가 나오지만 학교에서 활용하는데는 무료 버전으로도 충분합니다. 업그레이드를 할 경우 테마를 선택하거나 비디오 호환성, 도메인 설정 등의 추가 작업을 할 수 있습니다.

Padlet 활용하기

Padlet 초기 화면입니다. 현재의 한국어 서비스는 약간의 오역이 있어서 의미에 혼란
이 있는 부분이 다소 있습니다.

① 새 Padlet : 새로운 Padlet을 작성합니다.

② Menu : Padlet, 활동, 첨부 파일, 협력자 관련 메뉴가 있고, 환경을 설정할 수
　도 있습니다.

③ Dash Board : 현재까지 작성한 Padlet 목록을 볼 수 있습니다.

④ 앱과 플러그인 : Padlet 관련 앱과 플러그인 관련 사항을 변경할 수 있습니다.

'설정' 메뉴에서 아래 화면처럼 언어를 '한국어'로 바꿔 사용할 수 있습니다.

Padlet 만들기

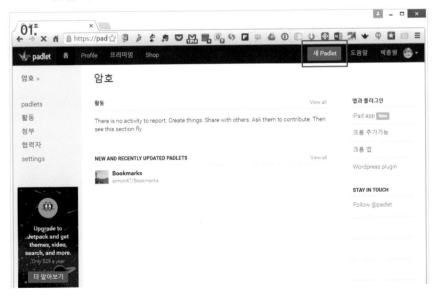

① 새로운 Padlet을 만들기 위해서는 화면 상단의 '새 Padlet'을 클릭합니다.

① Padlet의 이름을 입력합니다.

② Padlet에 대한 설명을 간략하게 입력합니다.

③ 입력 방식을 선택합니다. 자유 형식, 격자 형식, 스크림 형식 중에서 원하는 형
식을 설정할 수 있으며 이후에 이 설정을 변경할 수도 있습니다.

④ 배경을 선택할 수 있습니다.

Padlet에 게시물을 작성하기 위해서는 화면 아래의 '+'를 클릭하거나 화면의 빈 부분을 클릭하면 입력이 가능합니다. 로그인한 경우에는 사용자의 이름이 자동으로 입력되며 로그인하지 않은 경우는 이름과 내용을 작성할 수 있습니다.

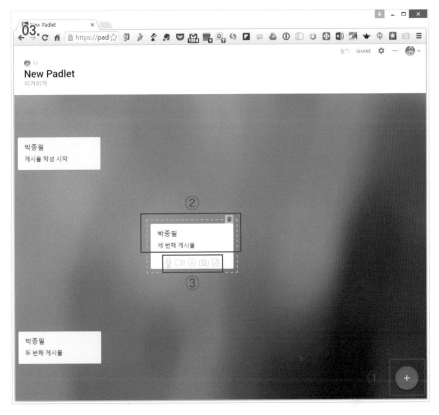

① 게시물을 작성하기 위하여 '+'를 클릭하거나 화면 빈 곳을 클릭하여 새 게시물을 작성합니다.
② 게시자의 이름과 내용을 입력합니다.
③ 음성, 동영상, 이미지, 카메라 촬영, 문서 등을 첨부할 수 있습니다.

Socarative

Socarative는 다수의 의견을 한꺼번에 실시간으로 전송받을 수 있는 Clicker 앱의 일종으로 웹과 모바일 기반으로 다수의 청중들의 반을 실시간으로 확인할 수 있는 서비스입니다. 외국에서 제공하는 서비스인 관계로 메뉴가 영어로 되어 있어 교사들이 사용에 많은 부담을 갖기도 했습니다. 이런 부담을 고려하여 한글화 서비스가 시작되고 있는데 현재 진행중인 관계로 번역이 어색한 부분들이 많이 보입니다.

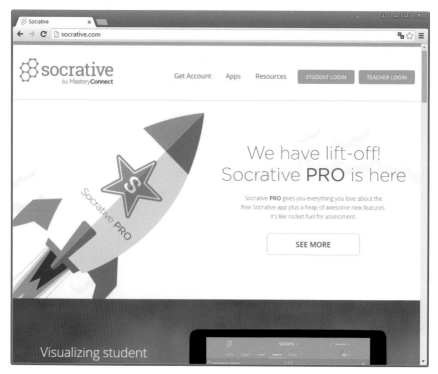

Socrative 가입

Socrative 가입은 홈페이지(http://www.socrative.com)와 모바일 서비스에서 가능합니다.

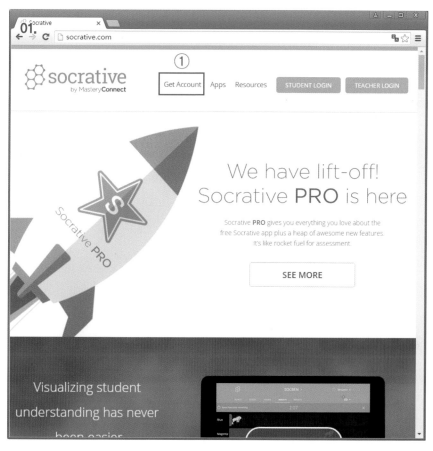

① Socrative에 가입하기 위하여 'Get Account'를 클릭합니다.

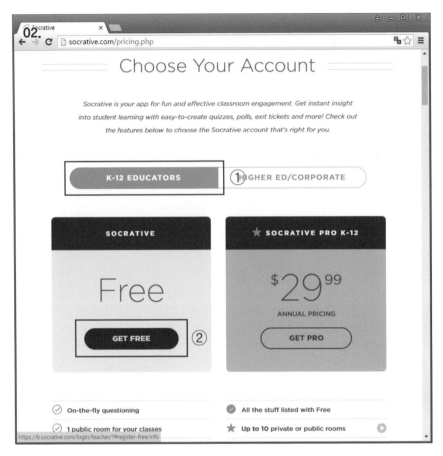

① K-12 Educators를 선택합니다. 'K-12'는 유치원에서 고등학교 3학년까지의
과정을 나타내는 미국식 표현입니다.

② 'Socrative'를 선택합니다. 'Socrative Pro K-12'는 추가 기능이 필요한 경우
선택할 수 있는 유료 서비스입니다.

① '이름'과 '성'을 입력합니다.

② '기본 이메일'을 입력하고 확인합니다.

③ '백업 이메일'을 입력하고 확인합니다. 선택사항으로 필요한 경우에 입력합니다.

④ 비밀번호를 입력합니다.

⑤ '다음'을 눌러 2단계로 진행합니다.

① 국가 : 'South Korea'를 선택합니다.

② 조직유형 : '초등/중등 학교' 등 해당하는 유형을 선택합니다.

③ 학교 : 미국의 학교들이 나열되어 있기에 '학교가 나열되지 않음'을 선택합니다.

④ 학교이름 : 해당 학교의 이름을 입력합니다.

⑤ 역할 : '선생' 등의 해당 역할을 선택합니다.

⑥ '나는 동의'에 체크합니다.

⑦ '저장'을 눌러 진행합니다.

① 왼쪽의 무료 계정을 선택합니다. 필요에 따라 유료 서비스를 선택할 수도 있습니다.

② '종료'를 클릭하여 가입을 완료합니다.

Socrative 활용하기

Room Name 변경하기

소크라티브를 활용하기 위해서는 Room(객실로 번역)을 생성해야 하며 그 안에서 학생들과 활동이 이루어집니다. 처음 가입시 임의로 Room이 생성되어 있으며 학생들에게 알려주어야 할 Room Name도 임의로 부여됩니다. Room Name을 변경해 보겠습니다.

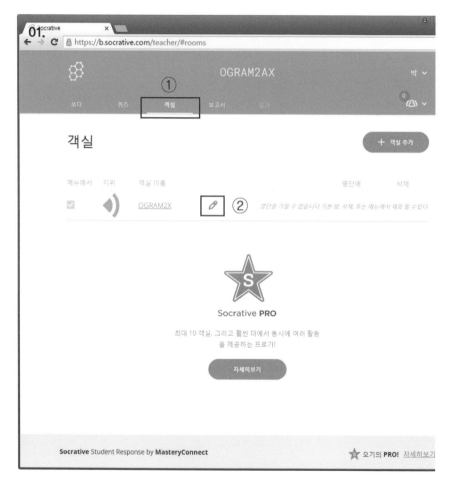

① 상단 메뉴에서 '객실'을 선택합니다.
② 연필 모양을 눌러서 Room Name을 수정할 수 있습니다.

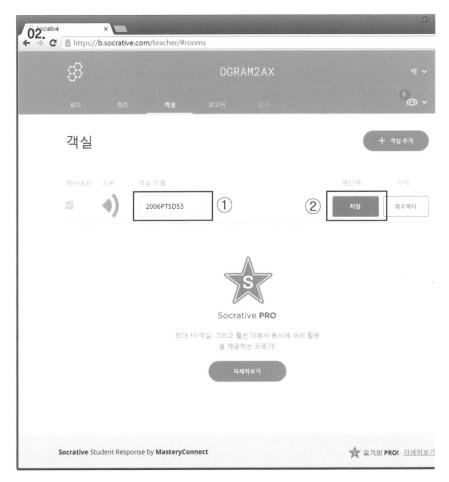

① '2006ptsd53'과 같이 사용하기 원하는 Name을 입력합니다. 숫자와 영문으로 구성할 수 있으며 학생들이 이해하기 쉬운 것으로 입력하는 것이 좋습니다.

② '저장'을 눌러 Room Name을 변경을 완료합니다.

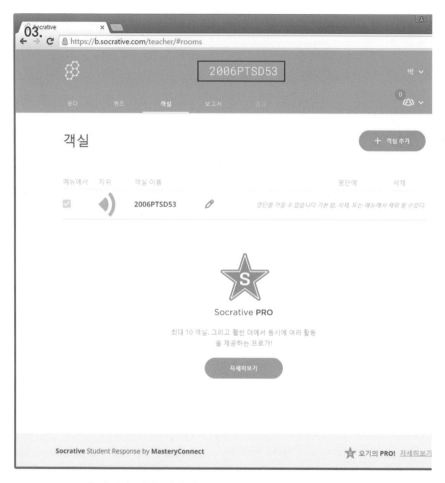

Room Name이 변경된 것을 확인할 수 있습니다. 학생들에게 이 Room Name을 알려준 후 같이 활동할 수 있습니다.

학생 로그인

학생이 수업에 참여하기 위해서는 가입할 필요없이 Room Name만 입력하면 됩니다. 학생으로 로그인해 보겠습니다.

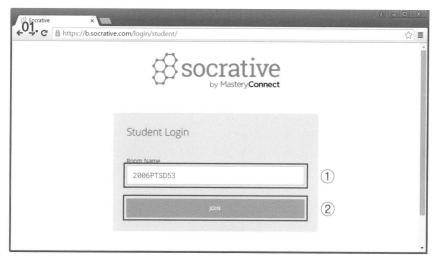

① 교사로부터 얻은 Room Name을 입력합니다.
② 'Join'을 눌러서 수업에 참여합니다.

① Room Name이 맞는지 확인합니다.
② 교사가 다음 활동을 시작할 때까지 대기 상태가 됩니다.

단답형 문제 내기

학습 정리단계에서 학생들의 학습이해도를 측정하기 위한 형성평가의 일환으로 단답형 문제를 제시할 수 있습니다.

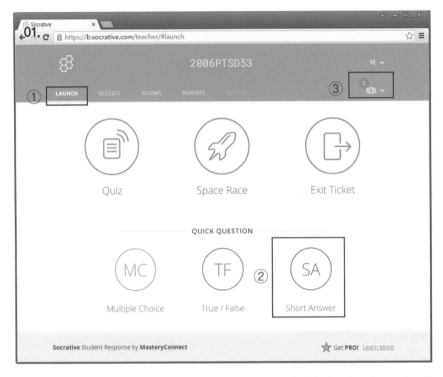

① 단답형 문제를 제시하기 위하여 'LAUNCH'를 클릭합니다. 한국어로는 '쏘다'로 번역되어 있습니다.

② 'Short Answer'을 선택합니다.

③ 현재 방에 들어온 학생 수를 확인할 수 있습니다. 학생들이 모두 참여하지 않은 경우 참여하도록 안내합니다.

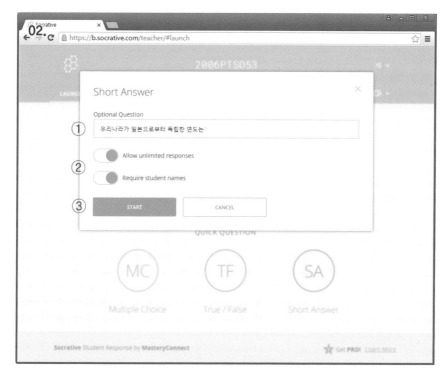

① 학생의 이해를 돕기 위해 텍스트로 보여질 질문을 입력합니다. 기본적으로 말로 문제를 내는 형태이기 때문에 입력하지 않아도 됩니다.

② 답변을 계속할 수 있는지 여부와 학생들의 이름을 요구할 지 선택합니다.

③ 'START'를 누르면 활동이 시작됩니다.

학생 응답시 화면입니다.

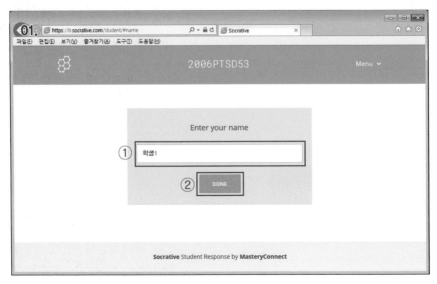

① 학생 이름을 입력합니다. 교사가 요구하지 않은 경우는 바로 다음 화면으로 넘어갑니다.

② 'DONE'를 눌러 활동에 참여합니다.

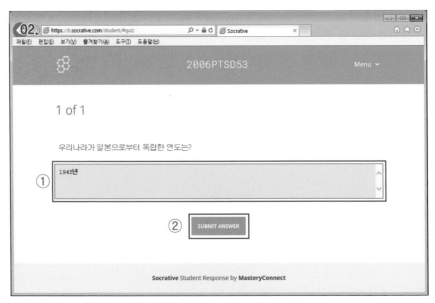

① 답을 입력합니다.

② 'SUBMIT ANSWER'을 클릭하여 답을 제출합니다.

아래 화면은 단답형 문제를 제시했을 때 교사 화면입니다.

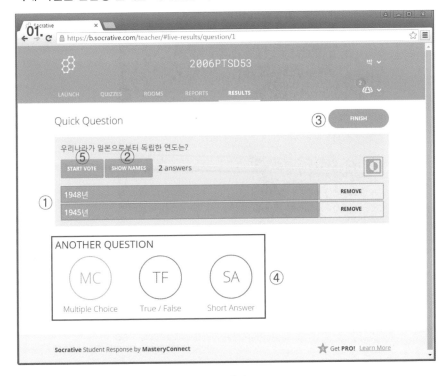

① 학생들이 제출한 답을 확인할 수 있습니다.
② 학생들이 이름을 보이게 하거나 감출 수 있습니다.
③ 질문에 대한 응답을 더 이상 받지 않고 싶을 때 클릭합니다.
④ 질문 도중에 다른 질문 활동을 시작하고 싶을 때 문제 유형을 선택합니다.
⑤ 학생들의 응답을 이용하여 투표 활동을 할 때 선택합니다.

'FINISH'를 눌러 활동을 마치고 나면 활동 결과 보고서를 받아볼 수 있습니다. 필요하지 않은 경우는 '닫기'를 눌러 창을 닫으면 됩니다.

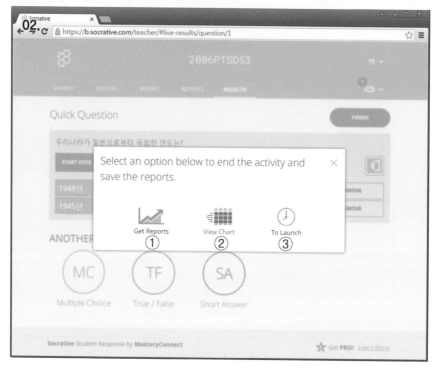

① 엑셀 파일로 작성된 학생 개별/전체 활동 결과를 이메일로 받거나 바로 다운로드 받을 수 있습니다.
② 활동 결과를 챠트로 볼 수 있습니다. 무료 버전에서는 제공되지 않습니다.
③ 초기 화면으로 돌아갑니다.

선택형 문제 내기

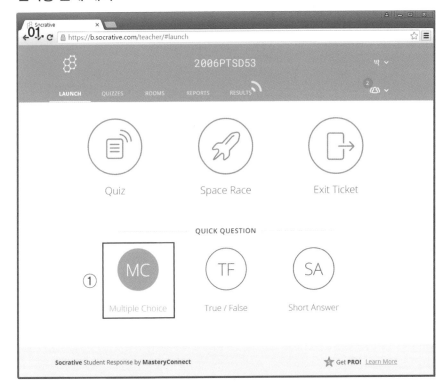

① 선택형 문제는 교사가 말로 문제와 선택지를 제시하고 학생들이 선택하는 형태입니다. 선택형 문제를 내기 위해 'Multiple Choice'를 클릭합니다.

Multiple Choice를 누르고 시작하면 아래와 같은 화면이 나타납니다.

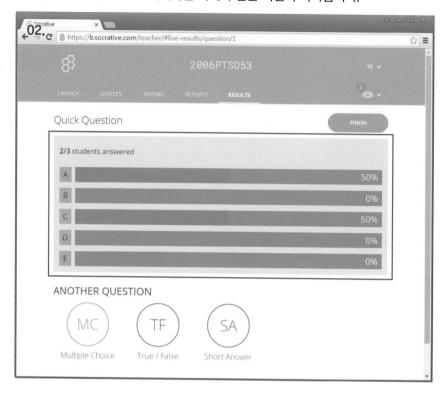

선택형 문제를 제시했을 때 학생 화면입니다. 교사의 말로 된 문제를 듣고난 후 문제의 답을 선택합니다.

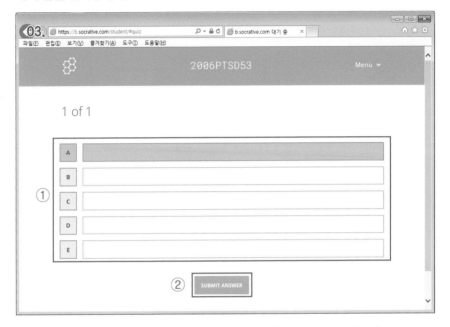

① 답이라고 생각되는 것을 고릅니다. 현재 'A'를 답으로 고른 상태입니다.
② 'SUBMIT ANSWER'를 눌러 답을 전송합니다.

선택형 문제를 낸 후 학생들이 응답을 제출했을 때 교사 화면입니다. 현재 2명의 학생이 대답을 했고 'A'와 'C' 두 가지 답을 제출했음을 알 수 있습니다.

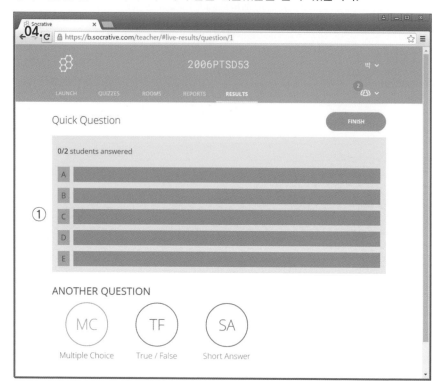

True / False 문제도 비슷하게 진행되며 교사가 제시한 질문이 '맞다/틀리다'에 대한 자신의 생각을 제출합니다.

소크라티브를 수업 활동 중에 사용하는데는 'QUIZZES'가 매우 유용하며 이에 대한 자세한 사용법은 소크라티브 도움말을 참고하시기 바랍니다.

PingPong

PingPong은 Socrative의 한국어판 정도로 생각하시면 됩니다. 영어에 대한 막연한 두려움으로 Socrative 사용에 어려움을 겪고 있는 교사들을 위하여 워터베어 소프 트라는 회사에서 개발한 서비스입니다. PingPong은 웹페이지(http://www.gogopp. com)에서 활용할 수 있으며 iOS, 안드로이드 앱도 개발되어 있어 편리하게 사용하 수 있습니다.

Pingpong 가입하기

Pingpong을 이용하여 수업을 진행하기 위해서는 Socrative와 마찬가지로 교사는 가입이 필요하며, 학생들은 가입할 필요 없이 참여할 수 있습니다.

Pingpong 웹페이지의 '웹 앱'을 클릭합니다.

① 교사가 수업을 진행하기 위해서는 '진행하기'를 클릭합니다. 교사는 가입해야 사용할 수 있기 때문에 가입하기 화면으로 진행됩니다.

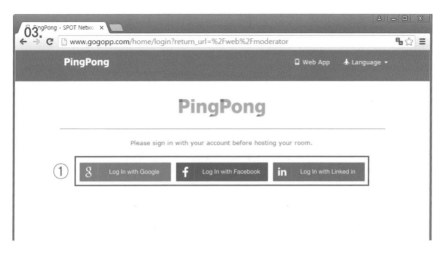

① 가입은 Google, 페이스북, 또는 Linked In 계정을 이용하여 가입할 수 있습니다. 원하는 서비스를 클릭하여 가입합니다.

아래 화면은 가입이 완료된 상태의 초기 화면입니다.

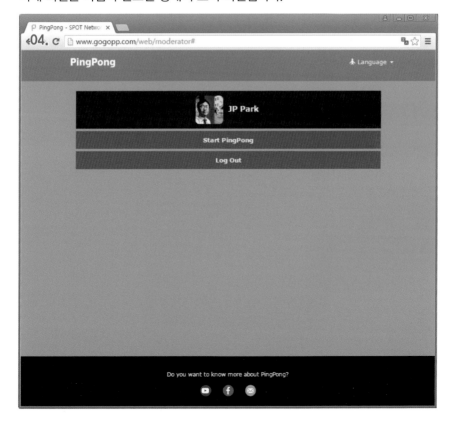

Pingpong 활용하기

Pingpong을 시작해 보겠습니다.

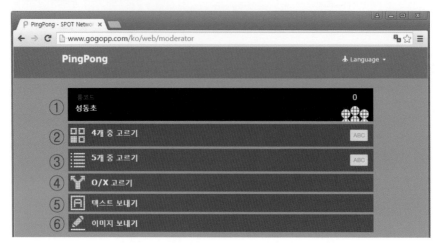

① 룸코드 : 룸코드를 확인하고 변경할 수 있습니다. 룸코드 변경을 원하는 경우 클릭하면 변경할 수 있습니다. 룸코드는 한글 기준 12자 이내로 설정할 수 있습니다. 간단하게 설정하는 것이 좋습니다.

② 4개 중 고르기 : 4개 항목 중 하나를 선택하는 선택형 문제 활동을 할 수 있습니다.

③ 5개 중 고르기 : 5개 항목 중 하나를 선택하는 선택형 문제 활동을 할 수 있습니다.

④ O/X 고르기 : 참/거짓 문제 활동을 할 수 있습니다.

⑤ 텍스트 보내기 : 단답형 문제 활동을 할 수 있습니다.

⑥ 이미지 보내기 : 응답자의 기기가 터치를 지원하는 기기인 경우 그림을 그려서 제출하도록 할 수 있습니다.

선택형 문제 내기

PingPong은 Socrative와 마찬가지로 교사가 문제와 선택지를 말로 설명하고 학생이 선택하는 형태로 진행됩니다.

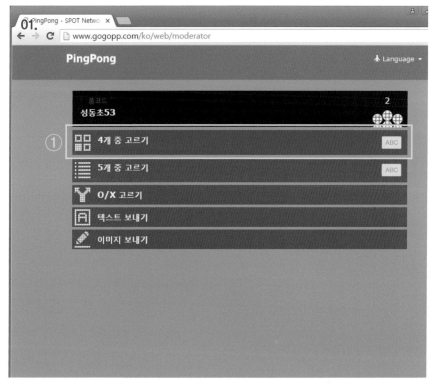

① 4지 선다의 문제를 학생들에 말해 준 후 '4개 중 하나 고르기'를 클릭합니다.

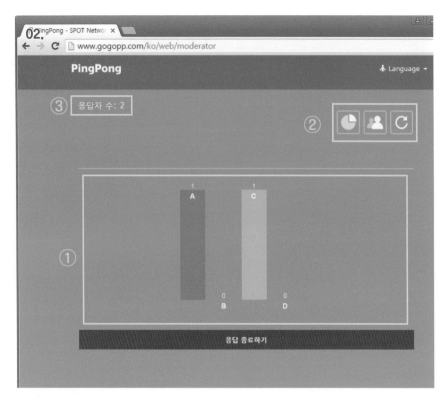

① 학생들의 응답을 실시간으로 볼 수 있습니다.

② 학생 응답을 막대그래프/원그래스 중 원하는 형태로 변경하거나, 학생의 결과를
확인하고 응답을 다시 요청할 수도 있습니다.

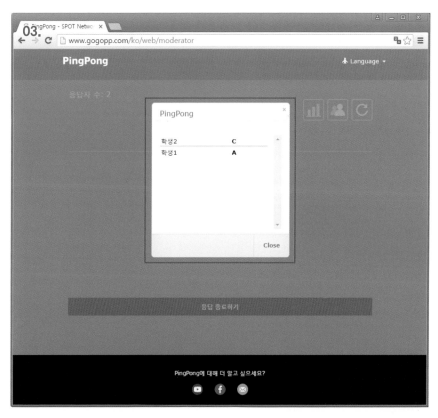

학생들의 응답 상황에 대한 자세한 내용을 볼 수 있어 이해도를 파악할 수 있습니다.

Pingpong 학생 화면

아래 화면은 학생이 룸코드와 자기 이름을 입력하고 접속하는 화면입니다.

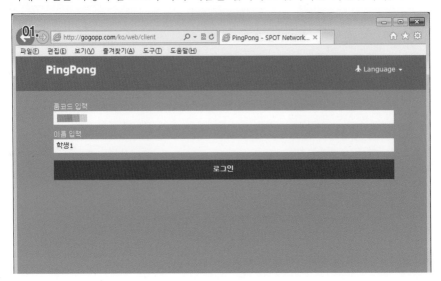

접속이 완료되고 교사의 요청을 기다리는 화면입니다.

Google Cast for Education 활용하기

Google Cast for Education이란?

Google Cast for Education을 이용하여 학생들의 화면을 학급에 공유할 수 있습니다. Google Cast for Education은 크롬 브라우저 무료 앱으로 교실 어디에서나 학생들과 교사가 화면을 공유할 수 있도록 도와줍니다. 동영상과 음성도 공유할 수 있으며 구글 클래스룸과 함께 활용하면 더욱 좋습니다. Google Cast for Education은 프로젝터 또는 대형TV와 연결된 교사 컴퓨터에서 실행되며 별도의 하드웨어를 추가할 필요 없이 학생들 화면을 전송받아 보여줄 수 있습니다. 학생들은 Google Cast 크롬 앱을 통해 자신들의 화면을 교사 컴퓨터에 전송하여 학급의 학생들과 공유할 수 있습니다.

Google Cast는 현재 크롬 브라우저의 확장 프로그램으로 지원하고 있으며 모바일 버전은 향후 지원예정입니다. Google Cast for Education은 현재 베타 버전을 제공하고 있으며 가까운 시일 내에 정식 버전이 출시되면 별도의 설정 없이도 사용하수 있습니다.

Google Cast for Education 베타 버전 사용하기

Google Cast for Education 베타를 사용하기 위해 아래의 과정이 필요합니다.
- 최신 버전의 크롬 브라우저로 업데이트 및 미디어 라우터 사용
- 교사용 Cast for Education 앱 설치
- 학생용 Google Cast 앱 설치

최신 버전의 크롬 브라우저로 업데이트 및 미디어 라우터 사용

Google Cast for Education을 사용하기 위해서는 크롬 브라우저가 51 또는 52로 시작하는 버전이어야 합니다. 현재 대부분의 크롬 브라우저는 51입니다. 크롬 브라우저의 버전을 확인하는 방법은 다음과 같습니다.

① PC 또는 Mac의 크롬 브라우저에서 '메뉴'를 클릭합니다.

② '도움말'을 클릭합니다.

③ 'Chrome 정보'를 클릭합니다.

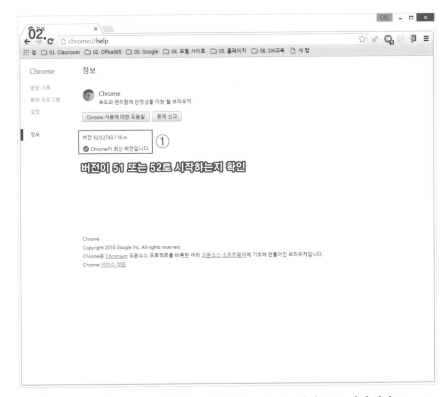

① 버전이 51 또는 52로 시작하는지 확인합니다. 51 이상으로 시작해야 Google Cast for Education을 사용할 수 있습니다.

② Google 교육용 앱스를 사용하는 경우 관리자 설정에 따라 자동으로 업데이트 가 되지 않도록 설정한 경우는 업데이트가 되지 않으며 이런 경우에는 관리자 에게 연락하여 업데이트가 가능하도록 조치를 취해야 합니다.

크롬에서 미디어 라우터를 사용하도록 설정하기 위해서 크롬 브라우저 주소줄에 chrome://flags/#media-router 라고 입력합니다. '미디어 라우터'를 '사용 설정됨'으로 설정합니다. 별도의 저장은 필요하지 않고 바로 적용됩니다.

⊙ Google Cast for Education 시작하기

Google 교육용 앱스 관리자 사전 설치

교사와 학생들이 크롬 웹스토어에서 Google Cast for Education을 검색하여 설치하기 위해서는 Google 교육용 앱스에서 관리자가 사전 설치를 해 주어야만 합니다. 관리 콘솔에 접근하려면 http://google.com/a/smart89.com(사용계정명)처럼 사용 계정명에 Google 교육용 앱스 주소를 입력합니다.

관리자 페이지에서 '기기관리' 〉 기기설정에서 '크롬 관리' 〉 '사용자 설정' 〉 '앱과 확장 프로그램'에서 '강제 설치 관리' 〉 크롬 웹스토어에서 'Google Cast for Education' 검색 〉 '추가' 및 '저장' 〉 설정 '저장'의 순서로 진행합니다.

학생을 위한 설정도 마찬가지의 순서로 진행되면 'Google Cast'를 검색하여 추가 및 저장합니다.

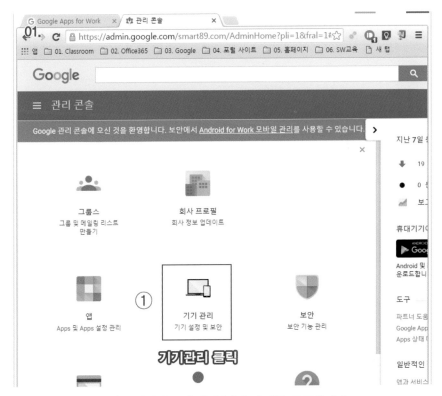

① Google 교육용 앱스 관리자 콘솔에서 '기기 관리'를 클릭합니다.

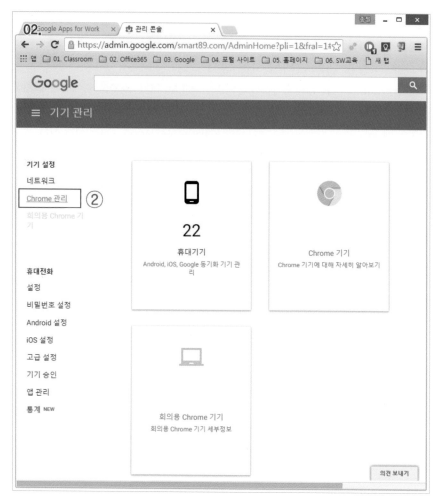

② '기기 설정'의 'Chrome 관리'를 클릭합니다.

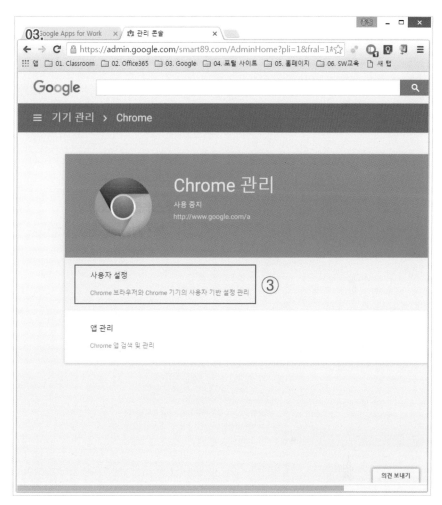

③ '사용자 설정'을 클릭합니다.

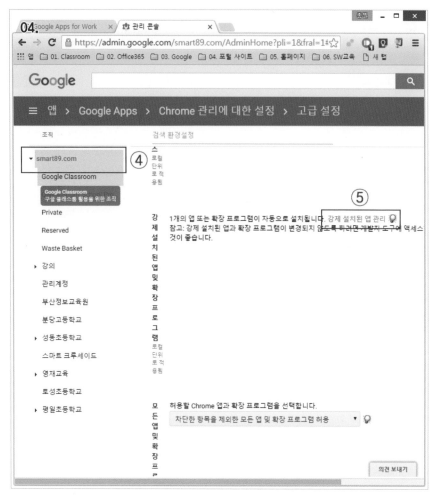

④ 설정이 적용될 조직을 선택합니다. 맨 상위 조직을 선택하면 전체가 적용됩니다.

⑤ '강제 설치된 앱 관리'를 클릭합니다.

⑥ Chrome 웹스토어에서 'Google Cast for Education'을 검색하여 추가하고 저
장합니다.

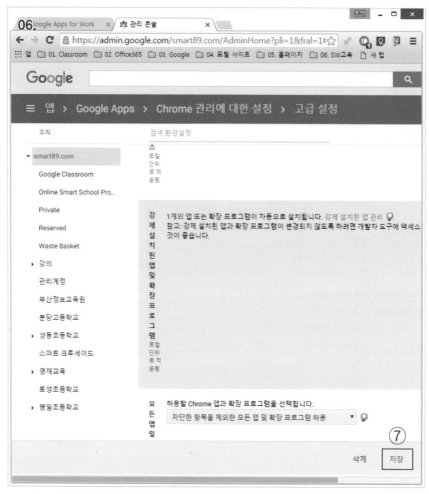

⑦ 한 번 더 '저장'을 누르면 적용됩니다.

다음은 Google 교육용 앱스 관리자가 학생용 Google Cast를 설치하도록 설정하는 과정입니다. 교사용 Google Cast for Education을 설치하는 과정과 똑같이 크롬 웹스토어에서 'Google Cast'를 검색하여 추가 및 저장해주면 됩니다.

① 'Google Cast'를 검색하여 추가합니다.
② '저장'을 누르면 적용됩니다.

Google Cast for Education 교사용 설치

Google Cast for Education을 설치하기 위해서는 51 이상의 크롬 최신 버전을 사용해야 하며 구글 교육용 계정으로 로그인되어 있어야 합니다. 현재는 크롬 웹스토어에서는 검색되지 않으며 https://chrome.google.com/webstore/detail/google-cast-for-education/bnmgbcehmiinmmlmepibeeflglhbhlea 주소를 직접 입력해야 설치할 수 있습니다.

① 'Google Cast for Education' 앱을 확인합니다.
② 'Chrome에 추가'를 클릭하여 추가합니다.

크롬에 'Google Cast for Education' 앱이 추가된 것을 확인할 수 있습니다. 자주 사용하는 경우는 앱을 오른쪽 마우스 버튼으로 클릭하여 '바로가기 만들기'하여 사용할 수 있습니다.

① 'Google Cast for Education' 앱이 추가되었습니다.
② 오른쪽 마우스 버튼으로 클릭하여 '바로 가기 만들기'를 선택합니다.
③ '바탕화면'이나 '작업표시줄'에 고정해두고 사용할 수 있습니다.

Google Cast for Education 교사용 실행하기

학생들의 화면을 전송받기 위해서 Google Cast for Education을 실행합니다. 크롬 브라우저의 확장 프로그램에서 실행할 수도 있으며 바탕화면이나 작업표시줄에 고정한 경우 클릭하여 실행할 수 있습니다.

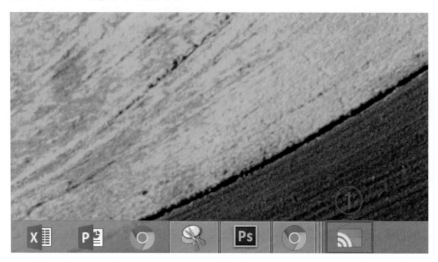

① 작업표시줄의 'Google Cast for Education'을 클릭하여 실행

Google Cast for Education이 실행되면 초기 설정이 필요합니다. 학생들이 찾아서 연결할 수 있도록 연결 이름을 정해주어야 하며 초기 시작 시 전체화면으로 시작할 것인지와 구글에 사용자 통계를 전송하여 베타 프로그램 개선에 참여할지 등을 선택합니다. 웹페이지의 특정 이미지를 바탕화면으로 사용할 수도 있습니다.

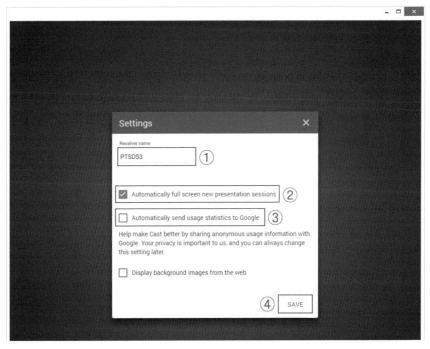

① 접속 코드를 정합니다. 학생들이 기억하기 쉬운 걸로 정하는 것이 좋습니다.
② 초기 학생 접속 시 전체화면으로 보여줄지를 선택합니다.
③ 사용자 통계를 구글로 전송할지를 선택합니다. 베타 버전 개선에 도움이 됩니다.
④ 'SAVE'를 클릭하면 대기 상태가 됩니다.

다음 그림은 Google Cast for Education 접속 대기 상태입니다.

① 학생들이 접속할 수 있는 접속 코드입니다. 'SETTING'에서 변경할 수 있습니다.
② 화면을 전송할 수 있는 사용권한을 설정합니다.
③ 초기 접속 시 설정을 변경할 수 있습니다.

'SHARE'를 클릭하여 화면을 전송할 수 있는 권한을 설정할 수 있습니다. Google 교육용 앱스의 이메일과 그룹을 이용하여 설정하거나 Google Classroom 사용자를 대상으로 정할 수 있으며 개별 사용자에 대한 권한을 설정할 수도 있습니다. Google 교육용 앱스 사용자가 아닌 경우는 사용할 수 없습니다.

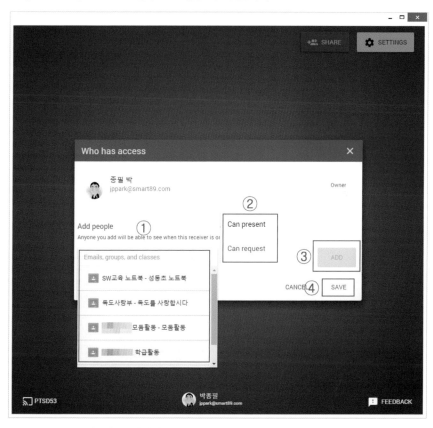

① Google 교육용 앱스 이메일, 그룹, Google Classroom 사용자를 대상으로 선택할 수 있습니다. Google 교육용 앱스 사용자가 아닌 경우 사용할 수 없습니다.

② 선택한 대상에 대한 권한을 설정합니다. 사용자가 교사인 경우 화면전송을 요구하거나 바로 시작하도록 합니다. 학생은 요구의 권한만 있으며 교사의 승인을 받아야만 전송이 가능합니다.

③ 'ADD'를 눌러 설정된 권한을 추가합니다. 여러 개의 권한 설정이 가능합니다.

④ 'SAVE'를 클릭하여 공유 권한 설정을 마칩니다.

Google Cast for Education 학생용 설치

학생들이 Google Cast for Education을 이용하여 화면을 전송하기 위해서는 교사로부터 권한을 부여받아야만 합니다. 권한이 있는 상태에서 'Google Cast' 앱을 설치하여 화면을 전송합니다.

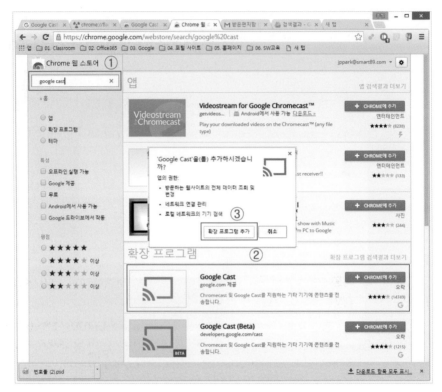

① Chrome 웹 스토어에서 'Google Cast'를 검색합니다.

② 'Google Cast'를 선택하여 'CHROME에 추가'를 클릭합니다.

③ '확장 프로그램 추가'를 클릭합니다.

Google Cast for Education 학생 화면 전송

학생 화면 전송은 'Google Cast' 확장 프로그램을 이용해서 할 수 있습니다. 확장 프로그램은 메뉴나 확장 프로그램 모음에서 실행할 수 있습니다.

① 확장 프로그램 모음에서 선택하여 실행합니다.
② 또는, 메뉴에서 '전송'을 클릭합니다.
③ 전송할 기기를 선택합니다. 교사가 설정한 접속 코드를 입력합니다.
④ 전송할 내용을 선택합니다. 크롬의 탭 하나를 선택하거나 데스크톱을 클릭하여 화면 전체를 공유할 수도 있습니다.

학생이 접속을 요구하면 교사 화면에 다음 그림과 같이 접속을 허용할지 묻습니다. 'Accept'를 클릭하면 학생이 화면을 공유할 수 있게 됩니다. 설정에 따라 바로 전체 화면으로 실행됩니다.

① 접속 허용 대상이 맞는지 확인합니다.
② 'Accept'를 클릭하여 접속할 수 있도록 허용합니다.

학생의 화면이 공유된 상태입니다. 학생의 화면을 교사 컴퓨터를 통해 학급원 모두에게 공유할 수 있습니다. 발표 순서에 따라 개별 혹은 모둠별로 발표 권한을 주면 됩니다.

Google 드라이브 활용하기

Google 드라이브는 Gmail과 함께 Google의 대표적인 서비스라고 할 수 있으며 Google 홈페이지 앱 선택에서 Google 드라이브를 선택하거나 http://drive.google. com으로 바로 접속할 수도 있습니다.

크롬북은 Google 드라이브를 하드디스크처럼 사용하기 때문에 크롬북을 활용하는데 있어 Google 드라이브는 필수입니다. Google 드라이브는 클라우드 기반의 서비스이기 때문에 USB 등의 보조기억장치를 따로 들고 다니거나 자료 분실의 걱정없이 인터넷이 가능한 곳이면 언제, 어디서나, 어떤 기기로든지 사용이 가능하며, Google의 보안 정책에 따라 사용자가 안심하고 사용할 수 있습니다.

Google 드라이브에 처음으로 접속하면 아래와 같은 화면을 볼 수 있습니다. 사용 환경에 따라 조금 다르게 나타날 수도 있습니다.

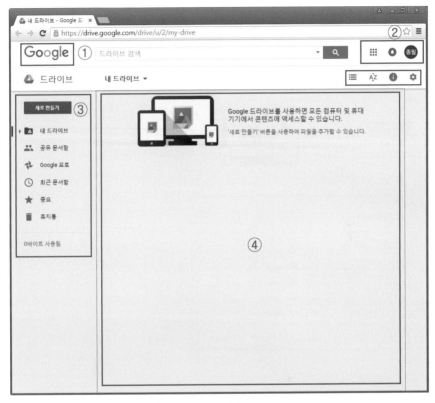

① Google 드라이브 초기화면으로 돌아갑니다.

② 다른 Google 앱을 실행, 알림 확인 그리고 사용자 계정 설정 관련 작업을 합니다.

③ Google 드라이브 관리 메뉴입니다. 문서나 폴더를 만들거나 공유할 수 있고, 최근 문서 보기, 별표 문서 보기, 휴지통 관리 등을 할 수 있습니다. Google 드라이브 사용량을 확인할 수도 있습니다.

④ 폴더나 파일의 내용을 보여줍니다. Windows 탐색기와 비슷한 역할을 합니다.

Google 드라이브에는 Google 문서, Google 스프레드시트, Google 프리젠테이션, Google 양식 등 Google 앱과 관련된 문서를 만들거나 업로드하여 활용할 수 있으며, 일반 문서들도 업로드할 수 있습니다.

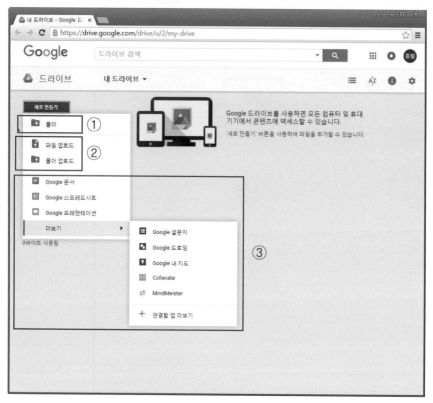

① 현재 폴더에 새 폴더를 생성할 수 있습니다.

② 현재 폴더에 Google 드라이브 파일이나 일반 파일을 업로드할 수 있습니다.

③ Google 드라이브 파일을 생성할 수 있습니다.

문서 만들기

Google 드라이브에 Google 문서 만들기를 실습해 보겠습니다. Google 스프레드시트나 Google 프리젠테이션을 만드는 과정도 동일합니다. Google 드라이브에 접속합니다.

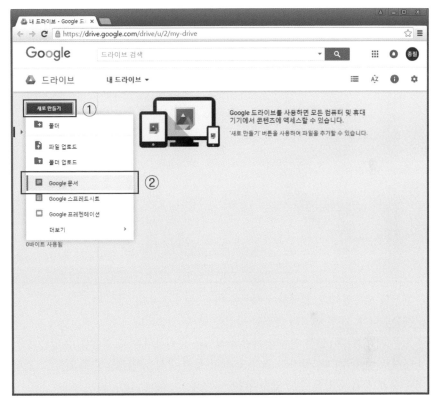

① '새로 만들기'를 클릭합니다.
② 'Google 문서'를 선택합니다.

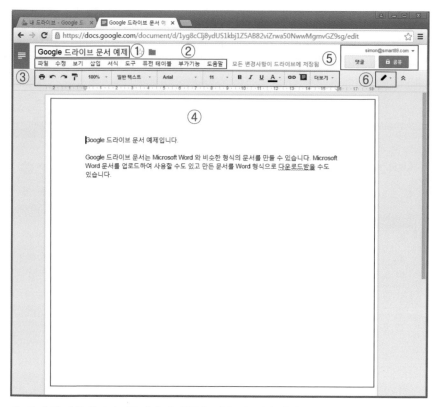

① 문서의 제목입니다. 클릭하여 제목을 바꿀 수 있습니다.

② 메뉴입니다. 문서 편집과 관련된 작업을 할 수 있습니다.

③ 도구상자입니다. 문서 편집과 관련된 작업을 클릭하여 바로 실행할 수 있습니다.

④ 문서의 내용입니다. 글자의 크기 및 색깔 등의 속성을 변경할 수도 있고, 그림이
  나 도표 등을 삽입할 수도 있습니다.

⑤ 문서를 공유하여 사용할 때 유용한 메뉴입니다. 문서의 선택한 부분에 댓글을
  달거나 다른 사람은 문서 편집 작업에 초대할 수 있습니다.

⑥ 문서를 편집하고 수정을 제안하거나 보기 모드로 설정하여 읽을 수도 있습니다.

문서 저장하기

Google 드라이브 문서를 저장하는 메뉴는 따로 없습니다. 클라우드 기반의 문서이기 때문에 문서를 편집할 때 실시간으로 저장되며 문서를 닫을 때도 자동으로 저장됩니다. 아래 화면은 문서를 닫았을 때 자동으로 저장된 화면입니다.

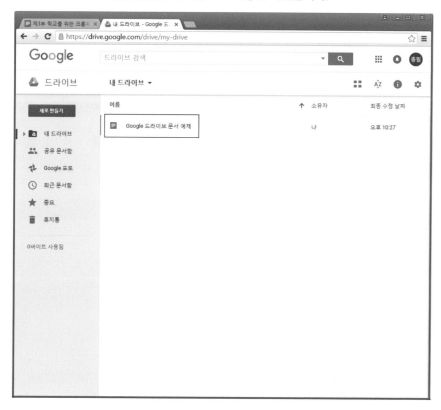

문서 공유하기

만든 문서를 공유하여 다른 사람들과 같이 협업하여 편집할 수도 있습니다. 또한, '댓글 달기' 또는 '보기' 권한 만을 제공하여 교정을 요청할 때 사용할 수도 있습니다. 문서를 공유하는 과정을 알아보겠습니다. 문서 공유는 Google 드라이브에서 공유할 수도 있고 편집과정에서 공유할 수도 있습니다. 문서만들기와 마찬가지로 Google 스프레드시트, Google 프리젠테이션도 같은 과정을 통해 공유할 수 있습니다.

Google 드라이브에서 공유

① 공유할 문서 위에서 오른쪽 마우스 버튼을 클릭합니다.
② '공유'를 클릭합니다.

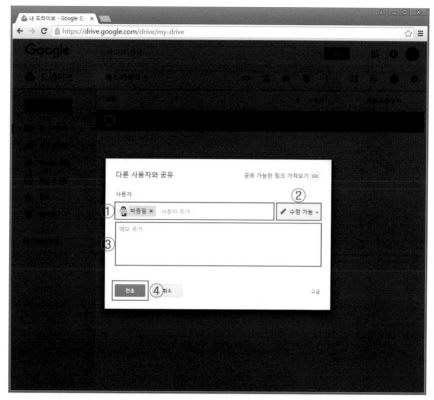

① 문서를 공유할 사용자를 입력합니다. Google 메일 주소를 입력하면 됩니다. 메일 주소를 입력하면 같은 Google 앱스 교육용 계정 사용자의 경우 사용자 이름으로 입력됩니다.

② 권한을 설정합니다. 권한은 '수정 가능', '댓글 작성 가능', '보기 가능' 등 세 가지 권한 중에서 필요에 따라 하나를 선택합니다. 협업 활동을 통해 같이 편집하기 위해서 '수정 가능' 권한을 줍니다.

③ 작업과 관련한 간단한 메모를 추가하여 상대방에게 안내할 수 있습니다. 필요없는 경우는 입력하지 않아도 됩니다.

④ '전송'늘 누르면 공유가 되고 문서를 같이 편집할 수 있는 상태가 됩니다.

메일 주소를 특정하지 않고 링크로 문서를 공유할 수도 있습니다. 이런 경우는 아래의 순서대로 문서를 공유합니다.

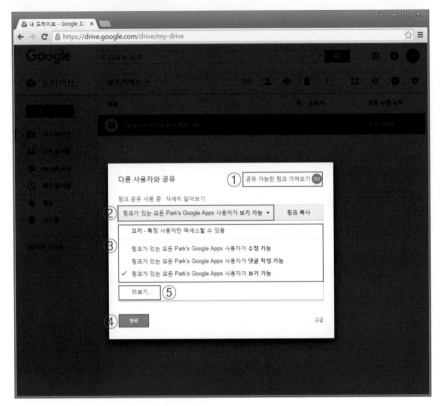

① '공유 가능한 링크 가져오기'를 클릭합니다.

② 현재 링크를 클릭했을 때 설정된 권한입니다.

③ 현재 링크에 대한 권한 설정을 조절할 수 있습니다. 공유를 사용하지 않거나, 같은 Google 앱스 교육용 계정 사용자가 수정 가능하거나, 댓글 작성 가능하거나, 보기 가능하도록 설정할 수 있습니다.

④ '완료'를 누른 후 생성된 링크를 복사하여 이메일 또는 게시판, 메시지 등을 통해 전송하면 같은 Google 앱스 교육용 계정 사용자에 대한 공유가 가능합니다.

⑤ '더 보기'를 누르면 Google 앱스 교육용 계정 사용자가 아닌 다른 사용자에게도 링크를 공유할 수 있습니다. 아래와 같이 권한을 세부로 설정하여 공유할 수 있습니다.

348

① 모든 웹 사용자가 권한을 갖습니다.

② 링크가 있는 모든 웹 사용자가 권한을 갖습니다.

③ 같은 Google 앱스 교육용 계정 내의 모든 사용자가 권한을 갖습니다.

④ 링크가 있는 같은 Google 앱스 교육용 계정 내의 모든 사용자가 권한을 갖습니다.

⑤ 링크를 이용하여 문서를 공유하지 않습니다.

⑥ 링크를 가진 사람의 권한입니다. 수정 가능, 댓글 작성 가능, 보기 가능 등의 권한을 설정할 수 있습니다.

아래 화면은 문서를 공유한 후 내 드라이브에 있는 문서 상태입니다. 문서 이름 옆에 공유 문서임을 나타내는 표시가 붙습니다.

Google 드라이브의 Google 문서 공유 기능을 활용하여 그룹 또는 학급 내의 학생들이 보고서, 신문, 시, 산문 쓰기 등의 작업을 함께 할 수도 있습니다. Google 프리젠테이션을 공유하여 발표 자료를 협업하여 만들 수도 있고 Google 스프레드시트를 공유하여 학생들이 동시에 내용을 입력하도록 하는 등 필요에 따라 다양하게 활용할 수 있습니다.

Google 설문지 활용하기

Google 설문지를 이용하면 이름에서 볼 수 있듯이 많은 사람의 반응을 실시간으로 받을 수 있는 장점이 있습니다. 모바일 기기를 완벽하게 지원하므로 Google 주소단축 또는 QR코드 등을 이용하여 제시하면 현장에서 바로 실시간 반응 결과를 얻을 수 있습니다.

Google 설문지를 작성하기 위해서는 Google 드라이브에 접속하여 '새로 만들기'를 클릭한 후 'Google 설문지'를 선택합니다.

① '새로 만들기'를 클릭합니다.
② 'Google 설문지'를 클릭합니다.

① Google 설문지 파일 이름입니다. 클릭하여 수정이 가능합니다.

② 설문지 제목과 설문에 대한 설명을 입력합니다.

③ 설문 문항입니다. 객관식 질문, 단답형, 장문형, 체크박스, 드롭다운, 직선 단계, 객관식 그리드, 날짜, 시간 등에서 원하는 형태를 선택합니다.

④ 설문을 복사하여 생성하거나, 삭제, 필수 응답 문항으로 설정 등이 가능합니다.

⑤ 설문 바탕색 선택, 설문지 내용 미리 보기, 설정 수정 등이 가능합니다. Google 앱스 교육용 계정 내의 사용자만을 대상으로 설정할 수도 있으며, 최근 '퀴즈' 기능이 추가되어 문항별로 점수를 설정하고 그 결과를 받을 수도 있게 되었습니다.

⑥ 문항, 제목 및 설명, 그림, 동영상 등을 추가하는 기능이며, 설문 페이지 분할을 위해 색선을 추가하여 나눌 수도 있습니다.

⑦ '보내기'를 클릭하여 설문을 보냅니다.

① 설문을 어떻게 전송할 것인지 설정합니다. 메일, 링크, HTML삽입 중에서 선택
할 수 있습니다. 본문에서는 이메일을 선택하였습니다.

② 이메일을 받을 사람과 메일 내용을 작성합니다.

③ '보내기'를 통해 설문을 보냅니다.

④ Google 앱스 교육용 계정 사용자에게 보내는 경우 이름을 자동을 수집하기로
설정할 수 있습니다.

⑤ Google 플러스, 페이스북, 트위터를 통해 보낼 수도 있습니다.

설문을 받은 사용자는 다음과 같은 메일을 받아서 바로 응답할 수 있습니다.

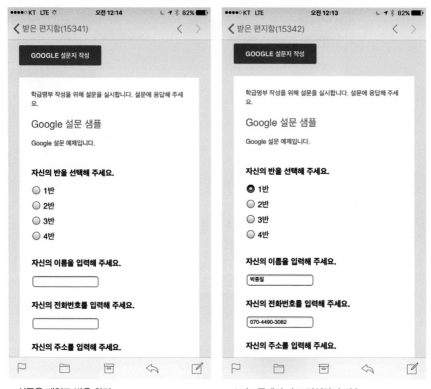

▲설문을 메일로 받은 화면   ▲스마트폰에서 바로 작성하여 전송

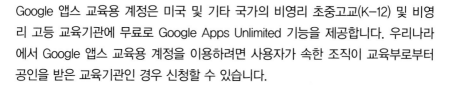

CHAPTER 03 Google 앱스 교육용[1] 계정 활용하기

Google 앱스 교육용 계정 신청

Google 앱스 교육용 계정은 미국 및 기타 국가의 비영리 초중고교(K-12) 및 비영리 고등 교육기관에 무료로 Google Apps Unlimited 기능을 제공합니다. 우리나라에서 Google 앱스 교육용 계정을 이용하려면 사용자가 속한 조직이 교육부로부터 공인을 받은 교육기관인 경우 신청할 수 있습니다.

Google 앱스 교육용 계정은 https://www.google.com/a/signup/?enterprise_product=GOOGLE.EDU#0 에서 신청할 수 있으며 신청 절차는 다음과 같습니다. 'Google 앱스 교육용 계정 가입'을 검색하여 접속할 수도 있습니다.

---

1 Google 앱스 교육용의 정식 명칭은 Google Apps for Education입니다. Google Apps Unlimited 기능과 Google 클래스룸이 포함된 무료 클라우드 서비스입니다.

학교 기본 정보 입력

기관의 공식 명칭과 주소, 우편번호, 웹사이트 등을 입력하고 학생 및 교직원 수, 기관 유형, 전화번호 등을 양식에 맞게 입력합니다.

① 현재 직장에서 사용하는 이메일 주소 : 신청자의 메일 주소를 입력합니다. 이 메일 주소로 가입 관련 안내 및 관리자 페이지에 대한 안내 등이 제공되니 사용하고 있는 주소를 정확하게 입력합니다.

② 기관이름 : Google 앱스 교육용 계정을 사용할 기관의 정식 명칭을 입력합니다.

③ 주소 및 우편번호 : 우편번호 및 주소 : 우편번호 및 주소 : 기관의 우편번호와 주소를 입력합니

다. 미국의 주소 형식으로 되어 있어서 세부 주소와 시, 도, 우편 번호 등을 구분하여 입력해야 합니다.

④ 기관 웹사이트 : 기관의 웹사이트 주소를 입력합니다.

⑤ 학생 및 직원 수 : 학생과 교직원 수를 합하여 넉넉하게 입력해 줍니다.

⑥ 기관 유형 : 신청하는 기관의 유형에 따라 선택해서 입력해 줍니다.

⑦ 국가/지역 : 대한민국을 선택합니다.

⑧ 전화 : 기관의 대표 전화번호를 입력합니다.

기관 도메인 입력

두 번째 단계에서는 기관의 도메인을 입력합니다. ptsd.es.kr처럼 웹사이트 주소에서 www를 제외한 나머지 주소를 입력합니다. Google 앱스 교육용 계정의 주소로 사용됩니다.

Google Apps for Education

① 학교 도메인을 입력합니다.

② '다음'을 눌러 진행합니다.

관리자 아이디 만들기

마지막으로 Google 앱스 교육용 계정을 관리하기 위한 관리자 아이디를 하나 생성한 후 '동의 및 가입'을 눌러 가입하면 됩니다.

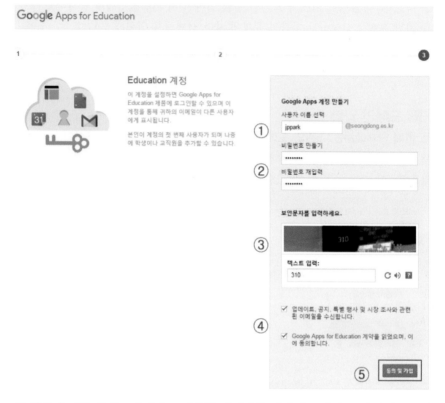

① 사용자 이름 선택 : 관리자로 사용할 아이디를 입력해 줍니다. 2번째 단계에서 입력한 도메인이 자동으로 뒤에 붙어서 이메일 주소가 됩니다.

② 비밀번호 만들기 : 비밀번호는 문자와 숫자를 포함하여 8자 이상 입력합니다. 대문자와 소문자를 섞어서 입력해주는 것이 좋습니다.

③ 보안 문자를 입력하세요 : 기계적인 가입을 방지하기 위하여 보안 문자를 화면에 보이는 대로 입력해 줍니다.

④ 이메일 수신은 선택 사항이며, 동의는 필수 사항입니다.

⑤ '동의 및 가입'을 누르면 신청이 완료됩니다.

신청이 완료되고 나면 Google로부터 신청했는지 확인하기 위하여 '현재 직장에서 사용하는 이메일주소'에 입력했던 주소로 확인 메일이 옵니다. 여기에 답장을 쓰고 나면 Google로부터 심사를 거치게 되며 심사 과정에서 사업자등록증 등의 몇 가지

서류를 요구할 수도 있습니다. 최대 2주의 시간이 걸리며, 보통 1주일 정도면 신청 작업이 완료됩니다.

도메인 인증하기

Google 앱스 교육용 계정을 사용하려면 도메인의 소유주임을 확인하는 과정이 필요합니다. 도메인이 확인되지 않은 상태에서는 관리자 페이지를 열었을 때 도메인을 확인하라는 메시지가 계속해서 보입니다.

Google 교육계정에서 이메일을 사용하기 원하는 경우는 도메인 확인과는 별도로 도메인 호스트에 5개의 MX 레코드를 추가해야 합니다.

학교가 도메인을 소유하고 있음을 확인하는 작업을 시작합니다.

'도메인 확인'을 클릭합니다.

도메인 소유 확인을 위해 '시작하기'를 클릭합니다.

도메인을 소유했음을 확인하는 방법은 보통 3가지 방법으로 할 수 있습니다.

① 도메인에 호스트 레코드 추가하기(TXT 또는 CNAME)

② 홈페이지에 〈META〉 태그 넣기

③ 홈페이지 서버에 〈HTML〉 파일 업로드하기

여기에서는 도메인에 호스트 레코드를 추가하는 방법을 알아보겠습니다.

① 도메인 호스트 관리를 위해 도메인 호스트 웹사이트에 로그인할 것을 요구합니다. 도메인 호스트 웹사이트는 아이네임즈(http://inames .co.kr) 등이 있습니다.

② 도메인 호스트 웹사이트에 접속하여 '도메인 관리' 〉 '네임서비스'에 접속하기를 요구합니다.

TXT 레코드는 Google 앱스 교육용 계정 관리자 페이지에서 만들 수 있습니다.

① 이 도메인이 학교의 도메인임을 Google이 확인할 수 있는 코드입니다. 이 코드를 복사합니다.

도메인 호스트 업체 중 하나 '아이네임즈'에 접속해 보겠습니다. '네임서비스 관리' 메뉴에 들어가면 현재 신청한 서비스를 볼 수 있고 추가 신청도 가능합니다. 홈페이지 소유 인증을 위해 TXT 레코드를 추가해 보겠습니다.

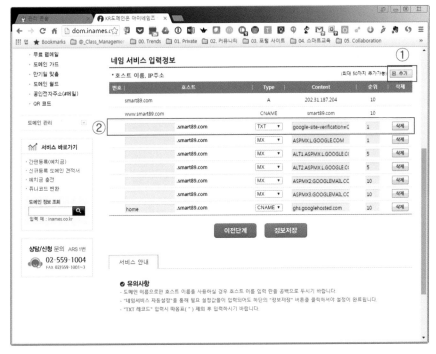

① 레코드를 추가하기 위해 '추가'를 선택합니다.
② TXT 레코드를 추가합니다.

TXT 레코드를 추가합니다.

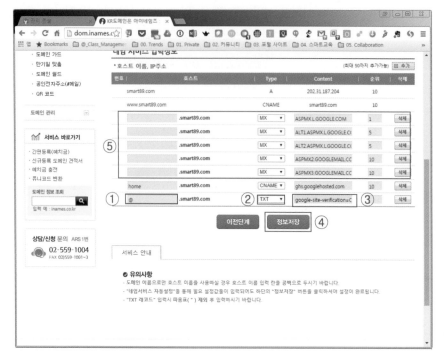

① 호스트에 '@'를 입력해 줍니다.

② Type은 'TXT'를 선택해 줍니다.

③ Content에는 Google 앱스 교육용 계정 관리자 페이지에서 복사한 내용을 붙여넣어줍니다.

④ '정보저장'을 클릭하면 TXT 레코드가 추가됩니다.

이와는 별도로 Google 교육용 관리자 페이지의 이메일 설정과 관련된 부분을 참고하여 5개의 MX 레코드를 추가해 주어야 메일을 주고받을 수 있습니다.

Google 앱스 교육용 계정 신청을 마치면 Google로부터 맨 처음 등록할 때 '현재 직장에서 사용중인 메일'로 등록했던 메일을 통해 신청이 완료되었다는 메시지를 받을 수 있습니다.

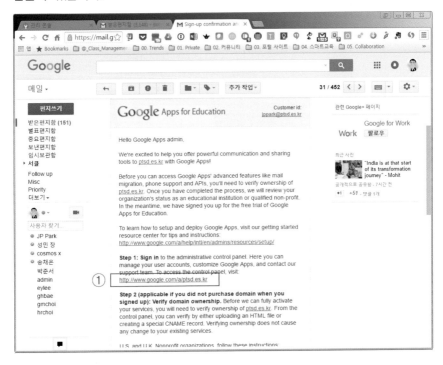

도메인을 입력하여 전송하고 나면 기본적으로 사용할 수 있도록 세팅됩니다. 도메인 확인이 되기 전에는 사용자 10명까지 생성할 수 있습니다. 이후 도메인이 적용되었을 때를 대비하여 기초 작업을 진행합니다.

Google 앱스 교육용 계정 관리자 도움말[1]을 통해 볼 수 있습니다. 아래 코드를 이용하면 관리자 고객센터로 접속됩니다.

---

1 관리자 도움말 – https://goo.gl/yOR6Xb

로그인은 신청 과정 중 '관리자 아이디 만들기' 단계에서 입력한 메일 주소와 암호로 로그인할 수 있습니다.

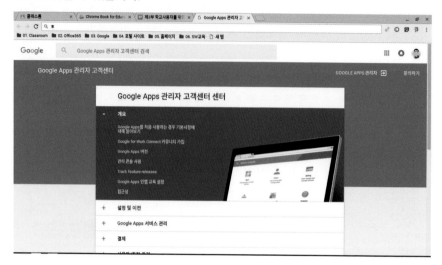

Google 앱스 교육용 계정 관리자 콘솔 'http://admin.google.com'을 통해서도 접속할 수 있습니다. 로그인시 관리자 계정으로 로그인해야 합니다.

조직과 사용자를 추가하거나 수정, 삭제할 수 있습니다. 조직은 학교의 실정에 따라 필요한 대로 구성합니다.

⊙ 조직 관리

조직 수정

조직의 이름은 기본적으로 신청한 도메인 이름으로 설정되어 있습니다. 도메인 이름 위에 마우스를 가져가면 나타나는 점 세 개를 클릭한 후 '조직 수정'을 눌러 학교 이름으로 수정합니다. 반드시 학교 이름으로 수정할 필요는 없으며 필요에 따라 적당한 이름으로 수정하면 됩니다.

'도메인' 위로 마우스를 가져가면 나타나는 오른쪽에 점 세 개를 클릭하여 '조직 수정'을 선택합니다.

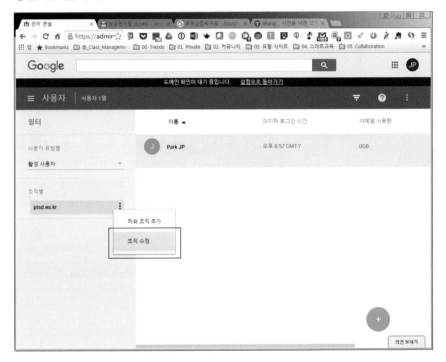

해당 기관의 이름을 입력하여 줍니다. 아래 설명은 옵션입니다. 조직의 이름을 입력한 후에 '저장'을 클릭합니다.

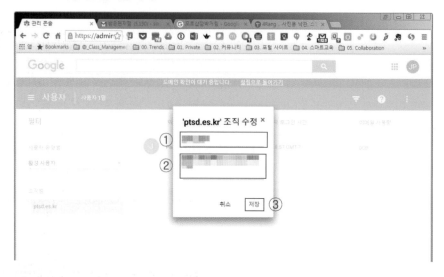

조직 추가

조직을 추가하려면 화면 왼쪽 중간의 '도메인' 위에 마우스를 올리면 나타나는 점세 개를 눌러 '하위조직 추가'를 클릭합니다.

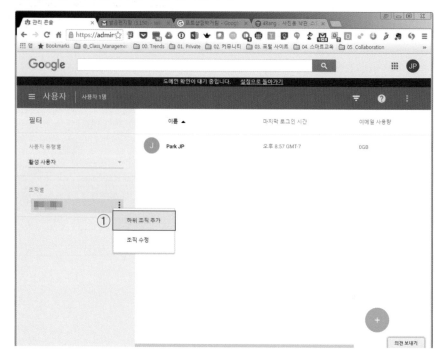

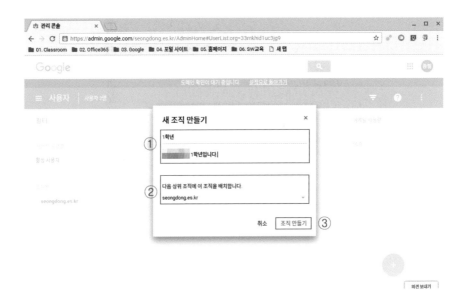

① 조직 이름과 설명을 입력합니다.
② 만들어지는 조직이 속할 상위 조직을 선택합니다.
③ '조직 만들기'를 클릭하여 조직을 만듭니다.

하위조직 추가

생성한 조직 밑에 '하위조직'을 추가하여 생성할 수 있습니다.

생성된 조직 이름 위로 마우스를 가져간 후 나타나는 점 세 개를 클릭하여 '하위조직 추가'를 클릭합니다.

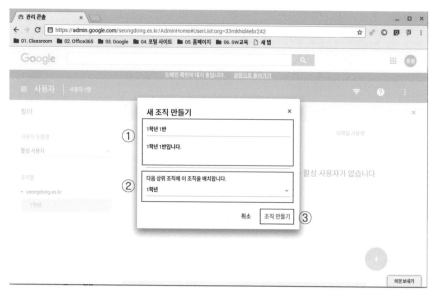

① 하위 조직의 이름과 설명을 쓰고 '조직 만들기'를 클릭합니다.

② 상위 조직을 선택하여 다른 조직의 하위조직으로 만들 수도 있습니다.

③ '조직 만들기'를 클릭하여 하위조직을 만듭니다.

학년별 조직 밑에 반별 조직을 생성하여 조직을 구성한 예입니다.

⊚ 사용자 추가

조직을 생성한 후에 사용자를 추가합니다. 조직을 생성하기 전에 사용자를 추가한 후에 사용자를 이동할 수도 있습니다.

단일 사용자 추가

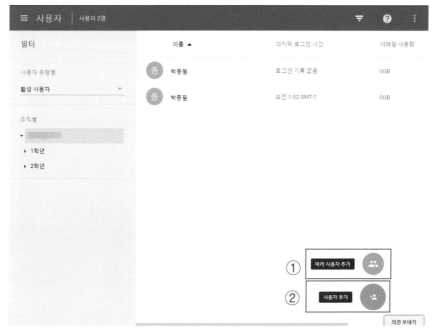

① 사용자를 추가하기 위해 화면 아래쪽의 '+' 위로 마우스를 가져가면 '여러 사용자 추가'와 '사용자 추가' 메뉴가 나타납니다. 사용자를 한 명씩 추가할 수도 있고 CSV 파일을 이용하여 한꺼번에 여러 사용자를 추가할 수도 있습니다.
② '사용자 추가' 클릭합니다.

새 사용자 만들기

성	이름	①

기본 이메일 주소	@seongdong.es.kr ②

다음 임시 비밀번호가 지정됩니다. 비밀번호 설정	③

⑤

추가 정보	④	취소	만들기

① 성, 이름 : 사용자의 성과 이름을 입력합니다.

② 기본 메일 주소 : 사용자가 사용할 메일을 입력해 줍니다. 여기에서 입력해 준
   사용자 이름으로 사용자는 Google 앱스 교육용 계정에 로그인할 수 있습니다.

③ 비밀번호를 자동으로 생성할지 여부를 선택합니다.

④ 전화번호, 주소 등 추가 정보를 입력할 수 있습니다.

⑤ '만들기'를 클릭하여 사용자를 만듭니다.

아래 그림처럼 비밀번호를 미리 지정해줄 수도 있습니다.

새 사용자 만들기

성	이름

기본 이메일 주소	@seongdong.es.kr

••••••••	••••••••

안전한 비밀번호: **강력**

비밀번호 자동 생성

추가 정보	취소	만들기

사용자가 추가된 예입니다.

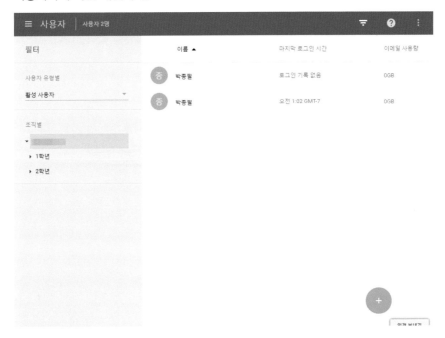

여러 사용자 추가

2명 이상의 여러 사용자를 추가할 수 있습니다. 여러 사용자를 추가하기 위하여 '+' 위에 마우스를 가져갔을 때 나타나는 '여러 사용자 추가' 메뉴를 클릭합니다.

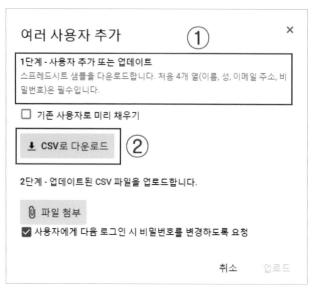

① 사용자 추가 또는 업데이트 : 이름, 성, 이메일 주소, 비밀번호가 기록된 CSV 파일을 준비합니다. CSV 파일은 아래처럼 Google 스프레드시트를 이용하거나 엑셀을 이용하여 작성할 수 있습니다.

② CSV로 다운로드 : 기존 사용자를 이용하여 다운로드 받은 후 수정하여 이용해도 됩니다.

③ 파일 첨부 : 작성된 CSV 파일을 업로드하면 사용자가 추가됩니다.

④ 사용자는 처음 로그인시 비밀번호를 변경해야만 사용할 수 있습니다.

아래는 여러 사용자 추가를 위하여 기존 사용자를 CSV로 다운로드 받은 예제와 이를 편집하기 위해 Google 스프레드시트를 이용하는 예입니다.

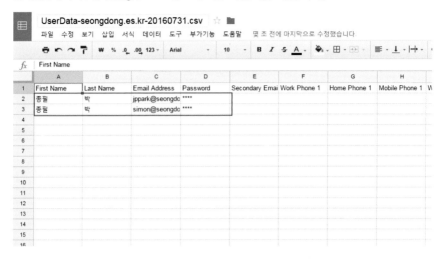

여러 사용자를 추가한 경우 이름이 깨질 수도 있는데 이 문제는 CSV파일 저장시 한글 코드가 달라서 생기는 문제이며, 엑셀 파일 저장시에 'UTF–8'코드로 저장하여 해결할 수 있습니다.

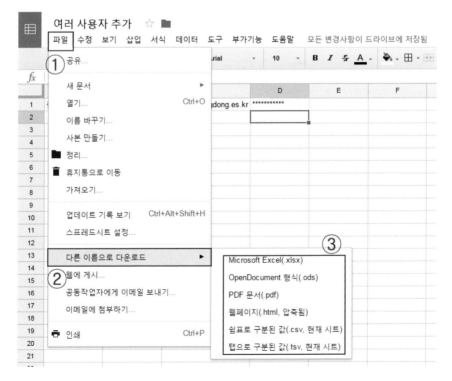

새로 등록한 사용자는 최초 접속 시 아래와 같은 안내 화면을 볼 수 있으며 초기 비밀번호를 수정해야만 합니다.

사용자 수정

생성된 사용자를 수정할 수 있습니다. 수정하고자 하는 사용자를 클릭하여 선택합니다.

① 사용자가 비밀번호를 잊었을 경우 '비밀번호 재설정'을 통해 비밀번호를 새로 부여해줄 수 있습니다. 비밀번호를 새로 부여한 경우도 이후 처음 로그인시 비밀번호를 변경해야 합니다.

② 사용자를 다른 조직으로 이동할 수 있습니다.

③ 사용자를 그룹에 추가할 수 있습니다. 그룹은 사용자를 효율적으로 관리하기 위한 단위로 조직과는 별개로 구성됩니다.

④ 화면 오른쪽 위에 점 세 개를 클릭하면 '이름 바꾸기', '일시중지', '삭제' 등을 통해 사용자를 관리할 수 있습니다.

⑤ 사용자의 사용 현황과 계정, 앱, 그룹에 관한 정보를 보거나 수정할 수 있습니다.

사용자 조직 이동

추가된 사용자를 적절한 조직에 배치하여 업무에 효율적으로 활용할 수 있습니다.

이동할 사용자를 클릭하면 오른쪽에 체크 표시가 나타나며 선택한 상태가 됩니다.
한꺼번에 여러 사용자를 선택하여 이동할 수도 있습니다.
사용자를 선택한 후, '사용자 이동'을 클릭합니다.

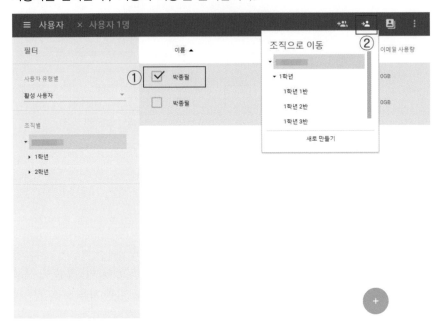

① 선택한 사용자를 원하는 조직으로 이동합니다. 역삼각형을 클릭하여 하위조직을 선택할 수 있습니다.

사용자 이동에 대한 안내가 나오고 사용자가 이동됩니다. 조직 이동에 따라 사용자가 사용할 수 있는 서비스에 변경이 생길 수 있으며, 이동 변경사항이 적용되는데 최대 24시간이 소요될 수도 있습니다.

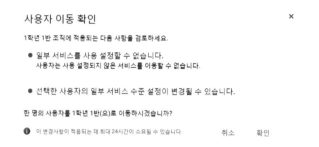

아래는 '박종필'이라는 사용자가 '1학년 1반'이라는 조직으로 이동된 예입니다.

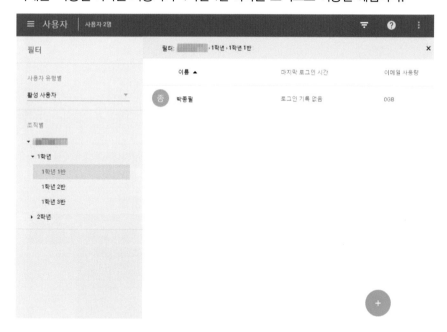

◎ 회사 프로필

기관에 대한 정보를 관리할 수 있습니다. 회사 프로필 수정을 위해서는 관리 콘솔
에서 '회사 프로필'을 클릭합니다.

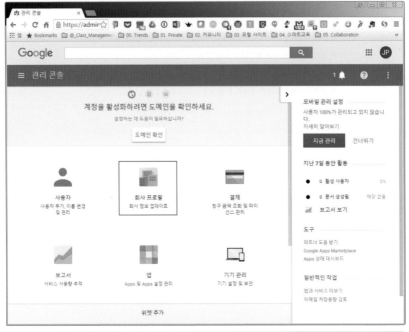

조직명, 조직 유형, 연락처 정보, 언어 시간대 등을 선택할 수 있으며 더 이상 사용을 원치 않는 경우 Google 앱스 교육용 계정을 삭제할 수도 있습니다.

⑨ 결제

Google 앱스 교육용 계정 사용과 관련된 요금 결제를 관리하는 메뉴입니다. 기본적으로 Google 앱스 교육용 계정 사용은 무료이나 유료 서비스를 사용하는 경우 이에 대한 관리를 합니다. 관리자가 유료서비스를 사용하도록 설정하지 않은 경우 사용자가 임의로 사용할 수 없음으로 신경 쓰지 않아도 됩니다.

⑨ 보고서

Google 앱스 교육용 계정 사용에 대한 세부 내용을 모니터링할 수 있습니다. 아래는 관리자가 활동한 내역을 모니터링한 화면입니다.

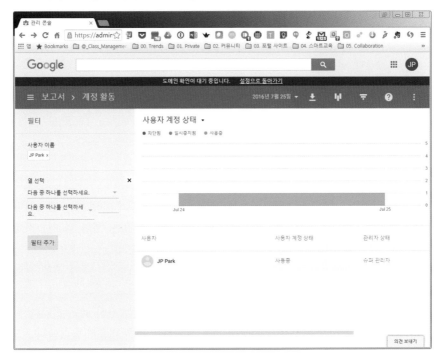

🌐 앱

Google 앱스 교육용 계정에서 사용하는 앱에 대한 설정 메뉴입니다. 앱을 관리하기 위해서는 도메인 확인이 선행되어야만 가능합니다.

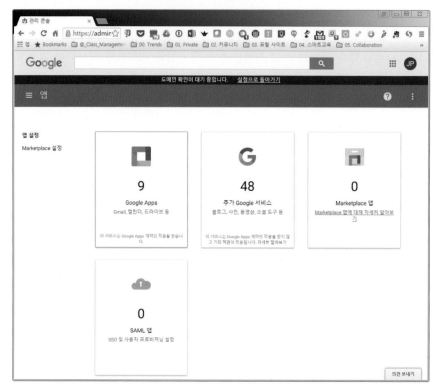

① Google 앱스 : Google 앱스 교육용 계정에서 기본적으로 사용하는 앱들입니다. 관리자는 아래 화면과 같이 사용자별로 사용할 수 있는 앱의 범위를 지정해 줄 수 있습니다.

② 추가 Google 서비스 : 블로그, 사진, 동영상, 소셜 도구 등의 추가 앱을 관리할 수 있습니다.

③ Google 앱스 마켓플레이스에서 사용자가 설치할 수 있는 타사 앱을 선택할 수 있습니다. 기본적으로 사용자가 타사 앱을 설치하는 것을 허용하지 않습니다.

아래 화면은 Google 앱스 교육용 계정에서 사용하는 기본 앱에 대해 사용자별로 사용 권한을 설정하는 예제입니다.

🌐 기기 관리

Google 앱스 교육용 계정에서 사용할 수 있는 크롬 기기에 대해 설정하는 메뉴로 자세한 내용은 Part 02. 기업을 위한 크롬북 활용 가이드의 크롬 기기 관리를 참고하시면 됩니다.

기기 관리 메뉴를 이용하여 Google 앱스 교육용 계정을 사용하는 모바일 기기를 관리할 수 있으며 사용자 별로 사용할 수 있는 기기 승인 및 기기 원격 초기화, 계정 초기화, 삭제 등의 작업이 가능합니다.

학교에서 공동으로 사용하는 모바일 기기를 관리하는데 유용하며, 이 작업을 위해서는 해당 기기에 Google Apps Device Policy라는 앱을 설치해야만 사용할 수 있습니다. 교사 또는 학생이 개인 기기를 Google 앱스 교육용 계정에 사용하고자 하는 경우에는 사용자가 앱을 설치하고 정책에 동의해야만 사용할 수 있습니다.

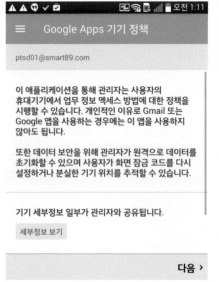

모바일기기에 잠금이 설정되어 있지 않으면 사용이 불가합니다.

사용자가 Google 앱스 교육용 계정을 더 이상 사용하고 싶지 않은 경우 Google Apps Device Policy 앱에서 등록 취소가 가능합니다. 앱을 설치하고 클래스룸에 접속한 화면입니다.

🛡 보안

Google 앱스 교육용 계정 사용자에 대한 보안 관련 부분을 설정하는 메뉴입니다. 사용자 암호를 생성하는 규칙이나 사용자 암호의 안전성 등을 관리할 수 있습니다. 크롬북에 대한 보안은 2부 기업을 위한 활용 가이드를 참고하시기 바랍니다.

🛡 고객지원

Google 앱스 교육용 계정을 사용하는 과정에서 Google의 지원이 필요할 때 이용할 수 있는 메뉴입니다.

◉ 데이터 이전

이전에 사용하던 데이터를 새로운 Google 앱스 교육용 계정에서 사용할 때 이용할
수 있는 메뉴입니다.

CHAPTER
04

Google 클래스룸

Google 클래스룸은 Google 앱스 교육용 계정을 이용하여 학생들을 학급 및 그룹 단위로 효율적으로 조직하고 관리하여 수업을 만들고 과제를 내며, 의견을 보내서 한 곳에서 모든 정보를 관리할 수 있도록 돕는 학급 관리 도구의 일종입니다.

교사는 몇 번의 클릭만으로 수업을 만들 수 있고, 수업에 학생들을 추가하기 위하여 학생에게 수업 코드를 전송하거나 직접 추가할 수 있으며, Google 그룹스 단위로 등록도 가능합니다. 과제를 생성하면 학생들에게 개별적으로 전송되며 누가 과제를 이행했는지 아직 과제를 하지 않은 학생은 누구인지 한 눈에 볼 수 있으며, 학생들의 과제물을 Google 드라이브를 이용해 한 곳에서 효율적으로 볼 수 있습니다.

학생들은 수업에 참여하여 교사가 제시한 과제에 대해 의견을 제시하거나 과제를 수행하여 제출할 수 있으며 자신이 제출한 과제를 Google 드라이브를 통해 효율적으로 관리할 수 있습니다.

Google 클래스룸 가입

Google 클래스룸에 가입하기 위해서는 Google 앱스 교육용 계정을 사용하고 있어야 가능합니다. Google 클래스룸에 가입하기 위하여 http://classroom.google.com 으로 이동합니다. 처음 접속 시 주의가 필요합니다. 사용자를 '학생' 또는 '선생님'으로 선택하는 경우 다시 수정할 수 없기 때문에 역할에 맞게 신중하게 선택해야 합니다.

Google 클래스룸 초기 화면에서 '선생님'을 선택하여 접속합니다.

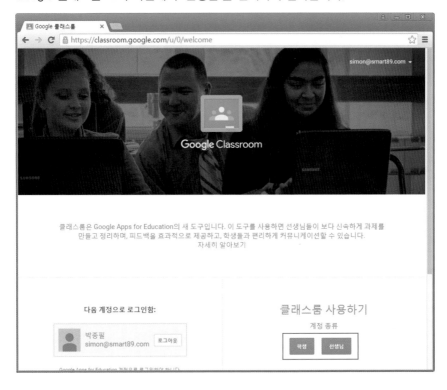

① 교사를 선택하고 나면 아직 생성한 수업이 없기 때문에 위 그림과 같은 화면이
나옵니다.

② '+'를 클릭하여 새 수업을 만듭니다. 교사는 수업을 새로 만들거나 생성되어 있
는 수업에 참여할 수 있습니다. 기존에 생성된 수업에 참여하기 위해서는 수업
코드를 알고 있어야만 합니다. '수업 만들기'를 클릭하여 새 수업을 만듭니다.

① 수업명 : 수업의 이름을 입력한다. 학급 단위의 수업을 입력하거나 과목, 단원, 학습활동 단위의 수업 이름을 입력합니다.

② 부제(단원) : 수업에 대한 설명을 입력합니다.

③ '만들기'를 눌러 수업을 생성합니다.

수업이 생성되면 선생님의 Google 드라이브에 'classroom' 폴더를 생성한 후 그 아래에 수업 이름으로 된 폴더가 만들어집니다. 수업관 관련하여 생성한 파일이나 학생들의 제출물 등 모든 것이 이 드라이브에 기록됩니다.

수업이 새로 생성되었습니다.

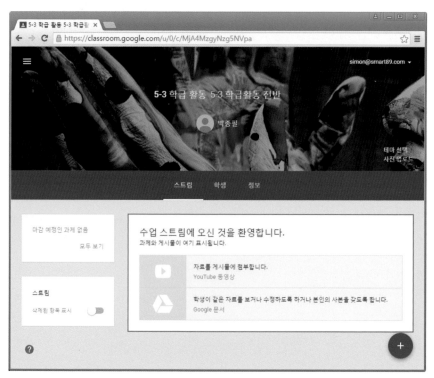

🌀 수업 화면 꾸미기

수업을 생성하고 나면 수업 테마 선택 또는 사진을 업로드하여 수업 화면을 꾸밀 수 있습니다.

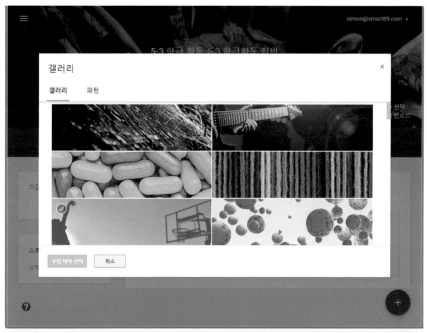

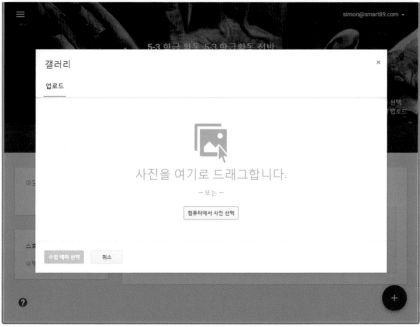

🌐 학생 초대하기

Google 클래스룸에 학생을 초대하기 위해서는 학생들에게 수업 코드를 제공해주면
됩니다. 학생은 수업 코드를 이용하여 수업에 참여할 수 있습니다. 학생들이 모두
수업에 참여하고 나면 '수업코드 사용안함'을 선택하여 더 이상 다른 사용자가 수업
에 참여하지 못하도록 설정할 수 있습니다.

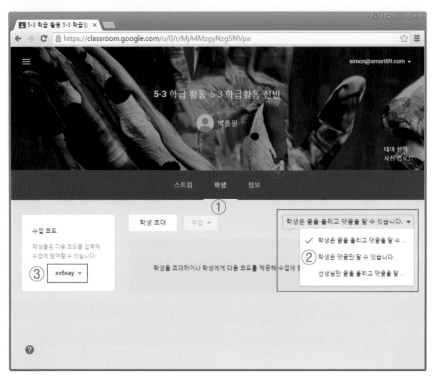

① 학생 탭을 클릭합니다.
② 학생의 권한을 조정할 수 있습니다.
③ 학생들에게 수업 코드르 알려주면 학생들이 코드를 이용하여 수업에 참여할
  수 있습니다.
④ 초대하기를 누르면 '주소록'이나 Google 앱스 교육용 계정에 생성되어 있는
  '그룹스'를 이용하여 학생들을 수업에 초대할 수도 있습니다.

🌐 수업하기

학생들을 초대하고 나면 수업을 시작합니다. '스트림' 탭을 선택한 후 화면 오른쪽 하단의 '+' 위에 마우스를 위치하면 선생님이 사용할 수 있는 메뉴가 나타납니다.

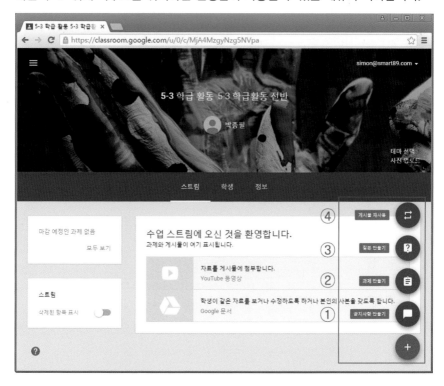

① 공지사항 만들기 : 학생들에게 알릴 내용을 적습니다.

② 과제 만들기 : 학생들이 해결해야 할 과제를 만듭니다. 수업의 주 활동으로 학생들의 결과물을 만들어 제출하도록 할 수 있습니다.

③ 질문 만들기 : 학생들에게 간단한 질문을 제시합니다. 학생들의 답을 통해 수업에서 학습 내용에 대한 이해도를 파악해볼 수 있습니다.

④ 게시물 재사용 : 이전에 게시했던 게시물을 다시 이용할 수도 있습니다.

공지사항 만들기

학생들에게 전체적으로 알릴 내용을 적습니다. 학생들이 활동할 내용이나 참고할 내용 등을 적을 때 사용합니다. 파일을 업로드하거나, Google 드라이브 파일, 유튜브 동영상 또는 기타 링크를 첨부할 수 있습니다.

학생들에게 제공할 파일을 선택하여 첨부할 수 있습니다.

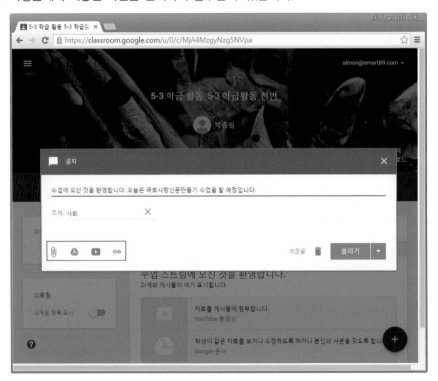

Google 드라이브의 파일을 첨부합니다.

① 새로운 파일을 업로드 합니다.
② 최근에 사용한 파일을 선택합니다.
③ 내 드라이브에 있는 파일을 선택합니다.
④ Google 드라이브 파일 중에서 별표가 되어 있는 파일을 선택합니다.

유튜브 동영상을 검색하여 첨부할 수 있습니다.

기타 링크를 첨부할 수도 있습니다.

과제 만들기

학생들이 제출할 과제물을 만들 수 있습니다. 과제물의 내용, 참고할 내용, 제출 기한 등을 설정할 수 있습니다.

① 과제 제목을 입력합니다.
② 학생들에게 안내할 사항을 입력합니다.
③ 마감일과 시간을 입력합니다.
④ 첨부할 파일을 선택합니다. 컴퓨터에서 업로드하거나 Google 드라이브, 유튜브, 기타 링크 등을 첨부할 수 있습니다.
⑤ 업로드한 파일에 대한 학생들의 권한을 설정합니다.
⑥ '과제 만들기'를 클릭하여 과제를 제시합니다.

교사는 학생이 제출한 과제물을 살펴보고 점수를 부여할 수도 있고, 과제물에 대한 피드백과 함께 학생에게 '반환'하여 학생이 과제물을 다시 제출하도록 할 수도 있습니다.

학생은 일단 과제물을 제출하면 수정할 수 없고, 교사가 반환한 경우에는 다시 수정하여 제출할 수 있습니다. 학생이 제출한 과제물 원본은 학생의 개인 드라이브에 그대로 저장되어 있기 때문에 자신의 포트폴리오로 활용할 수도 있습니다.

질문 만들기

학생들의 간단한 이해도 정도 등을 파악하기 위하여 질문을 제시할 수도 있습니다. 질문은 객관식과 주관식 등을 필요에 따라 활용할 수 있습니다. 질문에도 파일을 첨부할 수 있습니다.

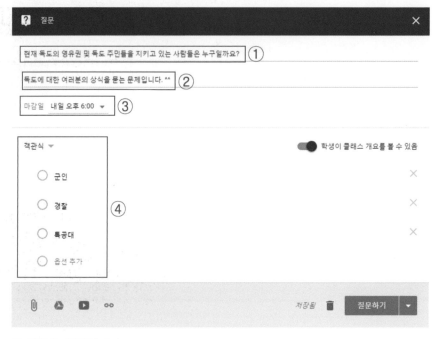

① 질문을 입력합니다.

② 질문에 대해 자세하게 안내합니다.

③ 마감 일시를 지정합니다.

④ 선택지를 입력합니다.

① 학생들이 서로의 답에 대해 댓글을 작성할 수 있는 권한을 설정합니다.
② 학생이 답을 제출했다가 수정할 수 있는지 여부를 설정합니다.

게시물 재사용

이전 게시물을 재활용할 때 사용합니다. 게시물 재활용은 현재 수업뿐만 아니라 교사가 참여하고 있는 다른 수업의 게시물도 재활용이 가능합니다.

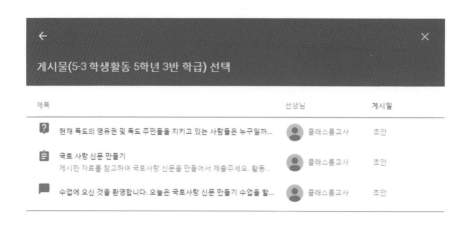

학생 수업 참여

학생이 수업에 참여하기 위해서는 수업 코드를 알고 있어야 합니다. 수업 코드를 입력하여 수업에 참여할 수 있습니다.

수업코드를 이용하여 수업에 참여하면 아래와 같은 초기 화면이 나옵니다. 둘러보기를 통해 Google 클래스룸 기본 사용법을 익힐 것을 권장합니다.

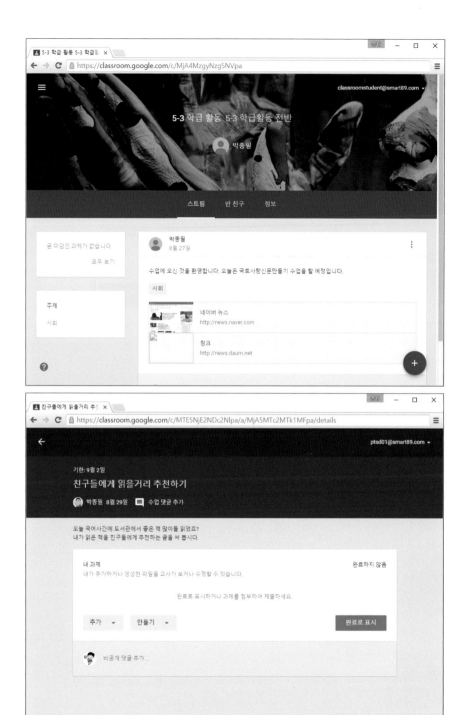

클래스룸에 접속하면 현재 제출해야 할 과제, 질문 등을 볼 수 있습니다. 위 화면은 독자의 이해를 돕기 위해 필자가 현재 실제로 사용하고 있는 학급의 예제입니다.

학생은 캘린더를 통하여 과제 또는 질문 관련 상황을 볼 수 있습니다. 캘린더에는 학생이 참여하고 있는 모든 수업 관련 내용이 일정으로 기록되어 있습니다.

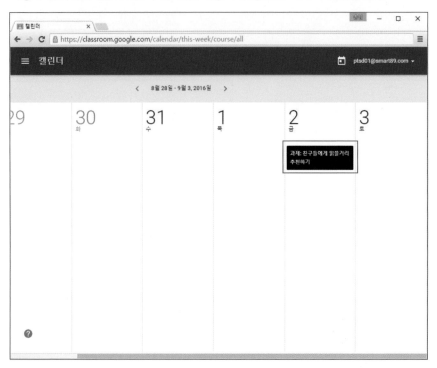

질문을 확인하고 질문에 대한 응답을 제출합니다. 객관식 질문이기 때문에 답변을 제출하고 나면 수정할 수 없습니다.

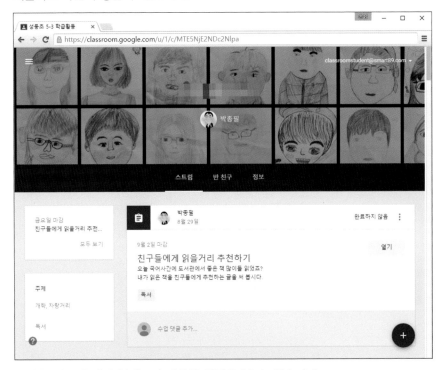

학생은 질문에 대해 학생들이 제출한 상황을 볼 수 있습니다.

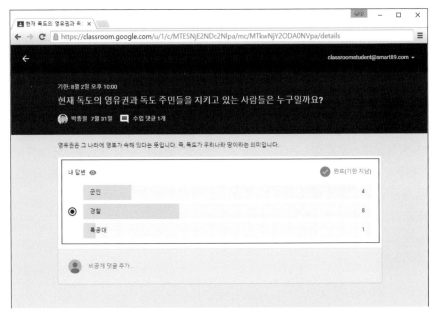

Google 클래스룸 수업 활용 사례

다음은 Google 클래스룸을 이용하여 진행한 수업 예입니다. Google 클래스룸을 활용하면 학급별로 수업을 진행할 수도 있고 동아리별, 학습과목별 또는 학습 주제별로 구성할 수도 있습니다.

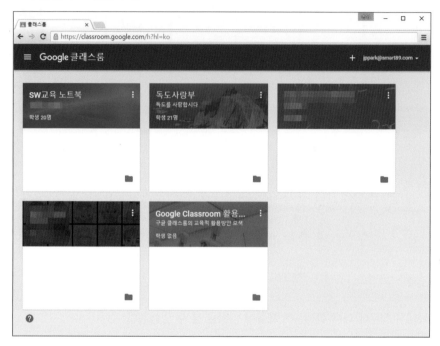

학급신문 만들기

과제 제시

한 학기 동안 생활했던 내용을 중심으로 신문을 구성하도록 과제를 제시하였습니다. 학생들이 신문을 만드는데 참고할 수 있도록 어린이신문의 모습을 사진으로 첨부해주고 한 학기 동안 찍었던 사진을 Google 드라이브에 업로드하여 과제 제시할 때 첨부할 수 있도록 하였습니다.

2016년 1학기 우리 반에서는 어떤 일들이 있었을까요?
기억나는 일들은 신문기사의 형식으로 올려주세요.

신문기사는 어떤 내용들이 들어갈까요?
먼저 어린이 신문의 예를 그림으로 살펴보고, 소년 한국일보 사이트에 가서 확인도 해 보세요.

한 학기동안 찍었던 사진은 구글 드라이브를 통해 공유하였습니다. 신문 만들 때 활용하세요.

과제를 제시한 후 학생들에게 클래스팅(http://www.classting.com)과 학급밴드(http://band.us)를 통해서도 안내하여 과제를 놓치는 학생들이 없도록 하였습니다. 물론, 과제를 제시하는 순간 학생들의 스마트폰에 설치된 클래스룸 앱의 푸쉬를 통해서도 전달이 됩니다.

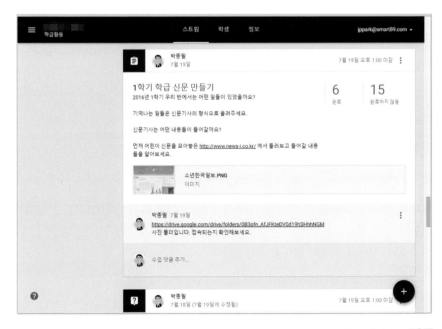

과제에 대한 세부 사항과 학생들의 과제 제출 상태를 보기 위해서는 과제 제목을 클릭하면 됩니다. '학생 제출물' 탭이 선택되며 과제 제출과 관련된 세부 사항을 볼 수 있습니다.

학생 제출물

학생들의 제출 결과물입니다. 모둠 별로 대표 학생 1명이 업로드를 할 수 있도록 제시하였기에 6모둠의 결과물이 제출되었습니다. 왼쪽에는 과제물을 제출한 학생과 제출하지 않은 학생 명단이 나타나며 성 또는 이름으로 정렬할 수도 있습니다. 학생들이 제출한 결과물에는 제출 기한에 맞게 제출한 경우 '완료', 기한이 지나서 제출한 '완료(기한 지남)'라고 표시되며 다시 제출한 경우 '다시 제출됨'이라고 표시되어 있어 교사가 한 눈에 제출 상태를 파악할 수 있습니다.

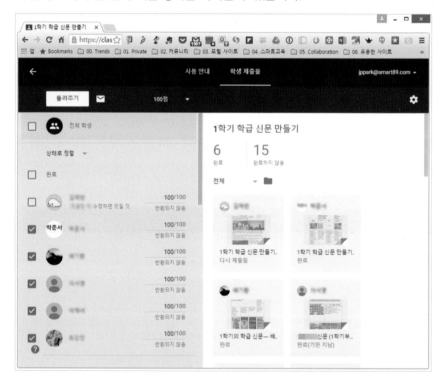

과제에 대한 점수를 줄 수 있으나 점수에는 큰 의미를 두지 않았습니다. 성실하게 기한에 맞춰 제출하고 내용이 우수한 경우 100점, 조금 부족한 경우는 90점 등 임의로 점수 기준을 정하여 점수를 주었습니다.

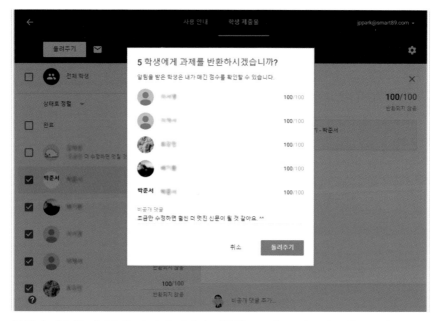

학생이 제출한 결과물을 다시 수정하여 제출할 수 있도록 '돌려주기'를 이용할 수도 있습니다. 과제물을 돌려줄 학생을 클릭하여 선택한 후 '비공개 댓글'을 적고 '돌려주기'를 클릭하면 학생에게 과제물이 반환되고 해당 학생은 과제물을 수정하여 다시 제출할 수 있습니다.

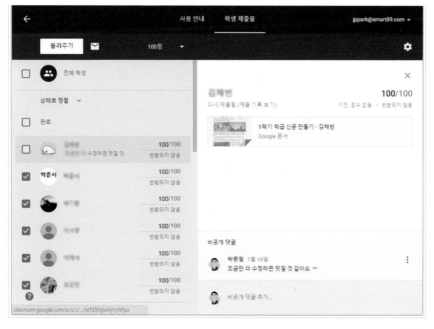

제출한 학생 결과물에 대해서는 결과물에 대하여 피드백을 준 후에 반환한 후에 수정된 결과물을 제출할 수 있도록 한 경우는 '다시 제출됨'이라고 표시가 된 예입니다. 다시 제출하기 전에는 점수를 부여하지 않았습니다. 오른쪽 아래에 제출한 학생만 볼 수 있는 '비공개 댓글 추가하기'를 클릭하여 피드백을 줄 수 있습니다.

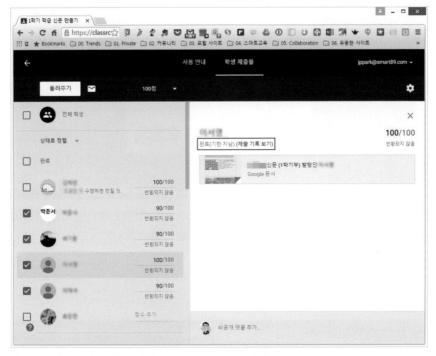

학생의 이름을 클릭하며 과제 제출과 관련된 기록을 볼 수 있으며 과제 제출 기한을 지나서 제출할 경우는 '제출 기록 보기'를 클릭하면 제출한 시간이 표시됩니다.

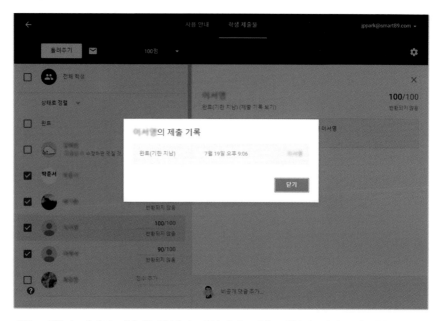

제출 기한이 지나서 제출한 학생의 예입니다. 제출 기한이 지났으나 내용이 아주
우수하여서 100점 만점에 100점을 점수로 주었습니다.

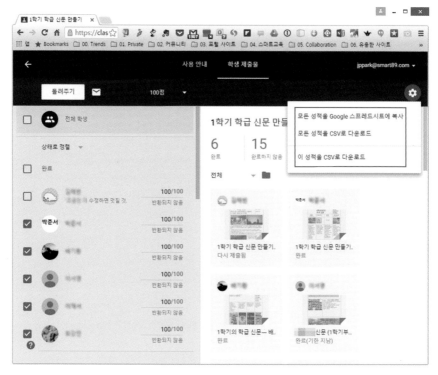

① 오른쪽 상단의 톱니바퀴를 클릭하면 학생들의 성적을 Google 스프레드시트에 복사하거나 CSV파일로 다운로드 받을 수 있으나 큰 의미는 없습니다.

② 화면 중간 부분의 폴더 모양을 클릭하면 학생들의 결과물이 들어있는 Google 드라이브 폴더로 이동합니다. 자동으로 해당 수업명 폴더 밑에 해당 과제 명으로 폴더를 만들고 학생 제출물을 모두 모아줍니다.

학생 활동 결과물

학생 활동 결과물을 보기 위해서는 학생이 제출한 과제의 제목을 클릭하여 과제물을 자세히 볼 수 있습니다. 학생들이 만든 ○○초등학교 5학년 3반 1학기 학급 신문입니다. 역시 학생들은 현장 학습을 가장 중요한 기사로 다루었습니다.

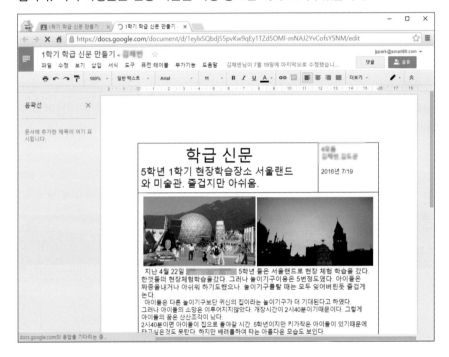

🌀 방학 동안 Bucket List 만들기

과제 제시

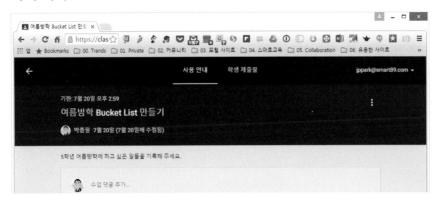

여름 방학을 맞이하여 학생들에게 Bucket List의 의미를 설명해주고 여름 방학동안 하고 싶은 일을 적은 후 그 결과물을 사진으로 촬영하여 제출하도록 과제를 제시 하였습니다. 교사가 샘플로 작성하여 제시해 주었으면 더 좋았을 걸 하는 아쉬움이 있습니다.

학생 제출물

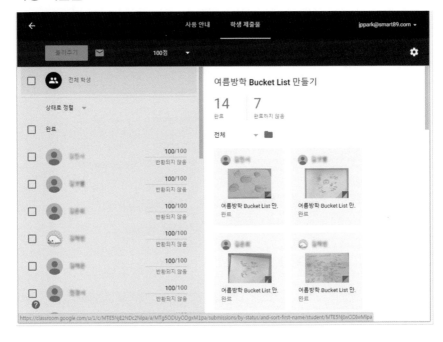

학생들이 제출한 내용입니다. 기한 내에 제출하지 않은 경우 '완료하지 않음'으로 표시가 된 상황입니다.

학생 활동 결과물

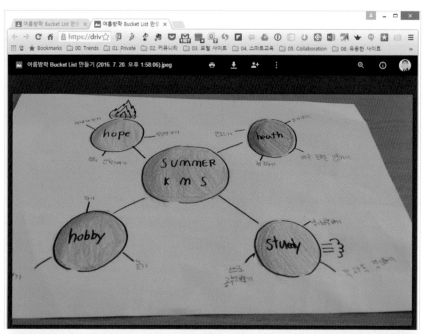

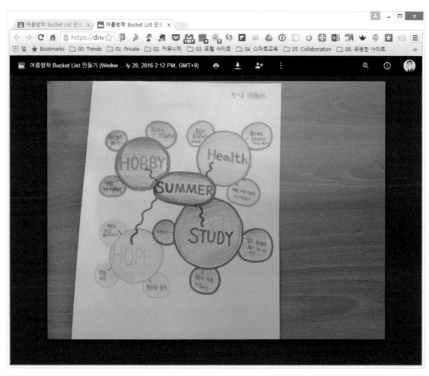

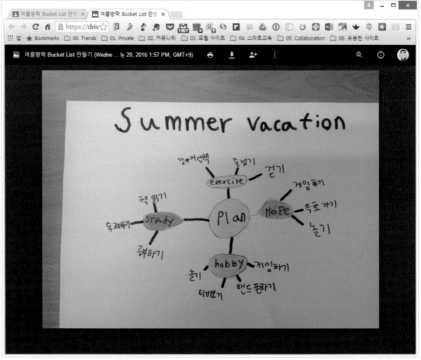

CHAPTER 05 구형 윈도우 PC 크롬 OS 기기로 활용하기

크로미움 OS는 PC에 설치하여 사용할 수 있습니다. 크로미움 OS는 오픈소스입니다. Google의 상업용 크롬 OS와는 차이가 있는 버전입니다.(참고 : Google의 크롬 기기 관리하지 못하는 오픈소스입니다.)

일반적으로 학교에는 사용 연한이 지나 폐기를 앞두고 있는 노트북과 데스크톱이 많이 있습니다. 이런 PC들을 여기서 소개한 방법으로 크로미움 OS를 설치하여 교육용 Google 앱스와 Google 클래스룸을 위하여 재활용 하기 위한 것입니다.

2012년에 취득했으니 4년이 되어가는 슬레이트PC(i3)가 한 대를 보유하고 있습니다. 오랫동안 사용하지 않아 먼지가 쌓였다가 아들이 게임용으로 사용하는 중이었습니다. 그러던 중 사양이 낮은 PC에서도 구동할 수 있는 크로미움 OS를 접하고 설치해 보기로 사용해 보기로 하였습니다.

⚙ 크로미움 OS 준비하기

먼저 크로미움 OS를 설치할 수 있는 4GB 이상의 USB가 필요합니다. 홈페이지 안내에는 최소 사양이 4GB로 되어 있으나 필자가 실제로 제작해 본 결과 4GB에는 용량 부족으로 설치되지 않고 8GB부터 설치가 가능합니다.

크로미움 OS를 설치하게 하면 12개의 파티션으로 나누어지기 때문에 다시 복구하여 사용하려면 로우레벨 포맷해 주어야만 사용할 수 있습니다. 따라서 다시 원래의 OS로 복구하려면 복잡한 과정이 필요하니 주의를 요합니다.

크로미움 OS용 USB를 만들기 위해서는 크롬 확장 프로그램에서 크롬 복구 유틸리티(Chrome Recovery Utility)를 검색하여 설치해야 합니다. 익스텐션 설치는 크롬의 '설정' 〉 '확장 프로그램' 〉 '더 많은 확장 프로그램 설치'에서 검색하여 설치할 수 있습니다.

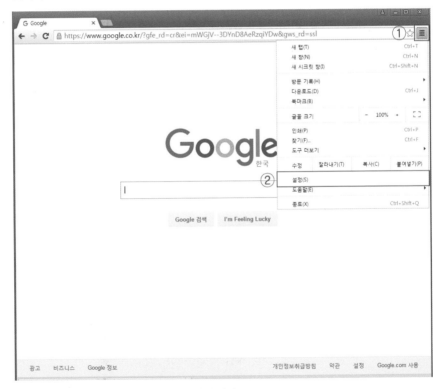

① 크롬의 우측 상당 줄 세 개를 클릭합니다.
② '설정(S)'를 클릭합니다.

크롬 설정 화면에서 '확장 프로그램'을 클릭한 후 '더 많은 확장 프로그램 다운로드'
를 클릭합니다.

① '확장 프로그램'을 클릭합니다.
② '더 많은 확장 프로그램 다운로드'를 클릭합니다.

'크롬 복구 유틸리티'를 검색하여 설치합니다.

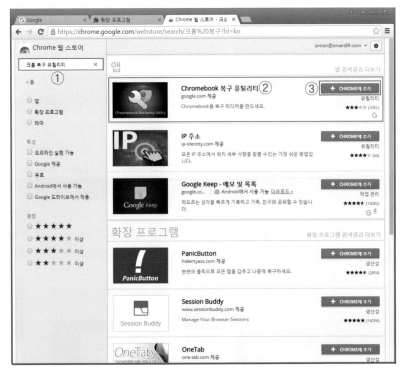

① 검색 창에 '크롬 복구 유틸리티'를 검색합니다.
② 크롬북 복구 유틸리티'가 검색되었습니다.
③ '크롬에 추가'를 클릭하여 설치합니다.

'크롬북 복구 유틸리티' 앱이 설치되었습니다.

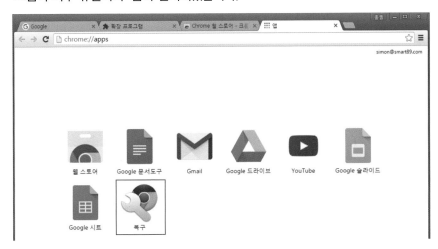

아울러 크로미움 OS를 설치할 수 있는 이미지가 필요합니다. 필요한 이미지는 네버웨어 홈페이지(http://www.neverware.com)에서 구할 수 있습니다. 개인 사용자의 경우 무료로 설치 이미지를 내려 받을 수 있습니다. 단, 이 제품은 neverware.com 에서 오픈소스 크로미엄 OS로 만든 제품으로 Google의 제품은 아님을 참고하시기 바랍니다. 따라서, 정식 크롬 OS와는 버전의 차이가 있을 수 있습니다.

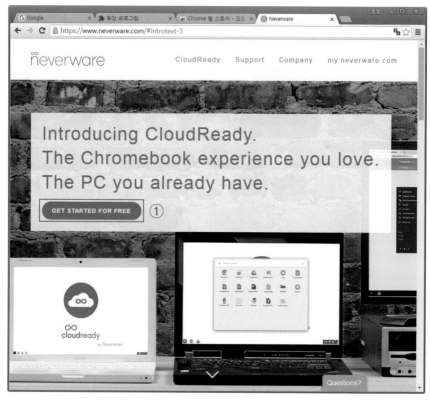

① 화면 중간의 'Get Started for Free'를 클릭합니다.

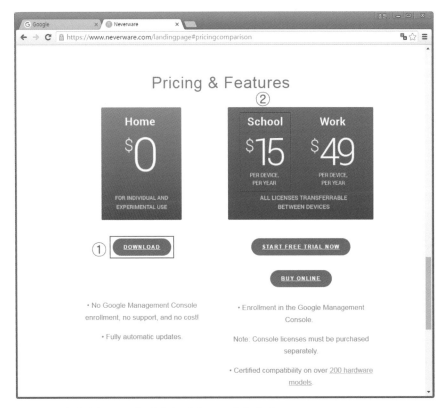

① 무료 버전인 'HOME' 버전을 다운로드받습니다.

② 학교에서 사용하기 위해서는 15$을 지불해야 합니다.

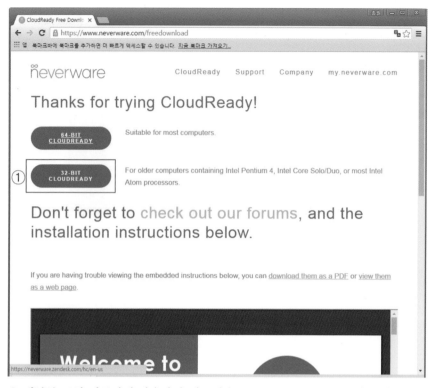

① 대부분 구형 컴퓨터에 사용하기 때문에 '32-BIT CLOUDREADY'를 선택하여 다운로드 받습니다. 컴퓨터의 성능에 따라 '64-BIT CLOUDREADY'를 선택할 수도 있습니다.

다음부터는 크로미움 OS USB를 만드는 절차입니다.

크로미움 OS를 설치하기 위해 8GB 이상의 USB가 필요합니다. 내용이 모두 지워지기 때문에 새 USB 또는 사용하지 않는 USB를 준비한 후 크롬북 복구 유틸리티'를 실행합니다. 북마크가 표시된 경우는 북마크 맨 왼쪽의 '앱'을 클릭하면 됩니다. 북마크가 표지되지 않은 경우 크롬 주소 줄에 'chrome://apps'라고 입력하여 이동할 수도 있습니다.

① '앱'을 클릭합니다.

② '복구'를 클릭합니다.

앱이 실행되면 '설정'을 눌러 '로컬 이미지 사용'을 선택하고 '시작하기'를 클릭합니다.

① 화면 오른쪽 상단의 톱니바퀴 모양을 누릅니다.

② '로컬 이미지 사용'을 선택합니다. 다운받은 파일을 선택합니다.

③ '시작하기'를 눌러 복구를 시작합니다.

'로컬 이미지 사용'을 선택하여 다운로드받은 파일을 선택하는 과정입니다.

① 다운로드받은 파일을 선택합니다.
② '열기'를 클릭합니다.

① 사용할 USB를 선택합니다. 8GB 이상의 USB를 사용해야 하고 내용이 모두
   지워지니 주의가 필요합니다.
② '계속'을 클릭합니다.

다음은 복구이미지를 설치할 USB를 선택합니다. USB를 선택하고 난 후 '계속'을 누르면 복구이미지 만들기 화면이 나오고 '지금 만들기'를 클릭하면 USB에 설치과정이 시작됩니다.(2~30분 소요)

선택이 완료되면 '지금 만들기'를 클릭하여 크롬북 복구 이미지를 생성합니다.

이미지가 만들어지고 있는 과정입니다.

이미지가 만들기가 완료된 화면입니다.

크로미움 OS로 부팅하기

완료된 복구미디어를 이용하여 노트북을 부팅시킵니다. CMOS Setup에서 'USB'를 우선 부팅 장치로 설정해 주면 됩니다.

크로미움 OS로 부팅이 완료되면 '설정'에서 'Cloud Ready install'을 선택하여 하드디스크에 인스톨할 수 있으나 권장치 않습니다. 하드디스크가 12개로 파티션 되는 관계로 더 이상 다른 OS를 사용할 의사가 없을 경우만 설치하기를 권장합니다.

참고로, 필자는 슬레이트 PC SSD에는 Win10을 설치하여 듀얼로 부팅하여 사용합니다. 크로미움 OS가 USB에 있기에 속도가 약간 느린 점은 감내하고 있습니다.

일반적으로 학교에는 사용 연한이 지나 폐기를 앞두고 있는 노트북과 데스크톱이 많이 있습니다. 이런 PC에 크로미움 OS를 설치하여 교육용 Google 앱스와 Google 클래스룸 활용도로 사용할 것을 제안해 봅니다. 물론, 학교에서 사용하기 위해서는 1기기당 1년 라이선스 비용으로 $19을 지불해야 합니다.

PART 04

크롬북의 미래

CHAPTER 01 크롬 OS를 탑재한 기기들 다수 출현 예상

초기 크롬북 모델은 11인치 노트북 타입이 유일하였습니다. 최근 들어 출시되는 크롬북 화면의 크기는 점점 커지고 있습니다. 15인치 노트북이 출시되고 있습니다. 크롬베이스(올인원 컴퓨터)는 24인치가 시장에서 판매되고 있습니다. 크롬 OS 기기 벤더들은 성능과 화면 크기를 키우는 경쟁을 벌이고 있습니다.

기업에서 크롬북 사용이 늘어나면서 그만큼 성능과 화면 크기를 키운 프리미엄급의 기기의 필요성도 점차 늘고 있는 추세입니다. 지금까지는 구글에서 출시한 크롬북 픽셀(2015)이 프리미엄급(1500달러, Intel Core i5 CPU, 8GB Ram)이 유일한 기기였지만, 저렴한 가격의 성능이 좋아진 프리미엄급 기기들이 다수 출현이 예상됩니다.

2015년에는 아수스가 손바닥만 한 스틱형 PC인 크롬비트를 출시하였습니다. 키오스크나 사이니지를 위한 기기로 적합한 모델입니다. 군더더기 없는 가벼운 크롬 OS 덕으로 크롬 OS 기기의 소형화도 가속도가 붙을 전망입니다.

크롬 OS 버전 53이 출시된 이후로 Google Play 스토어의 안드로이드 앱들이 설치 가능해졌습니다. 이는 5인치 정도 되는 프리미엄 급 스마트폰에 크롬 OS와 안드로이드가 모두 사용 가능한 기기가 나올 가능성이 있습니다. 가지고 다닐 때는 안드로이드용 스마트폰 기능으로, 사무실 또는 가정에서는 외장형 모니터와 키보드 연결이 가능한 전용 Dock에 올려놓으면 크롬북으로 전환하여 사용할 수 있는 전천후의 새로운 크롬북이 출시될 수 있습니다. 이미 알려진 루머에 의하면 구글은 이 통합작업을 위한 코드명을 '안드로메다'로 명명하고 있다고 합니다.[1]

---

1   Google's merged android-Chrome OS 'Andromeda' may be teased on October 4th – https://goo.gl/gW2Yz2

CHAPTER 02

안드로이드 태블릿은 사라지고 태블릿과 노트북이 통합한 크롬북들이 출현

한때는 2-in-1 형태의 중국산 태블릿이 유행한 적이 있습니다. 가격은 20~30만 원대이고 듀얼 OS(안드로이드와 Win10)을 지원하여 부팅시 OS를 선택하여 사용할 수 있는 기기였습니다. 가격이 저렴한 반면에 성능은 기대만큼 좋지는 않았습니다.

Google은 크롬 OS에 안드로이드를 통합한 버전인 크롬 OS 버전 53을 출시하면서 터치스크린도 되고 키보드도 탑재한 플립형 크롬북들이 200달러 대의 가격으로 출시되고 있습니다. 부팅시 OS를 선택하는 구조가 아닌 하나의 크롬 OS에서 안드로이드 앱도 실행 가능하고, 노트북 모드, 태블릿 모드 전환이 자유로운 기기들이 보편화될 전망입니다. 이로 인하여 이전의 2-in-1 형태와 안드로이드 전용 태블릿들은 점차 크롬북으로 옮겨 갈 것으로 보입니다.

크롬 OS 안에 안드로이드 앱이 통합되면서 크롬북 형태도 터치스크린이 되는 모델들이 좀 더 보편화될 가능성이 있습니다. 최근에 출시되는 크롬북들이 대부분 터치스크린을 지원하고 있는 이유가 여기에 있는 듯합니다. 학교에서 학생들이 사용하는 크롬북은 터치스크린도 되고 풀 키보드도 되는 크롬북의 수요가 점차 늘고 있는 추세입니다.

저렴한 가격의 터치스크린 되는 크롬북들이 보편화되면 교육용 시장에서는 애플의 iPad가 크롬북으로 대치되는 속도가 더욱 가속화될 가능성이 있습니다.

크롬 OS에서 안드로이드 앱이 실행되면서, 위치 기반 안드로이드 앱들을 수용하기 위해서는 GPS를 탑재하는 크롬 OS 기기가 출현하는 시기가 곧 올 것으로 보입니다.

CHAPTER 03 사무실에서 업무용 컴퓨터로 자리 매김

기업에서의 IT인프라 시스템이 클라우드 환경으로 이전하는 것이 대세로 자리를 잡고 있습니다. 많은 기업들이 Google 앱스 또는 MS 오피스365와 같은 클라우드 환경으로 넘어가는 기업들이 점차 많아지고 있습니다. 이로 인하여 PC의 역할은 클라우드 접속용으로 가격은 저렴하고 성능은 좋아진 씬 클라이언트 용으로 바뀔 가능성이 높습니다.

크롬북이 이러한 씬 클라이언트들에 대한 대안 솔루션으로 부각되고 있습니다. 기업이나 학교에서는 1인 1대로 보급된 크롬북을 크롬 기기 관리 콘솔을 통해서 원격에서 쉽게 관리 및 통제가 가능해졌습니다. 크롬북에서 원격의 윈도우 애플리케이션을 액세스할 수 있는 솔루션을 도입하는 기업들이 많아지고 있습니다.

이러한 클라우드 환경에서는 굳이 윈도우 PC만 사용할 이유가 전혀 없게 될 것입니다. IDC 보고서에서 언급한 것과 같이 2018년도에는 포춘 500대 기업의 25%가 크롬북을 사용할 것으로 예측하고 있습니다. 기업은 관리하기도 쉽고, 보안에도 신경 쓸 염려도 없고, 비용도 저렴하고 기존의 업무 처리 능력도 갖게 되는 크롬북을 기업이 도입하지 않을 이유가 어디 있을까요.

별첨

크롬북 단축키

단축키란 키보드 입력 및 클릭의 조합으로 화면 스크린샷을 캡처하거나 새 창을 여는 등의 작업을 수행하는 데 사용됩니다.

단축키 목록은 아래 표를 참조하세요. 윈도우 또는 맥 키보드를 사용중인 경우 별다른 언급이 없는 한 검색 키 대신 윈도우 키 또는 커맨드 키(맥)를 사용합니다.
도움말 : Ctrl + Alt + ? 를 동시에 누르면 화면에 전체 단축키 목록이 표시됩니다.

탭 및 창

새 창 열기	Ctrl + N
시크릿 모드로 새 창 열기	Ctrl + Shift + N
새 탭 열기	Ctrl + T
브라우저에서 파일 열기	Ctrl + O
Chrome OS의 Google 계정에서 로그아웃하기	Ctrl + Shift + Q (2회)
현재 탭 닫기	Ctrl + W
현재 창 닫기	Ctrl + Shift + W
마지막으로 닫았던 탭 다시 열기. Chrome에는 최근에 닫은 탭이 10개까지 저장됩니다.	Ctrl + Shift + T
창의 특정 위치에 있는 탭으로 이동	Ctrl + 1 ~ Ctrl + 8
창의 마지막 탭으로 이동	Ctrl + 9
실행기의 항목 1 ~ 8 활성화	Alt + 1 ~ Alt + 8
F 키(F1~F12) 사용	Search + 1 ~ Search + =
실행기의 마지막 항목 열기	Alt + 9
창의 다음 탭으로 이동	Ctrl + Tab
창의 이전 탭으로 이동	Ctrl + Shift + Tab
열려 있는 이전 창으로 이동	Alt + Tab
열려 있는 다음 창으로 이동	Alt + Shift + Tab
인터넷 사용기록에서 이전 페이지로 이동	Back Space 키 또는 Alt 키와 ← 키를 함께 누르기
인터넷 사용기록에서 다음 페이지로 이동	Shift + Back Space 또는 Alt 키와 → 키를 함께 누르기
백그라운드의 새 탭에서 링크 열기	Ctrl 키를 누른 상태에서 링크 클릭
새 탭에서 링크를 열고 새 탭으로 전환	Ctrl + Shift를 누른 상태에서 링크 클릭
새 창에서 링크 열기	Shift 키를 누른 상태에서 링크 클릭
탭에서 링크 열기	링크를 탭의 검색주소창으로 드래그
새 탭에서 링크 열기	링크를 탭 표시 줄의 빈 영역으로 드래그
새 탭에서 웹페이지 열기	검색주소창에 웹 주소(URL)를 입력한 다음 Alt + Enter 누르기
탭을 원래 위치로 되돌림	탭을 드래그하는 동안 Esc 키 누르기
왼쪽에 창 고정	Alt + [
오른쪽에 창 고정	Alt +]
화면 잠금 설정	Search + L

페이지 단축키

페이지 위로	Alt 또는 Search와 ↑
페이지 아래로	Alt 또는 Search와 ↓
웹페이지를 아래로 스크롤	Space Bar
페이지 맨 위로 이동	Ctrl + Alt와 ↑
페이지 맨 아래로 이동	Ctrl + Alt와 ↓
현재 페이지를 인쇄	Ctrl + P
현재 페이지를 저장	Ctrl + S
현재 페이지를 새로 고침	Ctrl + R
개시된 콘텐츠를 사용하지 않고 현재 페이지를 새로 고침	Ctrl + Shift + R
페이지를 확대	Ctrl 키와 +
페이지를 축소	Ctrl 키와 −
확대/축소 수준을 재설정	Ctrl + 0
현재 페이지 로드를 중지	Esc
마우스 오른쪽 버튼으로 링크 클릭	Alt 키를 누른 상태에서 링크 클릭
백그라운드의 새 탭에서 링크 열기	Ctrl 키를 누른 상태에서 링크 클릭
현재 웹페이지를 북마크로 저장	Ctrl + D
현재 창에서 열린 모든 페이지를 북마크로 새 폴더에 저장	Ctrl + Shift + D
링크를 북마크로 저장	링크를 북마크바로 드래그
검색 바를 열어 현재 페이지를 검색	Ctrl + F
검색 바에서 입력한 항목과 일치하는 다음 항목으로 이동	Ctrl + G 또는 Enter
검색 바에서 입력한 항목과 일치하는 이전 항목으로 이동	Ctrl + Shift + G 또는 Shift + Enter
검색 실행	Ctrl + K 또는 Ctrl + E를 누른 다음 검색주소창에서 물음표에 이어 검색어를 입력하고 Enter 키 누르기
검색주소창 입력에 www.와 .com을 추가하고 표시되는 웹 주소 열기	Ctrl + Enter
현재 페이지의 스크린샷 찍기	Ctrl + ▭ Chrome OS를 사용하지 않는 키보드용 : Ctrl + F5
부분 스크린샷 찍기	Ctrl + Shift + ▭ 을 누른 다음 클릭하여 드래그 Chrome OS를 사용하지 않는 키보드용 : Ctrl + Shift + F5
페이지 소스 보기	Ctrl + U
개발자 도구 패널 표시 또는 숨기기	Ctrl + Shift + I
DOM 검사기 표시 또는 숨기기	Ctrl + Shift + J

브라우저 설정

북마크바를 표시하거나 숨기기. 북마크바가 숨겨져 있는 경우 Chrome 메뉴에서 북마크바를 볼 수 있습니다.	Ctrl + Shift + B
파일 앱 열기	Alt + Shift + M
파일 앱에 숨겨진 파일 표시하기	Ctrl + .
방문 기록 페이지 열기	Ctrl + H
다운로드 페이지 열기	Ctrl + J
작업 관리자 열기	Search + Esc
사용 가능한 단축키 목록 열기 또는 숨기기	Ctrl + Alt + /
크롬북 도움말 보기	Ctrl + ?
모니터 디스플레이 설정	Ctrl + ▨
화면 오른쪽 하단의 상태 영역 열기	Shift + Alt + S
실행기의 런처 버튼 강조표시	Shift + Alt + L
실행기의 다음 항목 강조표시	Shift + Alt + L 를 누른 다음 Tab 또는 →
실행기의 이전 항목 강조표시	Shift + Alt + L 을 누른 다음 Shift + Tab 또는 ←
실행기의 강조 표시된 버튼 열기	Shift + Alt + L 을 누른 다음 Space Bar 또는 Enter
실행기 버튼의 강조표시 취소	Shift + Alt + L 을 누른 다음 Esc
키보드로 액세스할 수 있는 다음 창으로 포커스 전환. 이 창은 다음 항목을 포함합니다. 시간, 네트워크 아이콘 및 배터리 아이콘이 있는 상태 영역 실행기 검색주소창 북마크바(표시되는 경우) 주요 웹 콘텐츠(정보 표시줄 포함) 다운로드바(표시되는 경우)	Ctrl + ← 또는 Ctrl + →
북마크바 강조표시(북마크바가 표시된 경우)	Alt + Shift + B
검색주소창에서 행 강조표시	Shift + Alt + T
브라우저 툴바에서 Chrome 메뉴 열기	Alt + E 또는 Alt + F
강조 표시된 항목의 마우스 오른쪽 버튼 클릭 메뉴 열기	Shift + Search + 소리 크게
ChromeVox(음성 피드백) 사용 또는 사용 중지	Ctrl + Alt + Z
화면 해상도 변경	Ctrl + Shift 와 + 또는 −
기본 화면 해상도로 되돌리기	Ctrl + Shift 와 0
화면 90도 회전	Ctrl + Shift 와 Reload

텍스트 수정

페이지 내용을 모두 선택	Ctrl + A
검색주소창의 콘텐츠를 선택	Ctrl + L 또는 Alt + D
다음 단어 또는 글자 선택	Ctrl + Shift와 →
텍스트 행 끝부분까지 선택	Shift + Search와 →
텍스트 행 처음까지 선택	Shift + Search와 ←
이전 단어 또는 글자를 선택	Ctrl + Shift와 ←
다음 단어의 끝으로 이동	Ctrl 키와 →
이전 단어의 시작으로 이동	Ctrl 키와 ←
페이지 위로	Alt 또는 Search와 ↑
페이지 아래로	Alt 또는 Search와 ↓
페이지 맨 위로 이동	Ctrl + Alt와 ↑
페이지 맨 아래로 이동	Ctrl + Alt와 ↓
문서 하단으로 이동	Ctrl + Search와 →
문서 처음으로 이동	Ctrl + Search와 ←
선택한 콘텐츠를 클립보드로 복사	Ctrl + C
클립보드의 콘텐츠를 서식 없이 붙여 넣음	Ctrl + V
클립보드의 콘텐츠를 일반 텍스트로 붙여 넣음	Ctrl + Shift + V
자르기	Ctrl + X
이전 단어를 삭제	Ctrl + Back Space
다음 글자를 삭제(포워드 삭제)	Alt + Back Space
마지막 작업의 실행을 취소	Ctrl + Z
설정한 키보드 언어 간 전환	Ctrl + Shift + Space Bar
이전에 사용했던 키보드 언어로 전환	Ctrl + Space Bar
키보드 어둡게 하기(백라이트 키보드만 해당)	Alt + ☀
키보드 밝게 하기(백라이트 키보드만 해당)	Alt + ☀

크롬북에서 작동하는 파일 형식과 외부 기기

크롬북은 다음의 파일 형식, 외부 기기 및 주변 기기를 사용할 수 있습니다.

📄 파일 형식

- Microsoft Office 파일 : doc,docx, .xls,xlsx,ppt(읽기 전용),pptx(읽기 전용). Office 문서 보기 및 수정에 대해 자세히 알아보기
- 미디어 : .3gp, .avi, .mov, .mp4, .m4v, .m4a, .mp3, .mkv, .ogv, .ogm, .ogg, .oga, .webm, .wav
- 이미지 : .bmp, .gif, .jpg, .jpeg, .png, .webp
- 압축 파일 : .zip, .rar
- 기타 : .txt, .pdf(읽기 전용)

🎬 코덱

컨테이너	동영상 코덱	오디오 코덱
ogv	Theora	—
webm	VP8 VP9	Opus Vorbis
mp4	H264	—
	MPEG4	—
mov	MPEG4	—
	H264	—
avi	MPEG4	MP3
	DIVX	MP3
	XVID	MP3
3gp	H264	AAC
	MPEG4	AMR–NB

💾 파일 시스템

다음의 파일 시스템 유형을 사용하는 경우 크롬북에 연결된 외부 기기의 파일에 액세스할 수 있습니다.

- Ext2
- Ext3
- Ext4
- FAT(FAT16, FAT32, exFAT)
- HFS+(journaled HFS+에서 읽기 전용)

- ISO9660(읽기 전용)
- MTP
- NTFS
- UDF(읽기 전용)

저장 기기
- USB 하드 드라이브 및 썸 드라이브
- USB CD-ROM 및 DVD-ROM 드라이브(읽기 전용)

꺼내기 ▲를 클릭하여 저장 기기를 안전하게 제거

클라우드 스토리지
크롬북은 Google 드라이브 외에도 Box 또는 SMB 등의 다른 클라우드 스토리지 시스템을 지원합니다. 추가하려면 파일 ◎ > 새로운 서비스 추가로 이동하세요.

주변기기
- MTP 기기(읽기 전용)
- USB 키보드(윈도우 및 맥)
- 왼쪽 버튼, 오른쪽 버튼, 스크롤휠 기능이 있는 USB 마우스
- USB 허브
- 특정 블루투스 기기
- DisplayPort, DVI, HDMI 또는 VGA 연결을 사용하는 모니터
- USB, DisplayPort, HDMI 오디오 기기
- 3.5mm 잭으로 연결하는 헤드셋
- USB 케이블로 연결하는 웹캠
- USB 케이블(충전 시 사용)이 제공되는 MP3 플레이어 또는 휴대전화
- Huawei 모바일 동글

Google 클라우드 프린트를 지원하는 앱

Google 클라우드 프린트로 인쇄할 수 있는 애플리케이션은 다음과 같습니다. 'Google 제공'이라고 표시된 애플리케이션은 Google이 직접 개발하고 관리합니다. 인쇄 작업을 요청한 후에는 Google 클라우드 프린트 관리 페이지에서 해당 작업을 확인할 수 있습니다. 자세한 목록은 아래 사이트 참조
https://www.google.com/intl/ko_kr/cloudprint/learn/apps.html

URL 차단 목록 항목	결과
example.com	example.com, www.example.com, sub.www.example.com에 대한 모든 요청을 차단합니다.
http://example.com	example.com 및 모든 하위 도메인에 대한 모든 HTTP 요청은 차단하지만 HTTPS 및 FTP 요청은 허용합니다.
https://*	모든 도메인에 대한 모든 HTTPS 요청을 차단합니다.
mail.example.com	mail.example.com에 대한 요청은 차단하지만 www.example.com 또는 example.com에 대한 요청은 차단하지 않습니다.
.example.com	example.com은 차단하지만 example.com/docs 등과 같은 하위 도메인은 차단하지 않습니다.
.www.example.com	www.example.com은 차단하지만 하위 도메인은 차단하지 않습니다.
○	차단 목록 예외 URL을 제외하고 모든 요청을 차단합니다. 여기에는 http://google.com, https://gmail.com, chrome://policy와 같은 모든 URL 스키마가 포함됩니다.
*:8080	8080 포트에 대한 요청을 모두 차단합니다.
*/html/crosh.html	Chrome 보안 셸('Crosh Shell'로도 알려짐)을 차단합니다.
chrome://settings-frame	chrome://settings에 대한 모든 요청을 차단합니다.
example.com/stuff	example.com/stuff 및 하위 도메인에 대한 모든 요청을 차단합니다.
192.168.1.2	192.168.1.2에 대한 요청을 차단합니다.
youtube.com/watch?v=V1	ID가 V1인 YouTube 동영상을 차단합니다.

URL 차단 목록 항목	URL 차단 목록 예외 항목	결과
*	mail.example.com	차단 목록 입력란에 별표(*)를 입력하면 모든 결과를 차단합니다.
example.com	wikipedia.org	예외 입력란에 입력된 URL은 허용하는 특정 사이트를 나타냅니다. 'chrome://*'은 모든 Chrome 시스템 페이지에 예외를 허용합니다.
youtube.com	google.com	HTTPS를 사용하는 메일 서버 및 기본 페이지를 제외하고 example.com 도메인에 대한 모든 액세스를 차단합니다.
.example.com	chrome:	선택한 동영상(V1 및 V2)을 제외하고 YouTube에 대한 모든 액세스를 차단합니다.

참고 문헌

1. 미국에서 크롬북의 판매량이 애플 맥을 처음 넘어섰다는 기사
   http://goo.gl/jb3tqB

2. 크롬 OS 역사
   https://en.wikipedia.org/wiki/Chrome_OS

3. 뉴욕시 공립학교 1800교에 100만대 크롬북 공급 결정
   http://googleforeducation.blogspot.kr/2014/11/the-new-york-city-department-of.html

4. 25% of Fortune 500 Companies Will Be Using Chromebooks by 2018: IDC
   https://goo.gl/f4AP7w

5. WSJ 기사
"Why Tim Cook's old high school is no longer giving students Apple MacBooks"
   https://www.washingtonpost.com/news/the-switch/wp/2016/03/08/why-tim-cooks-old-high-school-is-no-longer-giving-students-apple-macbooks/

6. Bring Your 안드로이드 Apps to Chrome OS – Google I/O 2016 동영상
   https://goo.gl/BXELVY

7. 안드로이드 앱을 지원하는 크롬 OS 시스템 목록
   https://goo.gl/Azxf85

8. 개인 지메일과 기업용 지메일 차이점
   http://goo.gl/1XXb6a

9. 구글 Chromebook 도움말
   https://support.google.com/chromebook/answer/1047362?hl=ko

10. 크롬에 로그인 도움말
    https://support.google.com/chrome/answer/185277?hl=ko

11. 크롬북 소유자 권한에 대한 자세한 정보
    https://support.google.com/chromebook/answer/1059256

12. Google 파일 및 다운로드 항목 열기, 저장, 삭제 도움말
    https://support.google.com/chromebook/answer/1700055?hl=ko

13. 클라우드 지원 프린터
    https://www.google.com/cloudprint/learn/printers.html

14. 크롬북 단축키 목록
    https://support.google.com/chromebook/answer/183101

15. 크롬북을 위한 키보드 고유 키 목록

https://support.google.com/chromebook/answer/1047364?hl=ko

16. Google 크롬북 보안 도움말

https://support.google.com/chromebook/answer/3438631?hl=ko

17. 멀웨어 공격에서의 복구

https://support.google.com/chromebook/answer/6145788?hl=ko

18. 크롬 기기 라이선스 – Google 도움말

https://support.google.com/chrome/a/answer/2717664

19. 가상 사설망 설정 참조

https://support.google.com/chromebook/answer/1282338?hl=ko

20. EPUB(electronic publication)은 국제 디지털 출판 포럼(IDPF, International Digital Publishing Forum)에서 제정한 개방형 자유 전자서적 표준이다.

https://ko.wikipedia.org/wiki/EPUB

21. Google 크롬 기기 정보 보기 도움말

https://support.google.com/chrome/a/answer/1698333?hl=ko#devicedetails

22. Google 기기 설정 관리 도움말

https://support.google.com/chrome/a/answer/1375678?hl=ko#enrollment-access

23. Google 사용자용 크롬 정책 설정 도움말

https://support.google.com/chrome/a/answer/2657289?hl=ko#apps

24. Google 공개 세션 기기 관리 도움말

https://support.google.com/chrome/a/answer/3017014?hl=ko

25. Google 크롬 기기의 SAML 싱글 사인온(SSO) 설정 도움말

https://support.google.com/chrome/a/answer/6060880?hl=ko&ref_topic=4386756

26. 유튜브 재생 목록 만들기 도움말

https://support.google.com/youtube/answer/57792?hl=ko

27. Google Apps 전문 블로그
· Chromebook(Asus Chromebook Flip)에 안드로이드 앱 설치 사용기 1탄
  http://charlychoi.blogspot.kr/2016/06/chromebook-playstore-1.html
· Chromebook(Asus Chromebook Flip)에 안드로이드 앱 설치 사용기 2탄
  http://charlychoi.blogspot.kr/2016/06/2.html
· Chromebook(Asus Chromebook Flip)에 안드로이드 앱 설치 사용기 3탄
  http://charlychoi.blogspot.kr/2016/06/chromebook-google-playstore-3.html

28. Google and Citrix Collaborate on New Ways to Deliver Business-critical Windows Apps to Chromebooks

https://www.citrix.com/news/announcements/apr-2014/google-and-citrix-collaborate-on-new-ways-to-deliver-business-cr.html

29. VMware Horizon View Extends Chromebooks in the Enterprise
   http://blogs.vmware.com/euc/2014/02/vmware-horizon-view-extends-chromebooks-enterprise.html

30. Ericom의 AccessNow 솔루션
   http://goo.gl/H3TOR

31. 일본 크롬북 사례 - JR 동일본 관리 서비스 사례
   http://www.dsk-cloud.com/casestudy/chromebook-jems-02

32. Poin2 크롬북@ 별무리학교 활용 사례 발췌
   http://goo.gl/AbqOoa

33. Netflix Chrome Management & Chromebook 도입 사례 유튜브 영상
   https://goo.gl/Xi3qd9

34. Google의 크롬 키오스크 및 디지털 사이지 개발 가이드 매뉴얼
   https://goo.gl/1ql0Ui

35. Google 설문지로 퀴즈 만들기 도움말
   https://goo.gl/Kg8h3C

36. 2013년 2월 미국 연구 협회 및 스마터 밸런스드 어세스먼트 컨소시엄(Smarter Balanced Assessment Consortium)에서 개발한 파일럿 테스트에서 크롬북의 학생 평가용 성능이 입증
   http://goo.gl/GCnbCA

37. 학생 평가에 크롬북 사용 도움말
   https://support.google.com/chrome/a/answer/3273084

38. 윈도우 PC에서 크롬북으로 이전한 리조트 기업의 스토리
   http://www.ciokorea.com/news/20579?page=0,1

39. 크롬북/Google 앱스/VDI 기반의 문서 중앙화 세미나 발표 자료
   https://goo.gl/T3bOCD

40. 크롬북의 로그인 화면 스크린 캡처하기(Pon2 블로그)
   http://goo.gl/IB5XNN

저 자
인 지

기업과 학교를 위한
구글 크롬북

1판 1쇄 인쇄 2016년 10월 10일
1판 1쇄 발행 2016년 10월 15일

—

지 은 이 최흥식·박종필
발 행 인 이미옥
발 행 처 디지털북스
정   가 23,000원
등 록 일 1999년 9월 3일
등록번호 220-90-18139
주   소 (04987)서울 광진구 능동로 32길 159
전화번호 (02)447-3157~8
팩스번호 (02)447-3159

—

ISBN 978-89-6088-190-7 (93000)
D-16-15

www.digitalbooks.co.kr